BIBLIOTHECA · AMERICANA
NICOLAS
PERROT

BIBLIOTHECA AMERICANA

COLLECTION D'OUVRAGES INÉDITS OU RARES

SUR

L'AMÉRIQUE.

LEIPZIG & PARIS,

LIBRAIRIE A. FRANCK

ALBERT L. HEROLD.

1864.

MÉMOIRE

SUR LES

MOEURS, COUSTUMES ET RELLIGION

DES

SAUVAGES DE L'AMERIQUE SEPTENTRIONALE

PAR

NICOLAS PERROT

PUBLIÉ POUR LA PREMIÈRE FOIS

PAR LE

R. P. J. TAILHAN

DE LA COMPAGNIE DE JÉSUS.

LEIPZIG & PARIS,
LIBRAIRIE A. FRANCK
ALBERT L. HEROLD
1864.

Préface.

En 1671, la France, déjà maîtresse de l'Acadie
et du Canada jusqu'au lac Ontario, prenait possession de toutes les contrées découvertes ou à découvrir, de la mer du nord à la mer du sud et de celle
de l'ouest aux lacs Huron et Supérieur. Elle s'attribuait ainsi d'un trait de plume, en présence et de
l'aveu d'une quinzaine de tribus réunies à la hâte,
le domaine exclusif de toute l'Amérique septentrionale, moins les colonies anglaises riveraines de l'At-
lantique et le Mexique, soumis à l'Espagne. Bientôt
après (1682, 1689), la cession de la Louisiane et du
pays des Sioux, consentie plus ou moins sérieusement par les naturels, confirmait, en ce qui concerne
la vallée du Mississipi, les droits quelque peu litigieux
nés de cette première prise de possession. Malheureusement, l'occupation réelle du territoire ne répon-
dait guère à la prodigieuse extension de la souve-
raineté nominale. Sept à huit mille Français groupés
en très petit nombre dans les villes de Québec, de
Trois-Rivières et de Montréal, ou disséminés sur les
deux rives du Saint-Laurent, du cap Tourmente au
village naissant de la Chine: voilà où en était
encore après soixante ans la colonisation du Canada.
Plus haut, vers l'ouest, le fort de Frontenac, quatre
ou cinq postes de moindre importance, une dou-
zaine de missionnaires et quelques centaines de coureurs de bois rappelaient seuls au voyageur qu'il
foulait une terre française. D'un autre côté, et
tandis que la population européenne ne recevait que
d'insensibles accroissemens, la race aborigène allait
s'éteignant de jour en jour avec une désolante rapidité. Les florissantes peuplades, où Jacques Cartier
reçut en 1535 un si bienveillant accueil, n'existaient

déjà plus au temps de Champlain, et les nombreuses tribus de Hurons et d'Algonquins, dont un siècle plus tard le fondateur de Québec accepta l'alliance, tombées sous les coups des Iroquois, avaient à l'époque dont nous parlons complétement disparu, ou ne se survivaient à elles-mêmes que dans de rares et misérables débris. Pour retrouver, dans toute l'étendue des possessions françaises, quelque image affaiblie de la puissance et de la prospérité passées des sauvages, il fallait, en 1689, aller la chercher jusque chez les Miamis et les Maskoutens, au sommet de l'angle que forment entre elles les vallées du Mississipi et du Saint-Laurent.

C'est là, au milieu des nations de races diverses, établies de tout temps dans cette partie la plus lointaine de la Nouvelle-France, ou qui plus récemment s'y étaient jetées comme dans un asile inabordable à leurs ennemis, que *Nicolas Perrot*, auteur du présent mémoire, résida presque habituellement de 1665 à 1699. D'abord simple coureur de bois de son métier (1665—1684) et interprète par occasion (1671, 1701), il fut ensuite, sous les gouvernements successifs de MM. de La Barre, Denonville et Frontenac (1684—1699), chargé d'un commandement analogue à celui de nos chefs de bureaux arabes en Algérie. Son habileté dans les langues du pays, son éloquence naturelle, le mélange heureux de hardiesse, de sang-froid et de libéralité qui faisait le fond de son caractère, lui acquirent bientôt l'estime, la confiance et même l'affection des naturels, autant du moins que ces peuples sont accessibles à ce dernier sentiment. Les Poutéouatamis, les Maloumines, les Outagamis, les Miamis et les Maskoutens, les Ayoüs et les Sioux lui accordèrent, avec les honneurs du calumet, les droits et les prérogatives dont jouissent leurs propres chefs. Son crédit n'était pas moindre auprès des Outaouais et des Hurons Tionnontatés. Hâtons-nous d'ajouter à sa louange, qu'il mit au service de la colonie cette influence si légitimement acquise, tant qu'il lui fût permis d'en user:

c'est-à-dire jusqu'au moment où la suppression des postes français du Michigan et du Wisconsin et celle de la traite rompirent tous les rapports entre les sauvages et lui.

Ces longues années de relations intimes et journalières avec les nations de l'ouest avaient initié Perrot à tous les secrets de leurs mœurs, de leurs traditions et de leur histoire. Rendu à la vie privée et maître de quelques loisirs, il résolut de confier au papier ce trésor de connaissances lentement amassé au prix de tant de fatigues et de dangers. Ainsi fut composé le mémoire que nous éditons aujourd'hui pour la première fois. En l'écrivant, Perrot ne se proposait d'autre but que d'éclairer confidentiellement l'intendant du Canada sur le véritable caractère des tribus alliées ou ennemies de la France, et sur la nature des rapports qu'on devait entretenir avec elles. Il n'a donc cédé ni au désir de se mettre en scène, ni à l'attrait si doux et si puissant de déchirer au profit d'une médiocrité jalouse ses égaux ou ses supérieurs. Il raconte ce qu'il sait, ce qu'il a vu de ses propres yeux; il le raconte comme il peut, sans prétention littéraire, sans nul souci des faveurs d'un public auquel il ne destinait pas son ouvrage, et s'arrête lorsque le papier lui manque. Aussi ne lui voit-on jamais torturer les faits pour les accommoder aux exigences de son amour-propre. S'il se trompe, et cela lui arrive quelquefois, c'est sur des points de peu d'importance, ou à propos d'un petit nombre d'événemens dont il n'avait pas été le témoin. En somme, dans le mémoire qu'il nous a laissé, l'évidente imperfection de la forme est amplement rachetée par la vérité et l'exactitude des renseignemens qui en constituent le fond. La sincérité et la science spéciale de Perrot sont d'ailleurs mises hors de doute par le parfait accord qui règne entre lui et les écrivains antérieurs ou contemporains les mieux informés. Leurs relations, tant imprimées qu'inédites, confirment sur presque tous les points les assertions de notre auteur. Il est aisé de s'en convaincre en jetant un coup d'œil sur les notes, où j'oppose le témoignage de ces relations aux critiques qu'un anonyme a consignées en marge de notre manuscrit.

C'est encore à ces anciens et précieux documens que j'ai eu recours, toutes les fois qu'il s'est agi d'éclaircir ou de compléter le récit de Perrot. J'ai suivi la même marche dans les notices plus ou moins développées que j'ai cru devoir consacrer soit à l'auteur lui-même, soit à quelques-unes des nations dont il parle le plus souvent dans son ouvrage. En ces matières, le rôle de rapporteur était le seul qui pût me convenir. Pour y rester plus fidèle, j'ai substitué fréquemment la citation intégrale des textes aux simples renvois dont il eût été parfois malaisé de vérifier l'exactitude. Le lecteur aura ainsi dans les questions les plus importantes, la facilité de juger sur pièces.

Il n'existe du mémoire de Perrot qu'une copie du siècle dernier; la même très-vraisemblablement dont s'est servi le P. Charlevoix et qu'il tenait de Mr. Bégon intendant du Canada en 1721. Notre édition en est la scrupuleuse reproduction. Lorsque de temps à autre une addition ou une correction m'a paru nécessaire, je l'ai introduite dans le texte, mais en l'enfermant entre crochets et en conservant à côté la leçon originale; afin qu'on pût toujours reconnaître ce qui appartient en propre à Perrot. Au reste, de ces additions ou de ces corrections il en est peu dont je sois l'auteur; presque toutes figurent en surcharge dans le manuscrit dont je me suis servi pour cette édition.

Qu'il me soit permis en terminant de remercier ici mon ami et ancien collègue à l'université de Québec Mr. l'abbé Ferland, et Mr. Margry, depuis long temps connu par ses doctes recherches sur l'histoire de nos colonies. Leurs conseils et leurs indications m'ont singulièrement aidé à remplir moins imparfaitement la tâche que je m'étais imposée.

P a r i s, 3 Juillet 1864.

J. Tailhan.

MEMOIRE

SUR LES MOEURS, COUSTUMES, ET RELLIGION DES SAUVAGES DE L'AMERIQUE SEPTENTRIONALE.

PAR

NICOLAS PERROT.

Chapitre I.

TOUTS les peuples qui habitent l'Amérique septentrionalle n'ont aucune connoissance de la création du monde que celle qu'ils ont apprise des Européans qui les ont découverts, et qui conversent touts les jours avec eux. Ils ne s'appliquent mesme que très peu à cette connoissance. Les lettres et l'écriture ne sont aucunement en usage chez eux, et toute leur histoire pour les antiquitez ne se réduit qu'à des idées confuses et fabuleuses qui sont si simples, si basses et si ridicules, qu'elles mérittent d'estre seulement mises en lumière pour en faire connoitre l'ignorance et la grossiéreté.

Ils tiennent que tout n'estoit qu'eau avant que la terre fust créée; que sur cette vaste étendüe d'eau flottoit un grand cajeux[1]) de bois, sur lequel estoient touts les animaux de différente espèce qui sont sur la terre, dont le grand Lièvre, disent-ils, estoit le chef. Il cherchoit un lieu propre et solide pour débarquer; mais comme il ne se présentoit à la veüe que cignes et autres oiseaux de rivière sur l'eau, il commençoit desjà à perdre espérance, et n'en voyoit plus d'autre que celle d'engager le castor à plonger pour aporter un peu de terre du fond de l'eau, l'asseurant au nom de touts les animaux, que s'il en revenoit avec un grain seulement, il en produiroit une terre assez spatieuse pour

1*

les contenir et les nourrir touts. Mais le castor tâchoit de s'en dispenser, alléguant pour raison qu'il avoit desjà plongé aux environs du cajeux sans apparence d'y trouver fonds. Il fust cependant pressé avec tant d'instance de tenter de rechef cette haute entreprise, qu'il s'y hazarda et plongea. Il resta si longtemps sans revenir, que les supliants le crurent noyé; mais on le vit enfin paroître presque mort et sans mouvement. Alors touts les autres animaux voyant qu'il estoit hors d'état de monter sur le cajeux, s'interessèrent aussitost à le retirer; et après luy avoir bien visité les pattes et la queüe ils n'y trouvèrent rien.

Le peu d'espérance qui leur restoit de pouvoir vivre les contraignit de s'adresser au loutre, et de le prier de faire une seconde tentative pour aller quérir un peu de terre au fond de l'eau. Ils luy représentèrent qu'il y alloit également de son salut comme du leur; le loutre se rendit à leur juste remonstrance et plongea. Il resta au fond de l'eau plus longtemps que le castor, et en revint comme luy avec aussy peu de fruit.

L'impossibilité de trouver une demeure où ils pussent subsister ne leur laissoit plus rien à espérer, quand le rat musqué proposa qu'il alloit, si on vouloit, tâcher de trouver fonds, et qu'il se flatoit mesme d'en aporter du sable. On ne comptoit guerre sur son entreprise, le castor et le loutre bien plus vigoureux que luy n'en ayant pu avoir. Ils l'encouragèrent cependant, et luy promirent mesme qu'il seroit le souverain de toute la terre s'il venoit à bout d'accomplir son projet. Le rat musqué donc se jetta à l'eau et plongea hardyment. Après y avoir esté près de vingt-quatre heures, il parut au bord du cajeux le ventre en haut sans mouvement et les quatre pattes fermées. Les autres animaux le reçurent et le retirèrent soigneusement. On luy ouvrit une des pattes, ensuitte une seconde, puis une troisième, et la quatrième enfin, où il y avoit un petit grain de sable entre ses griffes.

Le grand Lièvre qui s'estoit flatté de former une terre vaste et spatieuse, prit ce grain de sable. et le laissa tomber sur le cajeux, qui devint plus gros. Il en reprit une partie et la dispersa. Cela fit grossir la masse de plus en plus. Quand elle fut de la grosseur d'une montagne, il voulut en faire le tour, et à mesure qu'il tournoit, cette masse grossissoit. Aussitot qu'elle luy parut assez grande, il donna ordre au renard de visitter son ouvrage avec pouvoir de l'agrandir: il luy obeit. Le renard ayant connu qu'elle estoit d'une grandeur suffisante pour avoir facilement sa proye, retourna vers le grand Lièvre pour l'informer que la terre estoit capable de nourrir et de contenir touts les animaux. Sur son raport le grand Lièvre se transporta sur son ouvrage, en fit le tour, et le trouva imparfait. Il n'a depuis voulu se fier à aucun de touts les autres animaux, et continue toujours à l'augmenter, en tournant sans cesse autour de la terre. C'est ce qui fait dire aux sauvages, quand ils entendent des retentissements dans les concavités des montagnes, que le grand Lièvre continue de l'agrandir. Ils l'honorent, et le considerent comme le dieu qui l'a créée. Voila ce que ces peuples nous aprennent de la création du monde, qu'ils croyent estre tousjours porté sur ce cajeux. À l'égard de la mer et du firmament, ils asseurent qu'ils ont estez de tout temps [2]).

Chapitre II.

Croyance des sauvages sur la création de l'homme.

Après la création de la terre, touts les autres animaux se retirèrent chacun dans les lieux les plus commodes qu'ils purent trouver, pour y avoir leur pâture et leur proye. Les premiers estant morts, le grand Lièvre fit naistre des hommes de leurs cadavres, mesme de ceux des poissons qui se trouvèrent le long du rivage des rivières qu'il avoit formées en créant la terre. Car les uns tirèrent leur origine d'un ours, les autres d'un élan, et ainsy de plusieurs différents animaux; ce qu'ils ont fermement crû avant d'avoir fréquenté les Européans, persuadez qu'ils tenoient l'estre de ces sortes de créatures, dont l'origine estoit tel qu'il a esté cy-devant exposé. Cela passe encore aujourd'huy chez eux pour une vérité constante, et s'il s'en trouve aujourd'huy qui sont dissuadez de cette rêverie, ce n'a esté qu'à force de les railler sur une si ridicule croyance. Vous les entendez dire que leurs villages portent le nom de l'animal qui leur a donné l'estre, ainsy que de la grüe, de l'ours, et autres animaux. Ils s'imaginent avoir estez créés par d'autres divinitéz que celles que nous reconnoissons, parceque nous avons plusieurs inventions qu'ils n'ont pas, comme celle de l'écriture, de tirer du feu, de faire de la poudre, des fusils et autres choses qui sont à l'usage de l'homme.

Ces premiers hommes qui formèrent le genre humain estants disperséz en differents endroits de la terre, reconnurent qu'ils avoient de l'esprit. Ils consideroient çà et là des buffles, des cerfs, des biches, toutes sortes d'oiseaux et d'animaux, et quantité de rivières pleines de poissons; ces premiers hommes, disje, que la faim avoit affoiblis, inspirez du grand Lièvre d'une maniere infuse, rompirent la branche d'un petit arbrisseau, firent une corde de filasse d'ortie, polirent une broustille avec une pierre aiguisée et l'armèrent par le bout d'une pareille pour leur servir de flèche, et par ce moyen dressèrent un arc avec lequel ils tüoient de petits oiseaux. Ils firent ensuitte des viretons pour attaquer les grosses bestes qu'ils escorchèrent, et dont ils voulurent manger; mais n'ayant trouvé de saveur que dans la graisse, ils tachèrent de tirer du feu pour en faire cuire la viande, et prirent pour cet effet du bois dur, mais inutilement, pour essayer d'en avoir. Ils en employerent de moins dur qui leur en donna. Les peaux des animaux servirent à les couvrir. Comme la chasse n'est pas l'hyver pratiquable à cause des grandes neiges, ils inventèrent une manière de raquettes pour y marcher avec plus de facilité, et construisirent des canots pour se mettre en estat de traverser les rivières.

Ils raportent aussy que ces hommes, formez comme il a esté dit, trouvèrent en chassant la trace d'un homme prodigieusement grand, suivie d'une plus petite. Chacun ayant marché dans son terrain sur ces vestiges avec bien de l'attention, apperçurent de loin une grande cabanne, où estants arrivez ils furent surpris d'y voir les pieds et les jambes d'un homme si grand, qu'ils ne pouvoient en descouvrir la teste. Cela leur donna de la terreur et les obligea de se retirer. Ce grand colosse s'estant éveillé jetta les yeux sur une piste qui estoit nouvelle, et qui l'engagea à faire un pas; il vît aussitost celuy qui l'avoit découvert, que la frayeur avoit contraint de se cacher dans un buisson où il trembloit de peur, et luy dit: Mon fils, pourquoy crains-tu? rasseure-toy: je suis le grand Lièvre, celuy, qui t'a fait naistre et bien d'autres des cadavres de différents animaux. Je te veux donner aujourd'huy une compagne. Et voicy les termes dont il se servit en luy donnant une femme: Toi, homme, dit il, tu chasseras, tu feras des canots, et tout ce que l'homme est obligé de faire; et toy, femme, tu feras la cuisine à ton mary, tu feras ses souliers, et tu passeras les peaux, tu fileras, et tu t'acquitteras de tout ce qui convient à une femme de faire. C'est là la croyance de ces peuples touchant la création de l'homme, qui n'est fondée que sur une des plus ridicules extravagances, à laquelle ils adjoutent foy comme à des véritez incontestables, et que la honte les empesche de divulguer [1]).

Chapitre III.

Commencement des guerres des sauvages.

Chacun de ces hommes avoient à eux un pays particulier, où ils demeuroient avec leurs femmes, qui se multiplièrent peu à peu. Ils vécurent en paix jusqu'à ce qu'ils devinrent plus nombreux. S'estant donc dans la suitte des temps multipliez, ils se séparèrent pour vivre plus à leur aise, et devinrent, à force de s'étendre, voisins de gens qui leur estoient inconnus et dont ils n'entendaient point le langage. Car le grand Lièvre leur avoit donné à chacun un patois différent, quand il les tira des cadavres des animaux. Il y en eust qui continuèrent de vivre en paix, les autres commencèrent à se faire la guerre. Ceux qui se trouvèrent les plus foibles abandonnèrent leur pays pour éviter la fureur de leur ennemis, et se retirèrent plus loin où ils trouvèrent des nations contre lesquelles ils eurent encore à soustenir. Quelques uns s'adonnèrent à cultiver la terre, et se nourrissoient de bled d'inde, de fève, d'aricots, et de citrouille. Ceux qui ne vivoient que de chasse estoient plus adroits, et réputez plus guerriers que les autres, qui les craignoient et les redoutoient beaucoup. Cependant ils ne pouvoient se passer les uns des autres, à cause des besoins de la vie. C'est ce qui fit qu'ils vécurent plus longtemps en paix; car le chasseur tiroit son grain du laboureur, et le laboureur sa viande du chasseur. Mais dans la suite les jeunes gens, par une certaine fiéreté naturelle à touts les sauvages, ne reconnoissant plus de chef commettoient desja furtivement des assassins [1]), et suscitèrent des guerres contre leurs alliez qui furent obligez de se deffendre.

Chapitre IV.

Premières guerres des Irroquois voisins des Algonkins avec lesquels ils estoient en paix et le sujet de leur guerre.

Le pays des Irroquois estoit autrefois le Montreal, et les Trois Rivières[1]); ils avoient pour voysins les Algonkins qui demeuroient le long de la riviere des Outaoüas, au Nepissing, dans la riviere des François, et entre icelle et Taronto. Les Irroquois n'estoient pas chasseurs: ils labouroient la terre et vivoient des racines qu'elle produisoit, et du grain qu'ils semoient. Les Algonkins au contraire ne subsistoient que de leur chasse, méprisant l'agriculture comme une chose peu convenable à leur fiéreté ambitieuse, et qu'ils regardoient infiniment au-dessous d'eux; tellement que les Irroquois se consideroient en quelque manière comme leurs vassaux. Cela ne les empeschoit pas d'estre en commerce ensemble; ils leur aportoient du grain pour des viandes seiches et des peaux qu'ils en retiroient. Les Irroquois ne pouvoient se dispenser de vivre avec eux de la sorte, parce qu'ils estoient bien moins guerriers. Il falloit qu'il parût de la soumission de leur part aux volontez des Algonkins.

Il arriva un jour, durant la paix qui regnoit entre eux, que les Algonkins firent sçavoir aux Irroquois du village le plus voysin de venir hyverner chez eux, et qu'ils les fourniroient de viandes fraiches pendant l'hyver, qui feroient de meilleur boüillon que les seiches, dont la première saveur n'estoit que de la fumée. Ils acceptèrent l'offre qu'on leur faisoit. Ils partirent ensuitte quand la saison permit d'aller à la chasse, et s'écartèrent bien avant dans les forests, où ayant achevé de détruire toutes les bestes qui se trouvèrent dans la circonférence des endroits où l'on pouvoit chasser à leur proximité, ils manquèrent de vivres, et furent obligés de décamper et d'aller plus loin chercher de quoy chasser. Mais comme les sauvages ne peuvent faire dans un jour qu'une très petite marche, à cause qu'il leur faut porter avec eux cabanes, enfans, et tout ce qui leur est nécessaire, quand ils changent d'endroit pour la chasse; les Algonkins choisirent six jeunes gens de leurs meilleurs chasseurs pour aller tüer des bestes à l'arrivée des gens des deux villages; et engagèrent les Irroquois à joindre avec eux six des leurs qui partageroient la chasse qu'ils feroient ensemble, et qui viendroient au-devant des deux nations avec leur viande. Quand ces douze jeunes gens furent rendus dans un lieu où il y avoit apparence de chasse, les uns s'occupèrent au campement, pendant que les autres travailloient à jetter les neiges, et à faire des ravages d'élans. En ayant découverts ils retournèrent vers leurs compagnons, et se fiant sur leur adresse et leur habilité à chasser, ils conclurent entre eux que chaque Algonkin serait accompagné d'un Irroquois quand on escorcheroit les bestes, et qu'on en apporteroit la viande au camp avec les peaux.

Le lendemain les Algonkins ayant chacun un Irroquois se dispersèrent; ils trouvèrent plusieurs élans qu'ils manquèrent, à cause qu'ils n'avoient alors que l'usage des flèches, et furent contraints de revenir au camp sans avoir rien pris. Ils y retournèrent encore le jour ensuitte, et ne furent pas plus heureux que le précédent. Les Irroquois qui s'estoient estudiez à retenir la manière dont les Algonkins faisoient leurs aproches, demandèrent leur consentement pour chasser séparément; ils répondirent avec beaucoup de fiéreté, qu'ils s'estonnoient fort qu'ils osassent se flatter de tüer des bestes, puisqu'ils n'en avaient pû tüer eux-mesmes. Mais les Irroquois sans les consulter davantage là-dessus, partirent le lendemain pour faire leur chasse sans les Algonkins, et arrivèrent ensuitte chargez de viande à leur camp.

Les autres qui n'avoient rien fait, voyant que ceux qu'ils avoient méprisez avoient eü l'avantage, résolurent de leur oster la vie ; ce qu'ils firent. Car un jour qu'ils dormoient, ils les assassinèrent et couvrirent leurs corps de neige ; à l'égard des viandes, ils les firent sécher pour estre plus légères à porter, et vinrent au-devant de leurs gens. Quand on leur demanda ce qu'estoient devenus leurs compagnons, ils répondirent qu'ils s'estoient touts perdus dans les glaces d'une rivière qu'ils avoient passée ; et pour mieux colorer cette fausseté ils cassèrent un grand banc de glace, afin de leur faire voir l'endroit où ils s'estoient noyez. Les Algonkins partagèrent libéralement les viandes, et en donnèrent la plus forte part aux Irroquois. Ils campèrent touts ensemble en cet endroit et y passèrent le reste de l'hyver à la chasse sans aucune nouvelle du meurtre qui y avait esté commis.

Quand les neiges commencèrent à fondre vers le printemps, les corps de ces morts causèrent une püanteur insuportable dans leur camp, qui fit découvrir les assassins. L'Irroquois s'en plaignit au chef des Algonkins qui ne luy en rendit aucune justice ; mais il luy dit d'un air menaçant, que peu s'en falloit qu'il ne les chassât de leur pays, et qu'il ne les exterminat entièrement ; que ce n'estoit que par pitié et compassion qu'il leur laissoit la vie. L'Irroquois prit le party de se retirer doucement sans avoir rien à luy répondre là-dessus, et donna secrètement avis sur-le-champ aux Irroquois ses alliez des menaces qu'on luy venoit de faire, et de l'assassin qui s'estoit commis. Il fut donc résolu qu'on s'en vengeroit, et peu de temps après ils cassèrent la teste à quelques Algonkins qu'ils trouvèrent à l'écart. Mais ne se trouvant pas capables de prévenir les suittes que leur attireroit cette action de la part des Algonkins, ils s'éloignèrent et se réfugièrent vers le lac Erien [Erié], où estoient les

Chaoüanons qui leur firent la guerre, et les obligèrent de s'aller establir le long du lac Ontario, que l'on nomme à présent le lac Frontenac. Après avoir enfin soustenu plusieurs années la guerre contre les Chaoüanons et leurs alliez, ils se retirèrent à la Caroline où ils sont à présent [2]). Touttes ces guerres servirent bien à aguérir les Irroquois, et à les rendre capables de combattre les Algonkins, qui portoient auparavant la terreur chez eux. Ils sont venus à bout de les détruire, et plusieurs autres nations ont éprouvé la valeur de ces redoutables ennemis, qui les ont contraint d'abandonner leurs pays [3]).

Chapitre V.

Relligion des nations sauvages ou plustot superstition.

On ne sçauroit dire que les sauvages professent quelque doctrine; il est constant qu'il ne suivent pour ainsy dire aucune relligion [1]). Ils observent seulement quelques coustumes judayques: car ils ont certaines festes dans lesquelles ils ne se servent point de cousteau pour couper les viandes cuittes, qu'ils devorent avec les dents. Les femmes ont aussy coustume, quand elles mettent leurs enfants au monde, d'estre un mois sans entrer dans la cabanne de leur mary, et ne peuvent pas mesme pendant tout ce temps là manger avec les hommes, ny de ce qui a esté préparé de leurs mains. C'est pourquoy elles font leur cuisine en particulier [2]).

Les sauvages ne connoissent pour divinitez principales, que le grand Lièvre, le soleil, et les diables, j'entends ceux qui ne sont pas convertis. Ils invoquent le plus souvent le grand Lièvre, parce qu'ils le respectent et l'adorent comme le créateur de la terre, et le soleil comme l'auteur de la lumière;

mais s'ils mettent les diables au nombre de leurs divinitez, et s'ils les invoquent, c'est par ce qu'ils les craignent, et qu'ils leur demandent la vie dans les invocations qu'ils leur font. Ceux d'entre les sauvages, que les François nomment jongleurs, parlent au démon qu'ils consultent pour la guerre et la chasse.

Ils ont encore plusieurs autres divinitez, qu'ils prient et qu'ils admettent dans l'air, sur la terre, et dans la terre. Celles de l'air sont le tonnerre, les esclairs, et généralement tout ce qui leur y paroit aux yeux qu'ils ne peuvent pas concevoir; comme la lune, les éclipses, et les tourbillons de vents extraordinaires. Celles qui sont sur la terre consistent dans toutes les créatures malignes et nuisibles, particulierement les serpents, les tygres, et autres animaux, ou oiseaux griffons pareils. Ils y comprennent aussy celles qui sont extraordinaires en beauté ou difformité dans leur espèce. Celles enfin qui sont dans la terre, sont les ours qui passent l'hyver sans manger, ne se nourrissant que de la substance qu'ils tirent de leur nombril en le suçant[3]). Ils regardent de mesme tous les animaux qui séjournent dans les cavernes ou dans des trous, qu'ils invoquent lorsqu'en dormant ils ont rêvé à quelqu'une d'elles.

Ils font pour ces sortes d'invocations un festin de vivres ou de tabac, auquel les anciens sont conviez, et déclarent en leur présence le rêve qu'ils ont eü en voüant le festin qui se doit faire à celuy auquel ils ont rêvé. Alors un des anciens prend la parole et, nommant la créature à laquelle se voüe le festin, il luy adresse les paroles suivantes: Aye pitié, dit il, de celuy qui t'offre .... (en nommant chaque mets par leur nom); aye pitié de sa famille, accorde-luy ce qu'il a besoin. Touts les assistants répondent d'une commune voix: O! O! par plusieurs fois jusqu'à ce que la prière soit achevée; et ce mot O signiffie la mesme chose chez eux qu'ainsy soit-il chez nous. Il y a des nations qui, dans ces sortes de solemnitez, obligent les invitez à tout manger, et d'autres ne vous y contraignent pas: vous mangez ce que vous voulez et emportez le reste chez vous.

Il se fait d'autres festins parmy ces sauvages dans lesquels se pratique une espèce d'adoration en voüant à la diuinité prétendüe non seulement les mets du festin, mais en étalant à ses pieds ce qu'il y a dans un sac de cuir qu'ils appellent leur sac de guerrier ou, en leur langue, Leur *Pindikossan*, dans lequel seront des peaux d'hiboux, de couleuvres, des foignes blanches, de perroquets, de pies, et d'autres animaux les plus rares. Ils y auront aussi des racines ou des poudres pour leur servir de médecines. Avant le festin ils jeûnent tousjours sans boire ny manger jusqu'à ce qu'ils ayent rêvé, et durant leur jeûne, ils se noircissent de charbon le visage, les espaules et la poitrine; ils fument néantmoins du tabac. On asseure qu'il y en a (ce qui paroitroit incroyable) qui ont jeûné jusqu'à douze jours consécutifs et d'autres moins[4]). Si le rêve qu'ils ont fait est de divinité qui soit sur ou dedans la terre, ils continüent de se noircir, comme il a esté dit, de charbons; mais si c'est au grand Lièvre ou bien aux esprits de l'air, ils se lavent et se barbouillent de terre noire, et commencent dez le soir la solemnité du festin.

Celuy qui en est l'autheur invite deux compagnons pour l'assister dans cette feste, qui doivent chanter auec luy pour fleschir la divinité à laquelle ils ont rêvé et qui fait le sujet de la cérémonie. Autrefois qu'ils n'avoient pas de fusils, ils faisoient autant de cris qu'il y avoit de grandes chaudières au feu pour faire cuire les mets. Ensuitte celuy qui donne la feste se met à chanter de concert avec ses deux assistants, qui sont mattachez[5]) de vermillon ou d'une teinture de rouge. Cette chanson est faite uniquement à l'honneur de la divinité à laquelle il a rêvé; car chaque créature animée ou inanimée ont leur chanson particulière. Ils continüent pendant la nuit à chanter toutes celles qui sont pour les autres divinitez prétendües jusques à ce que touts les conviez soient assemblez. Tout le monde estant rendu, il recommence seul à entonner la chanson qui est particuliere à la divinité du rêve.

Ce festin est de quelque chien, qui est réputé le premier et le plus considerable de touts les mets[6]). Ils l'accompagnent de plusieurs autres, comme de viande d'ours, d'orignal ou de celle de quelqu'autre grosse beste; s'ils n'en avoient point, on suppléeroit avec du bled d'Inde qu'ils assaisonnent de graisse, et qu'ils versent ensuitte sur les plats de chaque convié. Vous remarquerez que pour rendre ce repas solemnel, il faut qu'il y ait un chien, dont la teste est presentée au chef de guerre le plus considérable, et les autres parties aux guerriers. Quand les mets sont cuits, on descend les chaudières, et un des escuyers va faire les cris dans le village pour faire sçavoir que le festin est préparé, et que chacun y peut venir. Il est permis aux hommes de s'y trouver avec leurs armes et aux vieillards, avec chacun leur plat. On n'y observe point de haut bout: tout le monde y prend sa place confusément. Les estrangers y sont bien venus, ainsy que ceux du lieu. On les y sert même les premiers et de ce qu'il y a de meilleur dans le repas.

Quand un chacun a pris sa place, le maistre de cette cérémonie, qui se tient tousjours debout[7]) assisté de ses deux compagnons, ayant sa femme et ses enfants assis à ses costez, qui sont parez de ce qu'il a de bijoux considérables, et ses deux compagnons armez comme luy d'un javelot ou bien d'un carquois de flèches, élève d'abord sa voix pour se faire entendre de touts les assistants, disant qu'il sacrifie ces mets à un tel esprit qu'il nomme et que c'est à luy qu'il les voüe. Voicy quels sont les termes dont il se sert: Je t'adore, dit-il, et t'invoque [8]) afin que tu me sois favorable dans l'entreprise que je fais, et que tu aye pitié de moy et de toutte ma famille. J'invoque tous les méchans esprits et les bons ; touts ceux qui sont dans les airs, sur la terre et dans la terre : afin qu'ils me conservent et ceux de mon party, et que nous puissions retourner, après un heureux voyage dans nostre pays. Alors touts les assistants répondent d'une commune voix : O! O! Ces sortes de festins ne se font ordinairement que pour l'occasion d'une guerre, ou autres entreprises à faire dans les voyages contre leurs ennemis. S'il se trouve quelque François parmy eux, ils ne prononcent pas, J'invoque les méchants esprits ; ils font seulement semblant de ne s'adresser qu'aux bons. Mais les mots dont ils se servent dans ces sortes d'invocations sont si particuliers, qu'il n'y a qu'eux qui les entendent. Ils ont ordinairement recours à ceux des esprits qu'ils croyent les plus puissants, et qui peuvent leur estre plus propices que les autres ; ils s'imagineroient mesme ne pouvoir éviter les accidents qui leur arriveroient de la part des ennemis, maladie, ou quelqu'autre infortune, s'ils avoient obmis ces sortes d'invocations.

Le maistre du festin ayant achevé de les faire dans la posture qui a été dit cy-devant, avec son arc et son carquois de flèches, son javelot ou son poignard, monstre un visage le plus coléreux qu'il luy est possible, entonne sa chanson de guerre et fait, à chaque syllabe qu'il prononce, des contorsions de la teste et du corps les plus terribles qu'on puisse jamais voir. Le tout va cependant en cadence ; car la voix et le corps s'accordent dans le même instant avec les démonstrations de son animosité, qui font connoitre que son courage augmente de plus en plus ; marchant toujours, sur les tons et la cadence de sa chanson, d'un bout à l'autre de l'endroit où se fait le festin. Il va et vient ainsy plusieurs fois en continuant ses gestes, et quand il passe devant les conviez, qui sont assis a platte terre des deux costez et sur toutes les faces, ils répondent à son chant sans discorde, s'écrians touts unanimement, *Ouiy! Ouiy!* du fond du gosier. Mais ce qu'il y a de plus agréable dans leurs cadences c'est qu'en certains endroits de sa chanson il prononce deux ou trois syllabes bien plus promptement que les autres; touts les assistans en font de mesme pour répondre *Ouiy* plus viste suivant le temps que la cadence le demande. Cela est si régulièrement observé, que de cinq cents ensemble il ne s'en trouveroit pas un d'eux qui y manquât.

Touttes les femmes, les enfants et généralement ceux qui sont dans le village et qui ne sont pas conviez au festin, s'y rendent pour estre spectateurs de la solemnité. Ils en perdent le boire et le manger, et abandonnent souvent leurs cabannes qu'ils exposent à estre volées par d'autres sauvages, qui sont naturelement portés au larcin.

Le maistre du festin ayant finy ses tours en chantant, reprend sa place et se tient dans la même situation qu'il estoit auparavant. Un de ses compagnons le releve qui joüe le même personnage qu'il luy a veü faire, et qui vient après avoir achevé se rejoindre au maistre du festin. L'autre compagnon chante aussy à son tour, et après luy enfin tous les conviez alternativement, qui s'efforcent à l'envie de paroitre les plus furieux. Les uns en chantant remplissent leurs plats de cendre rouge et de charbons ardents qu'ils jettent sur les spectateurs, qui s'ecrient ensemble d'une voix très forte mais lente, *Ouiy!* Les autres prennent des tisons de feu qu'ils envoyent en l'air; il y en a quelques uns qui font mine de casser la teste à des assistans. Ces derniers sont obligez de réparer cet affront à celuy qu'ils ont feint de fraper, en lui faisant présent de vermillon, d'un cousteau ou de quelqu'autre chose de pareille valeur. Il n'est permis qu'aux guerriers, qui ont tüé ou fait des prisonniers, d'en user de la sorte; ces feintes signifiant que c'est ainsy qu'ils ont tüé des ennemis. Mais s'il luy arrivoit de ne rien donner à celuy auquel il se seroit adressé dans la compagnie, il luy diroit en présence de tout le monde qu'il en a menty, et que jamais il n'a esté capable d'en tüer aucun: ce qui le couvriroit de confusions.

Pendant que toutes ses chansons durent, ils se montrent fiers, intrépides et prets à surmonter encore touts les dangers, qui se sont cy-devant présentez dans les endroits où ils ont estéz en guerre. Et cessant de chanter en certains moments, les assistans s'écrient tous à la fois, *Ouiy!* et continuent après à chanter successivement dans l'assemblée, chacun à son tour, quelquefois trois ou quatre ensemble, qui se placeront un à chaque bout, et au milieu de l'endroit où se fait le festin; et, marchant d'un bout à l'autre, se rencontrent sans perdre la moindre cadence de leur chanson, ny changer des contorsions dans leur visage et dans leur corps, quoyqu'ils chantent différentes chansons auec différents gestes. Les assistans suivent, et répondent à leur tour dans le moment que les danseurs passent devant eux. Car il faut sçauoir que chacun a sa chanson particuliere, et qu'on ne peut pas chanter celle de son camarade sans luy faire une insulte qui attireroit un coup de casse-tète à celuy qui auroit chanté la chanson de guerre d'un autre: estant le plus grand affront qu'on luy sçauroit faire dans une assemblée où il est présent[9]). Elle ne peut estre mesme chantée après sa mort, les jours de solemnitez, que pour [par?] ceux de la famille qui relèvent son nom[10]); il est cependant permis de la dire devant luy hors de ces jours de festes, pourveu qu'on ne s'assisse pas, et qu'il sache qu'on ignore en la chantant que ce soit la sienne.

- Quand tout le monde de l'assemblée a chanté, ceux que l'on a destiné pour servir, prennent d'abord les plats des estrangers qu'ils remplissent pour les porter devant eux. Ils servent ensuitte leurs chefs, et dans ces deux derniers services, ils donnent ce qu'il y a de meilleur dans le festin. Ils servent les autres conviez confusément et sans distinction, qui sont touts assis à platte terre; car elle leur sert de table, où ils posent entre leurs jambes les plats qu'on leur aporte. Chacun y doit estre surtout muny de son plat; autrement il n'auroit pas sa part. C'est à quoy ils ne manquent guerre; le sauvage estant naturellement trop gourmand pour s'oublier dans une occasion où il s'agit de se bien remplir le ventre [11]).

Quand on a résolu de faire une marche générale ou de former de petits partys, le général fait un festin de pareille nature que celuy dont on vient de parler. Ceux qui veulent s'y trouvent pour s'enroller avec luy; car il ne seroit accompagné de personne s'il ne les avoit régalez auparavant. On fait la marche qui se doit faire comme il l'a prescrit. Pendant qu'elle dure, ce général a le visage, les espaules et la poitrine noircies de terre ou de charbons. Il a bien soin aussy de chanter en décampant touts les matins sa chanson de mort sans y manquer, jusques à ce qu'il soit hors de danger ou retourné dans son village; où il fait encore un festin en cas qu'il ne luy soit arrivé aucune infortune, pour remercier l'esprit qui l'a favorisé dans son voyage; auquel sont conviez les chefs du village, et ceux, qui l'ont accompagné dans son entreprise [12]).

Chapitre VI.

Continüation des superstitions des sauvages.

Ils honnorent le grand Tygre comme le dieu de de l'eau, que les Algonkins et d'autres qui parlent la mesme langue nomment Michipissy. Ils vous

disent, que ce Michipissy est toujours dans un antre
fort creux, qu'il a une grande queüe qui excite de
gros vents quand il la remüe pour aller boire; mais
s'il la fait joüer fortement, il cause de grandes tem-
pestes. Dans les voyages qu'ils ont à faire, soit
petits ou grands, voicy leur maniere de parler dans
les invoquations: Toy, qui es le maitre des vents,
favorise nostre voyage et donne nous un temps calme.
Cela se dit en fumant une pipe de tabac dont ils
jettent la fumée en l'air[1]). Mais avant que d'entreprendre des voyages un peu longs, ils ont soin de
casser la teste à des chiens, qu'ils pendent à un
arbre ou à une perche. Ce sont quelquefois aussy
des peaux d'élans passées, de biches ou de chevreüils,
qu'ils voüent au soleil ou au lac pour obtenir du
beau temps[2]). Si l'hyver ils ont quelque voyage particulier à faire sur la glace, c'est un certain esprit
qu'ils invoquent pour cet effect, appellé des Algonkins Mateomek, auquel ils donnent et offrent pareillement de la fumée de tabac, le priant de leur estre
favorable et propice dans leur marche. Mais cela
se pratique avec assez d'indifférence, le peu de fer-
veur n'approchant pas de ce qui se passe dans les
festins solemnels.

Les Nepissings, ou autrement dit les Nepissi-
niens, Amikoüas et touts leurs alliez asseurent que
les Amikoüas, qui signiffie descendans du castor,
tirent leur origine du cadavre du grand Castor, d'où
est sorty le premier homme de cette nation; que ce
castor partit du lac Huron et entra dans la riuière
qu'on nomme des François. Ils disent que l'eau venant a luy manquer, il y fit des escluses qui sont à
présent des rapides et des portages. Quand il fust
arrivé à la rivière qui prend son origine du Nepissing, il la traversa et suivit plusieurs autres petits
ruisseaux qu'il passa. Il fit ensuitte une petite digue
de terre, mais s'appercevant que le courant des eaux
la pénétroit d'un costez, il fut obligé de faire des

escluses de distance en distance, afin d'avoir suffisament de l'eau pour passer. Il tomba enfin dans la riviere qui vient d'Outenulkamé, où il s'attacha encore a faire des escluses dans les endroits où il ne trouvait pas assez d'eau. Ce sont présentement des chaussées et des rapides où l'on est obligé de faire des portages. Ayant ainsy passé plusieurs années dans ses voyages, il voulut remplir la terre des enfans qu'il y laissait, et qui s'estoient multipliez partout où il avoit passé; en s'enfournant dans les ruisseaux qu'il avoit découvert dans son chemin, et arriva enfin au-dessous des Calumets. Ce fut là qu'il fit pour la derniere fois des escluses et que, en retournant sur ses pas, il vit qu'il avoit formé un beau lac et y mourust. Ils croyent qu'il est enterré au nord de ce lac, vers l'endroit où la montagne paroit aux yeux comme la forme d'un castor, et que son tombeau y est; c'est pourquoy ils l'appellent le lieu où repose le castor tüé. Quand les nations passent par là, ils l'invoquent et envoyent de la fumée en l'air pour honnorer sa mémoire, et le prier de leur estre favorable dans la marche qu'ils ont à faire[3]). Si quelque étranger ou quelque pauvre femme veuve estant en disette proche de ces Amikoüas ou de quelqu'une de leur famille, ils vissent [voient] une branche rongée la nuit par quelque castor, le premier qui la trouve à l'entrée de la tente, la ramasse et la porte au maistre de la famille, qui fait faire aussitost un amas de vivre pour ce pauvre, qui a mémoire de leurs ancestres: et ceux des villages cottisent de bonne volonté pour faire un présent à celuy qui leur a fait l'honneur de les faire ressouvenir de leur origine. Ils n'en usent pas de mesme avec les François, depuis qu'ils se sont moquez d'eux et de leur superstition.

Chapitre VII.

Mariage des sauvages.

Il y a des nations sauvages qui se marient pour vivre ensemble jusqu'à la mort, et d'autres qui se quittent quand bon leur semble. Ceux qui observent cette dernière maxime sont les Irroquois, les Loups et quelques autres. Mais les Outaoüas épousent leurs femmes pour vivre avec elles toute la vie, à moins qu'une raison bien forte ne donne lieu au mary de la répudier. Car l'homme s'exposeroit sans cela à estre pillé et à mille confusions, puisque celle qu'il auroit quitté mal-à-propos pour en prendre une autre, se mettroit à la teste de ses parentes, et luy osteroit ce qu'il auroit sur luy et dans sa cabanne; elle luy arracheroit les cheveux et luy déchireroit le visage; en un mot, il n'y a point d'indignitez et d'affronts dont elle ne l'accableroit et qu'elle ne soit en droit de luy faire sans qu'il puisse s'y opposer, s'il ne veut devenir l'opprobre du village. Quand le mary n'en épouse pas d'autre, la femme qu'il a quittée peut le piller lorsqu'il revient de la chasse ou de la traitte, luy laissant ses armes seulement, qu'elle luy oste enfin s'il ne vouloit absolument retourner avec elle. Mais quand l'homme peut, prouver aussy qu'elle luy a manqué de fidelité avant ou bien après l'avoir laissée, il en épouse une autre sans qu'on en puisse murmurer. La femme ne peut de son chef abandonner son mary, parce qu'il en est le maitre, qu'il la acheptée et payée; les parents ne sçauroient mesme la lui enlever; et si elle s'en alloit, la coustume l'authorise de la tüer, sans qu'on y trouve à redire[1]). Cela a causé bien des fois la guerre entre des familles qui vouloient soutenir le droit du mary, quand la femme ne consentoit pas à retourner avec luy.

Les Irroquois, les Loups, et quelques autres nations n'en usent pas envers leurs femmes comme les Outaoüas; il y en a cependant qui ne se quittent jamais, et qui s'aiment uniquement pendant la vie. Mais la plus grande partie, surtout les jeunes gens, se marient pour se quitter quand bon leur semble. Ils se prendront pour un voyage de chasse ou de traitte, et partageront de moitié le profit qu'ils y auront fait. Le mary mesme peut convenir avec la femme de ce qu'il luy donnera pour le temps qu'il a envie de la garder avec luy sous condition de luy estre fidelle; elle peut aussy après avoir achevé le voyage se séparer d'avec lui[2]). Il s'en trouve cependant qui s'aiment mutuellement et qui demeurent toujours unis: ce sont ceux qui ont eü des enfants ensemble et qui appartiennent, suivant la maxime des sauvages, à la mère; puisqu'ils demeurent touts auprès d'elle, sçavoir les masles jusques à ce qu'ils soient en estat d'estre mariés, et les filles jusqu'à la mort de la mère. Si le père quittoit sa femme, les enfants qu'il en auroit eü ne manqueroient pas, quand ils seroient grands, de le traitter avec mépris[3]) et de l'accabler de reproches pour les avoir abandonné dans leur bas âge, ayant laissé à leur mère tout le soin et toute la peine de les élever.

I.

Manières usitées parmy les sauvages du nord et du sud qui parlent la langue algonkine ou [celles qui] qui en derivent quand il recherchent une fille en mariage.

Ces nations se font l'amour secretement pendant un assez longtemps. Le garçon commence le premier à se déclarer à quelqu'un de ses amis dont il connoit la discrétion et la fidélité; la fille en fait autant de son costé, et choisit pour confidente une de ses compagnes à laquelle elle déclare son secret.

Ce garçon ayant avec luy le camarade qu'il a uniquement instruit de ses amours, se rend à heure indüe dans l'endroit où la fille est couchée, et la fait avertir qu'il la voudroit voir. Si elle y consent, il se met contre elle et luy témoigne de la manière la plus honneste l'amitié qu'il luy porte, et l'intention où il est de l'avoir pour sa femme. Si la fille ne luy donnoit pas de response favorable dans ses sortes d'occasions, après s'estre fait annoncer il se retire, et y retourne le lendemain de la mesme maniere qu'il a fait la veille. Il continue de s'y rendre toutes les nuits, jusqu'à ce qu'il ait eü son agrément, en luy disant que sa mère est maitresse de sa personne [4]).

Le jeune homme va ensuitte voir sa mère et luy déclare le nom de la fille qu'il recherche en mariage avec le consentement qu'il en a eü. La mère le témoigne au père, ou à un oncle le plus proche, au deffaut du père, et vont tous les deux les voir pour y proposer l'alliance de leur fils. Quelquefois il suffit de le faire au frère de la fille qui en parlera à sa mère, et, après en avoir eü le consentement, les parents s'assemblent pour luy faire en pelleteries ou autres marchandises ce qu'ils veulent donner pour les establir. La mère du jeune homme emporte chez elle la moitié de ce qui luy aura esté donné en mariage, et y retourne deux ou trois fois pour emporter quelque chose, afin de payer, dit-elle, le corps de sa prétendue belle-fille; pendant lequel temps touttes les marchandises sont distribuées aux parents de la fille, qui luy en rapportent une partie avec des vivres, comme du bled d'Inde ou autres grains; car c'est la femme qui a soin de fournir son mary de grains. On ajuste la nouvelle mariée le mieux qu'il est possible, et elle est accompagnée de sa belle-mère, qui luy indique auprès d'elle la place qu'elle doit occuper avec son mary, qui se promène alors dans le village. Quand la nouvelle mariée c'est assise, la belle-mère luy oste touttes les hardes qu'elle a sur elle, luy en

donnant d'autres et quelques marchandises qu'elle luy
aporte. Elle retourne ensuitte chez sa mère, qui la
dépouille encore une fois de tous ses ajustements, et
qui reçoit d'elle touttes les marchandises qu'elle a;
l'ayant habillée pour la derniere fois, elle la renvoye
chez son mary, luy faisant présent de quelques sacs
de grains. Ces sortes de visittes reitérées, se pratiquent quelque fois plus souvent, mais quand on les
veut finir, la fille est habillée de haillons; et c'est
par où se terminent les cérémonies du mariage: puis
elle demeure auprès de sa belle mère qui en a soin.

Quoique les sauvages dans le fonds n'ont pas
beaucoup la pudeur en recommandation, ils surpassent
néantmoins en bienséances les Européans pour le
dehors; car dans touttes leurs amours, ils ne se disent
jamais dans la conversation une parole qui blesse
l'honnesteté. Il y en a qui après s'estre mariez ont
estés six mois et un an même sans se toucher, et
d'autres plus ou moins. La raison qu'ils en donnent
est qu'ils ne se marient pas par un motif de convoitise, mais purement par amitié [5]).

Quand le mariage a esté consommé, les nouveaux
mariez vont ensemble à la chasse ou à la pêche,
d'où ils reviennent au village dans la cabanne de
la mère de la fille, et luy donnent tout ce qu'ils ont
aporté. Cette mère en prend une partie pour la
donner à la mère du garçon qui est obligé de demeurer
chez sa belle-mère pour y travailler durant deux
ans; car il doit le faire. Pendant tout ce temps là,
elle est dans l'obligation de le nourrir seulement et
de l'entretenir. S'il doit donner quelque festin, elle
en fait la dépense.

Après avoir demeuré ses deux années chez sa
belle-mère, il retourne avec sa femme chez sa propre
mère, et quand il revient de la chasse ou de la pêche,
sa belle-mère luy donne une partie de ce qu'il a
porté pour sa mère. S'il revient de traitte pareillement, c'est tousjours aux volontés de sa belle-mère

qu'il doit avoir égard[6]); et sa femme est obligée de faire ce qu'il convient aux femmes de faire, mesme comme si elle estoit la servante de la maison. Quand l'homme vient à mourir, ou bien elle, l'une des deux familles, à qui la personne morte appartient, s'épuisent et contribüent parmy les parents à fournir des pelleteries, des marchandises et des vivres pour porter aux parents du mort, afin de les aider à subvenir aux grands frais qu'il leur faut faire dans cette occasion. Il sera parlé dans la suitte de ce qui concerne la maniere dont se font leurs funérailles.

Si le mary vient à mourir, la femme ne se peut remarier qu'à celuy qui sera au grez de sa belle-mère[7]), après deux années de deüil, qu'elle observe en se coupant les cheveux, en ne les graissant aucunement; elle ne les peigne que le moins souvent qu'elle peut et ils sont tousjours hérissez, et sans vermillon, dont elle ne peut non plus s'en servir au visage. Son habillement est un mauvais haillon, qui sera quelquefois une vieille couverte usée, ou quelque peau noircie, si mauvaise qu'elle ne peut servir qu'à un pareil usage. Il lui est deffendu d'aller en visitte chez ses amis, à moins qu'on ne luy en ait faite auparavant, ou qu'elle ne soit rencontrée en allant quérir du bois. Pour la cabanne, elle y occupe ordinairement la place du vivant de son mary. En quelque endroit qu'elle se trouve elle ne doit donner aucune marque de joye, et ce n'est pas sans avoir à souffrir qu'il faut qu'elle se contienne ainsy; parceque les sauvages, qui voyent les femmes pleurer leur deffunt mary se moquent d'elles en leur disant mille sottises. Elle continüe de rendre aux parents de son époux les mesmes services, et une soumission aussi entière pour tout ce qu'ils luy ordonnent de faire que lorsqu'il vivoit. On a à la vérité beaucoup d'égards à sa modestie et à la conduite qu'elle est obligée de tenir: car on a un soin tout particulier de ne luy pas donner lieu en la moindre chose de se chagriner soit en luy donnant à manger, ou en faisant porter en sa considération chez ses parents la meilleure partie de ce qu'on a, sans qu'elle ny sa famille soient tenües de rendre par bienséance le réciproque.

Quand ses deux années de veufvage sont expirées, et qu'elle a observée exactement son deüil, on la déshabille de ses haillons, et elle reprend de belles hardes; elle se met du vermillon aux cheveux et au visage, elle porte ses pendans d'oreille, son collier de rassade, de canons de porcellaine et autres bijoux, que les sauvages regardeut les plus considérables. Si quelqu'un des frères ou des parents de son feu mary l'aime, il l'épouse; sinon elle[8] en adopte un avec lequel il faut qu'elle se marie sans le pouvoir refuser; car les parents du deffunt sont maistres de son corps; mais si on ne luy en donnoit pas un, on ne sçauroit l'empescher de se remarier avec un autre, apres le temps expiré de son veufvage; et ils sont obligez en luy laissant cette liberté de reconnoitre sa fidélité par des présents.

Si quelqu'un de ses parents ayant desjà une femme la prenoit pour sa deuxieme, la premiere seroit la maitresse; et si elle ne lui estoit parente, et qu'il n'y fit point part, au retour de la chasse ou de la pêche, de ce qu'il en aporteroit, ce seroit une jalousie entre ses deux femmes si grande qu'elles en viendroient à se battre, et que les deux familles se joignant ensemble pour soutenir celle qui leur appartiendroit, il arriveroit des accidents très facheux, sans qu'on pût se mesler de les prévenir ny d'y mettre le holà. Quelque chef est en droit seulement de les appaiser, quand il voit que dans le différent il y a eü du sang répandu. Mais bien souvent ces sortes d'accommodements ne sont pas de longue durée; car dans les premieres occasions ils s'en ressouviennent, et l'une de ces deux femmes est enfin contrainte de quitter le mary, ce qui luy est alors permis. Mais s'il a quelque chose soit viande ou poisson, celle qui l'a quitté, assistée de sa mère, ses soeurs, cousinnes, ou niepces, lui enlevent tout ce qu'il a, sans qu'il s'y oppose, et la querelle se renouvelle a ce sujet. On voit néantmoins parmy les sauvages plusieurs qui ont deux femmes, et qui ne laissent pas de vivre avec assez d'union ensemble sans estre parentes. Car quand elles le sont, elles vivent tousjours sans aucune discussion, tout ce qui vient de leur mary estant commun à leur famille, qui defrichent conjointement les terres. Mais quand l'alliance ne se trouve pas, elles travaillent séparément, et font leurs efforts afin d'estre les plus riches en grains et en fruits pour s'en faire de part et d'autre des présents, et entretenir une bonne amitié et une bonne intelligence.

Quand la femme meurt le mary observe pareillement le deüil. Il ne la pleure pas, mais il se dispense absolument de se vermillonner le visage, et ne se graisse que très peu les cheveux; il fait des présents aux parents de la deffunte femme; s'il ne loge pas chez eux, il leur envoye la meilleure partie de sa chasse, de sa pêche ou de quelqu'autres profits. Il ne luy est pas permis de se remarier qu'après ses deux années de deüil, quand il les a passées dans la maniere requise. S'il est bon chasseur ou qu'il ait quelque autre mérite, on luy donne sa belle-soeur en mariage ou une de ses cousines; s'il n'y en a pas, on adopte une fille qui est censée naturelle, qu'il est obligé de prendre pour sa femme sans la pouvoir refuser; luy estant deffendu de se remarier, que de l'aveu et du consentement de sa belle-mère, en cas qu'elle soit en vie, ou de la volonté de ses parents, si elle n'estoit pas vivante. S'il y contrevenoit, tous les alliez de sa deffunte femme feroient mille indignitez à celle qu'il auroit prise sans cet agrément, même à l'autre s'il en avoit deux. Ils pousseroient leur animosité si loin, que les frères ou les cousins de la deffunte se ligueroient avec leurs

camarades pour la luy enlever et la violer; et cette
action passeroit dans l'esprit des personnes desin-
téressées pour avoir esté légitimement faite. C'est
pourquoi on en voit très peu tomber en cette faute
quand ils se remarient; d'autant que c'est une loy
chez eux, qui n'est pas cependant générale.

Les chefs des villages ne sont pas dans l'obligation
de demeurer veufs que six mois, parce qu'ils ne se
peuvent passer de femmes pour les servir, et défricher
les terres qui leur produisent du tabac et tout ce
qui leur est nécessaire pour estre en estat de recevoir ceux qui les viennent voir, et les étrangers qui
ont quelque affaire à proposer au sujet de la nation.
Mais il n'en est pas de mesme des chefs de guerre,
ils sont obligés au veufvage de deux ans comme les
autres; et s'il n'est pas bon chasseur ou qu'il ne
plaise pas à la famille de la deffunte, on se contente
de luy faire un présent et de luy dire de chercher
son bon où il le trouvera [9]).

II.

Pratique ou occupations des hommes.

Les hommes sauvages sont obligez de chasser
et de pécher. Ils habitent ordinairement le long des
lacs, autrement dits mer douce; ils s'y rendent le
soir pour tendre leurs filets, afin de les lever le matin;
ils sont obligez d'aporter les venaisons jusqu'à la porte
de la cabanne, et le poisson jusqu'au port où ils le
laissent dans le canot. Il est de leur devoir d'aller
quérir les bois et perches propres à construire la
cabanne, et les couvertures pour celle du vrai village
et non de campagne. Ils doivent faire les canots
s'ils en sont capables, et doler tous les bois dont ils
ont besoin, supposé que ce soit un ouvrage un peu
rude. Quand ils sont en route, c'est à l'homme de
porter la charge si la femme se trouvoit trop chargée,
ou bien, si l'enfant ne pouvait pas suivre, de le porter.

Quand cela ne se rencontre pas, il marche à la légère avec ses armes seulement.

III.

Occupations de la femme.

Les obligations de la femme sont d'entrer dans la cabanne, dont elles sont maitresses, les viandes que les marys y laissent à la porte; de les faire sécher; d'avoir soin de la cuisine; d'aller quérir le poisson au port et de l'aprester; de filer pour les entretenir de filets; de fournir du bois; de travailler à faire le grain et le recueillir; de ne point laisser manquer de souliers toute la famille; de sécher ceux de son mary et de les luy présenter quand il en a besoin. Les femmes sont obligées encore d'aller chercher de l'eau, si elles n'ont point d'inférieures chez elles; de faire des sacs pour contenir le grain et des nattes de joncs plats, long ou ronds pour servir de couvertures aux cabannes ou de mattelats. C'est enfin à elles de passer les peaux des bestes que le mary tüe à la chasse, et de faire des robes de celles qui ont de la fourrure. Quand on est en marche, elles portent les couvertures de la cabanne s'il n'y a pas de canot. Elles s'appliquent à travailler à des plats d'écorce. et leurs marys font ceux de bois. Elles inventent quantitez de petits ouvrages curieux que nos François recherchent beaucoup, et qu'ils envoyent mesme comme une rareté en France [10]).

IV.

Des enfants.

Quand un enfant soit masle ou femelle est parvenu à l'aage de cinq à six mois, le père et la mère font un festin de ce qu'ils ont de meilleur, auquel ils invitent un jongleur avec cinq ou six de ses disciples. Ce jongleur est ce qu'estoient autrefois les sacrificateurs; il sera despeint dans la suitte. Le père de famille en luy adressant la parole, luy dit qu'il est invité pour percer le nez et les oreilles de son enfant, et qu'il offre ce festin au soleil ou à quelqu'autre divinité prétendüe dont il déclare le nom, la priant d'avoir pitié de son enfant et de luy conserver la vie. Le jongleur répond ensuitte suivant la coustume et fait son invocation à l'esprit que le pere a choisy. On luy présente à manger et à ses disciples et, s'il reste quelques mets, il lenr est permis de les emporter avec eux. Quand on a finy de manger, la mère de l'enfant met devant les conviez des pelleteries, des chaudières ou autres marchandises, et remet son enfant entre les mains du jongleur qui le donne à un de ses disciples à tenir. Après avoir finy sa chanson à l'honneur de l'esprit invoqué, il tire de son sac un poinçon plat fait d'un os et une grosse alaine; du poinçon, il en perce les deux oreilles de l'enfant, et de l'alaine le nez. Il remplit les cicatrices des deux oreilles avec de petits roulleaux d'écorce, et dans le nez il met un petit bout de plume qu'il y laisse jusqu'à ce qu'il soit guéri avec un certain onguent dont il le panse. Quand il est guéry il y place du duvet de cygne, ou d'outarde.

Cet enfant a pour berceau une planche fort mince qui est ornée vers la teste de rassades ou de grelots ou bien de ronds ou de canons de porcelaine. Si le pere est bon chasseur, il y fait mettre touts ses apiffements; quand c'est un garçon il y aura un arc attaché; si c'est une fille, il n'y a que les apiffements simplement. Lorsque l'enfant pleure, sa mère le berce en chantant nne chanson qui contiendra les devoirs de l'homme, pour son fils, et ceux des femmes, pour sa fille. Aussitost qu'il commence à marcher on donne à un garçon un petit arc avec des pailles dures pour les lancer en se divertissant. Quand il est devenu un peu plus grand, ce sont de petites flèches de bois très légères; mais s'il a une fois atteint l'aage de huit à dix ans, il s'occupe à faire la chasse aux écureuils et aux petits oiseaux. Voila comme il se forme et se rend capable d'estre un jour adroit à la chasse. C'est la méthode des nations d'en haut; celles d'icy-bas ne se servent plus de ces sortes de circoncisions, et n'appellent pas de jongleurs pour la faire; les pères ou quelques amis de la famille font cette cérémonie sans autre formalité.

Chapitre VIII.

Des funérailles des sauvages des pays d'en haut et de la manière dont ils font les obsèques.

I.

Quand un Outaoüas ou autre est sur le point de mourir, on le pare de tout ce qu'il y a de beau dans la famille, je veux dire aussy chez ses parents et alliez; on luy accommode les cheveux avec une peinture rouge meslée de graisse; on luy rougit le corps et le visage de vermillon; on luy met, s'il y en a, une chemise des plus belles; il est habillé d'un juste-aucorps, et d'une couverte, le plus richement qu'il est possible; il est, en un mot, aussy propre que s'il devoit estre l'autheur de la plus grande solemnité. On a soin d'orner la place où il est de colliers de porcelaine et de rassades, de tours de ronds, de canons ou d'autres bijoux. Il a ses armes à ses costez et à ses pieds généralement tout ce qui luy a servy à la guerre pendant sa vie. Touts ses parents et les jongleurs surtout sont auprès de luy. Quand le

malade paroist agonizer et vouloir rendre les derniers
soupirs, les femmes et filles, qui sont de ses parentes, avec d'autres qui sont loüées, se mettent à
pleurer, en commençant les chansons lugubres, dans
lesquelles il est parlé des degrez de parenté qu'elles
ont avec l'agonizant. Mais s'il paraissoit revenir et
reprendre ses sens elles cessent de pleurer, en re-
commençant néantmoins autant de fois leurs cris et
leurs gémissements, que le malade tombe dans des
convulsions ou des foiblesses. Quand il est mort ou
un moment avant de mourir, on le lève sur son séant,
le dos appuyé comme s'il estoit vivant. Je diray ici
en passant que j'en ay veü dont les agonies ont
durées plus de vingt-quatre heures, faisant des gri-
maces et des contorsions terribles en roulant les
yeux de la manière la plus affreuse du monde; vous
eussiez crû que l'âme du mourant voyoit et appré-
hendoit quelque ennemï, quoiqu'il fut sans connoissance et presque mort. Ils demeurent dans leur séant
jusqu'au lendemain, et sont gardez dans cette situation le jour et la nuit par les parents et amis qui
les vont voir. Ils sont assistez aussy de temps en
temps par quelque vieille, qui se place auprès des
femmes qui sont parentes du mort. Elle commence
en pleurant à chaudes larmes sa chanson lugubre,
touttes les autres s'y joignent, qui cessent de chanter
en mesme temps qu'elle. On luy présente ensuitte
un morceau de viande, un plat de grain ou bien
quelque autre chose.

A l'égard des hommes, ils ne pleurent point,
cela estant au-dessous d'eux; il n'y a que le père
qui fait voir, par une chanson lugubre, qu'il n'y a
plus rien au monde qui le puisse consoler de la
mort de son fils. Un frère pour son frère aisné
en use de mesme, quand il en a receü pendant la
vie des marques sensibles de tendresse et d'amitié.
Ce dernier se met nud, ayant le visage barboüillé
de charbons, et meslé de quelque raye rouge; il

tient à la main son arc et ses flèches, comme s'il en vouloit au premier qu'il va rencontrer. et, chantant une chanson d'un ton le plus furieux, il courre comme un égaré dans les places, les rües et les cabannes du village sans verser aucune larme; faisant connoitre par cette posture extraordinaire à touts ceux qui le voyent, combien est grand le regret qu'il a de la mort de son frère: ce qui attendrit le coeur de ses concitoyens, et les engage à faire entre eux un présent pour le venir présenter au mort, en protestant, dans le discours dont ils l'accompagnent, que c'est pour essuyer les larmes de ses parents, et que la natte qu'ils luy donnent est pour se coucher, ou une écorce pour mettre son corps à l'abry des injures du temps.

Quand on est sur le point d'inhumer le corps, on cherche les personnes destinées à cette fonction; on dresse un échaffaut de sept à huit pieds de haut qui lui tient lieu de fosse, sur lequel il est posé; ou s'il est mis en terre, on luy en creuse une de quatre à cinq pieds seulement. Pendant tout ce temps, la famille de celuy dont on fait les funerailles s'épuise pour luy aporter du grain et des pelleteries ou autres marchandises, soit sur l'échaffaut, ou près de sa fosse; et l'un ou bien l'autre estant achevé, on y porte le cadavre dans la mesme posture qu'il estoit en mourant, et avec les mesmes ajustements. Il a ses armes auprès de luy, et tout ce qui luy a esté porté aux pieds avant sa mort. Lorsque les funérailles sont faites et son corps inhumé, on paye grassement ceux qui l'ont enterré, en leur donnant une chaudière, ou quelques colliers de porcelaine pour leur peine.

Touts ceux du village sont obligez d'assister au convoy funèbre, et, le tout estant finy, il se présente un homme parmy tous les autres, qui tient à la main une petite verge de bois, grosse comme le doigt et longue environ de quatre pouces, qu'il jette au

milieu de la foule. C'est à qui pourra l'attraper;
quand elle est tombée entre les mains de quelqu'un,
on s'efforce de la luy enlever: si elle est par terre,
tout le monde s'empresse de la ramasser, se tirant,
et se poussant avec tant de véhémence, qu'à moins
de demye heure elle a passé par les mains de touts
ceux qui sont présents. Si quelqu'un enfin de l'assemblée s'en peut rendre le maistre, et la fasse voir
sans qu'on la luy oste, il la vend pour un prix fixé
au premier qui la veut achepter. Ce sera bien souvent une chaudière, un fusil ou une couverte. Les
assistans sont ensuitte avertis de se trouver une autre
fois, suivant le jour marqué, pour une pareille cérémonie; ce qui se pratique mesme plusieurs fois, ainsy
que je le viens de dire.

Après ce jeu, on fait publier qu'il y a un autre
prix pour le meilleur coureur de la jeunesse. Le but de
cette course est marqué depuis l'endroit d'où l'on doit
partir, à celuy où il est dit qu'on arrivera. Touts les
jeunes gens se parent et font une grande file en
pleine campagne. Au premier cry de celuy qui le
doit faire, on commence à courir à quelque distance
du village, et le premier qui arrive emporte le prix.

Les parents du mort font quelque jours après
un festin de viande et de grain, auquel sont invitez
touts ceux du village qui ne sont pas leurs alliez, et
qui descendent d'autres familles que la leur, et ceux
qui particulièrement ont fait quelques présents au
mort. On y convie, s'il s'en trouve, les estrangers qui
sont venus des autres villages, et font connoitre à
tous les conviez que celuy qui est mort leur donne
ce festin. S'il est de viande; ils en prendront un
morceau qu'ils doivent porter sur la fosse, ainsy de
quelque autre sorte de vivres. Il est permis aux
femmes, filles et enfans de les manger et non pas
aux hommes faits; car ils doivent regarder cela
comme indigne d'eux. Il est libre dans ce festin de
manger ce qu'on veut, et d'en aporter le reste chez

soi. On y fait des présents considérables en marchandises à tous ceux des estrangers, qui en ont cy-
devant faits au mort; mais ceux de la nation n'en
ont point. Ils sont remerciez ensuitte du souvenir
qu'ils ont eü du deffunct, et congratulez sur leur
charité [1]).

II.

Deüil général des sauvages.

Il a esté cy-devant parlé du deüil des marys et des
femmes, reciproquement les uns [pour les autres]; mais
touts les sauvages qui sont dans l'obligation de satisfaire au deüil général ne se graissent, ny se vermillonnent pas le visage et les cheveux. Si c'est un chef qui
est mort, son proche parent ne doit parler que fort
bas à celuy de ses amis qui est chargé d'exprimer
ses volontés; il est obligé de füir les compagnies et
la conversation du monde; il peut cependant estre
des festins où il est convié, sans y dire mot. Lorsqu'on luy aporte des présents pour le mort, cet ami
préposé les reçoit et répond pour luy. Il faut observer que les enfants et jeunes gens de l'un et l'autre
sexe ne sont pas obligez à ce deüil; il n'y a que les
personnes faites qui ne peuvent s'en dispenser. Sa
durée est d'une année entière, au bout de laquelle les
parents s'assemblent pour adopter une personne capable de remplir la charge du mort, et qui soit
du mesme rang. A l'égard des femmes, filles ou
garçons, ils en usent pareillement, du mesme âge et
de pareil sexe. Ils se parent alors et se vermillonnent,
demeurans chacun en sa place dans la cabanne. Les
parents du deffunct ou de la deffuncte s'y trouvent
bien accommodez aussy de ce qu'ils ont de plus
propre.

On convie premièrement trois de chanter et
de battre le tambour [2]) suivant la cadence de leur

chanson. Celuy ou celle que l'on a adopté entre
en la cabanne du mort dans le moment en dansant,
et, après les présents faits de pelleteries ou autres
marchandises, qu'il présente au plus proche parent
du deffunct dont il a eü la place, il continüe tout le
jour à danser au bruit de cet instrument, qui dirige
ordinairement la danse des sauvages. Pendant ce
temps les parents du mort l'arrestent quelquefois dans
sa danse, en luy mettant sur le corps ou à son col
quelques apiffemens, ou bien ils luy donneront une
couverte, une chemise, ou un capot; ils l'envermil-
lonneront et l'enjoliveront du mieux qu'ils pourront.
Quand la danse est achevée, on luy donne à manger,
avec plusieurs présents, en mémoire de celuy qu'il
relève, pour lequel il danse et paroit en cette solemnité. Cet homme ou cette femme les asseure
qu'ils seront tousjours prets à leur rendre touts les
services qui dépendront d'eux, soit pour cuire et
aprester les mets dans les festins, ou pour s'acquitter des commissions dont ils les chargeront.
Ils se rendent enfin à servir comme valets ou ser-
vantes de la famille. Aussy cet homme ou cette
femme, quand ils ont de quoy, ils en aportent à leur
maistre la plus grande partie, et se tiennent unis
à cette famille, comme s'ils en estoient parents[3]).

III.

Manière dont les sauvages font la feste de leurs morts.

Si les sauvages ont dessein de faire la feste de
leurs morts, ils ont soin de faire les provisions nécessaires auparavant. Quand ils sont revenus de la
traitte avec les Européans, ils en raportent les marchandises qui leur conviennent pour cet effect, et se
précautionnent chez eux de viande, de grain, pelleteries et autres marchandises. Au retour de la

chasse, touts ceux du village conviennent ensemble de solemniser cette feste. Après l'avoir resolüe, ils envoyent des deputez de leurs gens dans tous les villages voisins alliez, et mesme éloignez de plus de cent liëües, pour les inviter d'assister à cette feste. Ils indiquent, en les priant de s'y trouver, le temps qui aura esté fixé pour la solemniser. La plus grande partie des hommes de ces villages, qui sont invitez à ce festin, partent plusieurs en chaque cannot, et font une petite masse ensemble pour en faire un présent en commun au village qui les a convié, en y arrivant. Ceux qui les ont invité préparent pour leur arrivée une grande cabanne, bien forte et bien couverte, pour loger et recevoir touts ceux qu'ils attendent. Aussitôt que tout le monde est rendu, chaque nation séparée l'une de l'autre se tiennent debout et au milieu de la cabanne: y estants ensemble, font leurs présents et se dépouillent de ce qu'ils ont de hardes, en disant qu'on est venu les inviter pour rendre les hommages aux manes des deffuncts du village et à leur mémoire; et sur le champ se mettent à danser au bruit du tambour et d'une gourde dans laquelle sont de petits gravois, qui ne font que la mesme cadence. Ils dansent d'un bout à l'autre de la cabanne, en retournant queüe à queüe tout de file à l'entour de trois sapins, ou de trois mays qui y sont dressés. Durant ces danses on travaille à la cuisine; on tüe des chiens que l'on fait cuire avec d'autres mets qui sont aprestés en diligence. Quand tout est prest, on les fait reposer un peu, et, après avoir cessé de danser, on sert le repas.

J'ay oublié de remarquer qu'aussitost qu'on les a fait cesser de danser, on oste les présents qu'ils ont faits et touttes leurs dépouilles. Ceux qui les ont conviez leur en remettent d'autres en échange qui sont plus considérables: s'ils reviennent [4]), ce sont des chemises, des capots, des justaucorps, des bas, des couvertes neuves, ou quelques peintures et vermillons;

quoyque les conviez n'ayent aporté que des vieilles hardes, soit peaux grasses, robes de castors, de chats, d'ours et d'autres animaux.

Quand les invitez des autres villages sont touts arrivez, on fait aux gens de chaque village la mesme entrée et la mesme réception. Quand ils sont touts assemblez, on les fait danser ensemble pendant trois jours consécutifs, durant lesquels un de ceux qui ont invité convie vingt personnes, plus ou moins, au festin chez luy, un certain nombre de chaque nation, qui sont choisis et détachez par leurs gens mesme. Mais au lieu de servir des vivres dans ce festin, ce sont des présents qu'on leur donne, comme chaudières, haches et autres marchandises; rien cependant à manger. Les présents qu'ils ont receü deviennent communs à la nation; si c'estoient des vivres, ils les peuvent manger, ce qu'ils font aussy très exactement, car ils ne manquent jamais d'appétit. Un autre en fera de mesme à l'égard des autres danseurs: ils seront invitez de venir chez luy, et voila leur maniere de traitter, jusqu'à ce que touts ceux du village ayent donné à leur tour de ces sortes de festins. Ils dissipent pendant trois jours tout ce qu'ils ont en marchandises ou autres choses, et se réduisent dans une extrême pauvreté, jusque là mesme qu'ils ne se réservent pas une hache ny un cousteau seulement. Ils ne garderont bien souvent qu'une vieille chaudière pour leur service; et l'intention pour laquelle se fait cette dépense, n'est que pour rendre les âmes des deffuncts plus heureuses et plus considérées dans le pays des morts. Car les sauvages croyent estre dans une étroite obligation d'accomplir tout ce qui est marqué dans les obsèques; et qu'il n'y a que ces sortes de dissipations qui puissent les mettre bien au repos: car c'est la coustume parmy eux de donner ce qu'ils ont sans réserve, dans la cérémonie des funérailles ou de quelqu'autres superstitions. Il y en a encore de ceux qui ont succez le lait de la relligion, qui n'ont pas entierement quitté ces sortes de maximes, et qui enterrent avec le cadavre tout ce qui appartenoit à la personne pendant sa vie. Ces sortes de solemnitez pour les morts se faisoient autrefois alternativement tous les ans chez chacune nation, en s'y conviant réciproquement; mais depuis quelques années, cela ne se pratique plus que parmy quelques unes. Les François qui les ont fréquentez, leur ayant fait connoitre que ces inutiles profusions de leurs biens ruinoient leur famille, et les réduisoient à n'avoir seulement pas le nécessaire pour la vie[5]).

Chapitre IX.

Croyance des sauvages non convertis touchant l'immortalité de l'ame et du lieu où elles sont à jamais.

Touts les sauvages qui ne sont pas convertis croyent l'âme immortelle[1]), mais ils prétendent qu'en se séparant du corps, elle va dans un beau pays de campagne, où il ne fait ni froid ni chaud, et que l'air y est agréablement tempéré. Ils disent que la terre y est couverte d'animaux de touttes les espèces, et d'oiseaux de touttes les sortes. Les chasseurs en marchant ne s'y trouvent jamais exposez à la faim, ayant à choisir les bestes qu'ils veulent attaquer pour en manger. Ils nous disent que ce beau pays est bien loin au delà de la terre; c'est pour cette raison qu'ils mettent sur les échaffaux ou sur les fosses de ceux dont on fait les funérailles, des vivres et des armes, croyant qu'ils retrouveront dans l'autre monde, pour s'en servir, tout ce qui leur aura esté donné dans celuy-cy, et surtout dans le voyage qu'ils y ont à faire.

Ils croyent de plus qu'aussytost que l'âme est sortie du corps elle entre dans ce pays charmant[2]), et, qu'après avoir marché plusieurs journées, il se présente dans son chemin une rivière fort rapide, sur laquelle il n'y a qu'un petit arbrisseau pour la traverser, et qu'en passant dessus il plie tellement, que l'âme est en danger d'estre emportée par le courant des eaux. Ils asseurent que, si par malheur cet accident arrivoit, elle se noyeroit; et que tous ces périls sont évitez quand elles sont une fois rendües au pays des morts. Ils croyent aussy que les âmes des jeunes gens de l'un et l'autre sexe n'ont rien à craindre, parce qu'elles sont vigoureuses. Mais il n'en est pas de mesme de celles des vieillards et des enfans, qui manquent d'estre assistées dans ce dangereux passage par quelqu'autres âmes; c'est ce qui est bien souvent cause qu'elles périssent.

Ils nous racontent encore que cette mesme rivière est poissonneuse au delà de ce qu'on peut s'imaginer. Il y a des éturgeons et d'autres poissons en quantitez, qu'elles assomment à coups de haches et de massues, pour les faire rôtir dans leur voyage; car elles ne trouvent plus aucune beste. Quand elles ont marché un assez long temps, il paroit au devant d'elles une montagne fort escarpée, qui ferme leur passage et les oblige d'en chercher un autre; mais elles n'en trouvent pas, et ce n'est qu'après avoir bien souffert, qu'elles arrivent enfin à ce passage terrible, où deux pillons d'une grosseur prodigieuse, se levans et retombans sans cesse tour à tour, forment une difficulté bien grande à surmonter, puisqu'il y faut mourir absolument, si en y passant on se trouve malheureusement pris dessous; je veux dire quand l'un des deux pillons vient à tomber[3]). Mais les âmes ont bien soin d'espier cet heureux moment pour franchir un si dangereux passage. Plusieurs y succombent cependant, et surtout celles des vieillards et des enfans, qui sont moins vigoureuses et plus lentes à y passer.

Quand elles ont une fois évité cet écüeil, elles entrent dans un charmant pays, où d'excellents fruits se trouvent en abondance. La terre y paroit dans sa surface couverte de touttes sortes de fleurs, dont l'odeur est si admirable, qu'il embaume les coeurs et charme l'imagination. Le peu de chemin qui leur reste à faire pour arriver dans le lieu, où le bruit du tambour et des gourdes, marquant la cadence des morts à faire plaisir, se fait entendre agréablement, les excite à courir directement avec bien de l'empressement. A mesure qu'elles en approchent, ce retentissement devient tousjours plus grand, et le joye que les danseurs expriment par des exclamations continuelles sert à les ravir davantage. Quand elles sont bien proches du lieu où le bal se tient, une partie des morts se détachent pour venir au devant d'elles, et leur témoigner le plaisir sensible que leur arrivée cause communément à toutte l'assemblée. Elles sont conduites dans l'endroit où se tient la danse, où elles sont agréablement reçües de touts ceux qui y sont. Là elles trouvent des mets de touts les gouts et sans nombre. Rien de plus exquis et de mieux préparé. Il est à leur choix de manger ceux qu'il leur plait, et de contenter leur appetit, et quand elles ont finy de manger, elles se vont mesler parmy les autres pour danser et se divertir à jamais, sans estre plus sujettes au chagrin, à l'inquiétude, aux infirmitez, ny à aucune des vicissitudes de la vie mortelle.

Voilà le sentiment des sauvages touchant l'immortalité de l'âme. C'est une rêverie, quoique des plus ridicules que l'on puisse inventer, à laquelle ils adjoutent [foi] avec tant d'opiniatreté, que lorsqu'on veut leur en faire connoitre l'extravagance, ils répondent aux Européans qui leur en parlent, que nous avons un pays particulier pour nos morts, et qu'ayant estez créés par des esprits qui estoient de bon accord ensemble et tous amis,

ils avoient choisy dans l'autre monde un pays différent du leur. Ils asseurent que c'est une vérité
constante, et qu'ils l'ont apprise de leurs ancestres,
qui furent une fois si loin en guerre, qu'après avoir
trouvé le bout et l'extrémité de la terre, ils fran-
chirent ce passage des pillons, dont je viens de faire
cy-devant la description, auparavant d'entrer en ce
beau pays; qu'ils y entendirent un peu de loin
battre le tambour et retentir les gourdes, et que, la
curiosité les ayant poussé à avancer pour reconnoitre
ce que c'estoit, ils furent découverts par lës morts
qui vinrent vers eux; qu'alors ayant voulu s'enfuir,
ils furent bientot joints et conduits dans les cabannes
de ces habitants de l'autre monde, qui les reçurent
parfaitement bien. Ils les escortèrent ensuitte jusqu'au
passage des pillons, qu'ils arrestèrent pour les faire
passer sans danger; et, en les quittant là, ils leur
dirent de ne plus revenir qu'après leur mort, crainte
qu'il ne leur arrivât du mal[1]).

Chapitre X.

Jeux et divertissemens des sauvages.

I.

Jeu de crosse.

Les sauvages ont plusieurs sortes de jeux, dans
lesquels ils se plaisent. Ils y sont naturellement si
enclins, qu'ils perdent pour joüer non seulement le
boire et le manger, mais mesme pour voir joüer. Il
y a parmy eux un certain jeu de crosse qui a beaucoup de raport avec celuy de nostre longue paume.
Leur coustume en joüant est de se mettre nation

contre nation, et, s'il y en a une plus nombreuse que l'autre, ils en tirent des hommes pour rendre égale celle qui ne l'est pas. Vous les voyez tous armez d'une crosse, c'est à dire d'un baston qui a un gros bout au bas, lacé comme une raquette; la boule qui leur sert à joüer est de bois et à peu près de la figure d'un oeuf de dinde. Les buts du jeu sont marquez dans une pleine campagne; ces buts regardent l'orient et l'occident, le mydi et le septentrion. L'un des deux partys, pour gagner, doit faire passer, en poussant, sa boule au delà des buts qui sont vers l'orient et l'occident, et l'autre la sienne au delà du mydi et du septentrion. Si celuy qui a gagné une fois la faisoit encore passer par delà les buts qui sont vers l'orient et l'occident, du costé qu'il devoit gagner, il est obligé de recommencer la partye, et de prendre les buts de sa partye adverse. S'il venoit à gagner encore une fois, il n'auroit rien fait; car les partyes estant égales et à deux de jeu, on recommence tousjours, afin de joüer la partye d'honneur; celuy des deux partys qui gagne lève ce qui a esté gagé au jeu.

Hommes, femmes, jeunes garçons et filles sont receües dans les partyes qui se font, et gagent les uns contre les autres plus ou moins, chacun selon ses moyens.

Ces jeux commencent ordinairement après la fonte des glaces, et durent jusqu'au temps des semences. On voit l'après-mydi tous les joueurs vermillonez et apiffez. Chaque party a son chef qui fait sa harangue, déclarant à ses joueurs l'heure fixée pour commencer les jeux. On s'assemble touts en gros, au milieu de la place, et un des chefs des deux partys ayant la boule en main la jette en l'air; chacun se met en devoir de l'envoyer du costé qu'il la doit pousser; si elle tombe à terre, on tâche de l'attirer à soy avec la crosse, et si elle est envoyée hors la foule des joüeurs, c'est là que les plus alertes se distinguent des autres en la suivant de près. Vous entendez le bruit qu'ils font en se frapant les uns contre les autres, dans le temps qu'ils veulent parer les coups pour envoyer cette boule du costé favorable. Quand quelqu'un la garde entre les pieds sans la vouloir lascher, c'est à luy d'éviter les coups que ses adversaires luy portent sans discontinuer sur les pieds; et s'il arrive dans cette conjoncture qu'il soit blessé, c'est pour son compte. Il s'en est veü qui ont eü les jambes cassées, d'autres les bras, et quelques uns ont estez mesme tüez. Il est fort ordinaire d'en voir d'estropiez pour le reste de leurs jours, et qui ne l'ont esté qu'à ces sortes de jeu par un effect de leur opiniâtreté [1]). Quand ces accidents arrivent, celuy qui a le malheur d'y tomber se retire doucement du jeu, s'il est en estat de le faire; mais si sa blessure ne le luy permet pas, ses parents le transportent à la cabanne, et la partie se continüe tousjours comme si de rien n'estoit, jusqu'à ce qu'elle soit finie.

A l'égard des coureurs, quand les partyes sont égales, ils seroient un après-mydi sans estre superieurs les uns aux autres, et quelquefois aussy une des deux remportera les deux partyes qu'il faut avoir pour gagner. Dans ce jeu de course, vous diriez voir comme deux partys qui se voudroient battre; cet exercice contribue beaucoup à rendre les sauvages alertes et dispos pour parer adroitement un coup de casse-tête de la part de son ennemy, quand ils se trouvent meslez dans le combat; et, à moins d'estre prévenu qu'ils joüent, on croiroit véritablement qu'ils se battent en rase campagne [2]). Quelqu'accident que ce jeu puisse causer, ils l'attribuent au sort du jeu, et n'en ont aucune haine les uns contre les autres. Le mal est pour les blessez, qui ont avec cela l'air aussy contents que s'il ne leur estoit rien arrivé, faisant paroistre ainsy qu'ils ont bien du courage et qu'ils sont hommes.

Le party qui a gagné retire ce qu'il a mis au jeu, et le profit qu'il a fait, et cela sans aucune contestation de part et d'autre quand il est question de payer, en quelque sorte de jeu que ce puisse estre. Si quelqu'un cependant qui ne sera pas de la partye, ou qui n'aura rien gagé, poussoit la boule à l'avantage d'un des deux partys, un de ceux que le coup ne favoriseroit pas l'attaqueroit, en luy demandant si ce seroit ses affaires, et de quoy il se mesleroit; ils en sont venus souvent aux prises, et, si quelque chef ne les accordoit, il y auroit du sang répandu et quelqu'un de tüé mesme. Le meilleur moyen d'empescher ce désordre est de recommencer la partye du consentement de ceux qui gagnent; car, s'ils refusoient de le faire, la partye est à eux. Mais quand quelqu'un des considérables s'en mesle, il n'a pas de peine à raccommoder leur différent et à les engager à suivre sa décision.

II.

Le jeu des pailles.

Les sauvages perdent au jeu des pailles non seulement tout ce qu'ils ont, mais encore ce qui appartient à leurs camarades. Voici ce que c'est que ce jeu. Ils prennent une certaine quantité de pailles ou de brins d'une herbe particuliere pour ce jeu, qui n'est pas si grosse qu'une fil à retz pour le saumon; ils en font les brins égaux en longueur et en grosseur; la longueur est environ de dix pouces; le nombre en est non pair. Après les avoir tourné et meslé dans leurs mains, ils les posent sur un tapis de peau ou de couverte, et celuy qui doit joüer le premier, ayant une alaine à la main, ou plus ordiordinairement un petit os pointu, fait des contorsions de bras et du corps, disant: Chok! Chok! à tout moment, qui ne signiffie rien en leur langue; mais qui sert à faire connoistre le désir qu'il a de bien joüer, et d'estre heureux en jouant. Il pique donc de cet alaine en quelque endroit des pailles, ou du petit os pointu, et prend à sa volonté un nombre de pailles; sa partie adverse prend celles qui restent sur le tapis et les compte avec une vitesse inconcevable par dix, sans se tromper; enfin celuy qui a les non pair a bien rencontré.

Quelquefois ils joüeront avec des grains qui viennent dans des arbres, qui sont à peu prez comme de petits aricots. Ils en prennent chacun un certain nombre, pour la valeur de la marchandise qu'ils veulent joüer, qui sera un fusil, une couverte ou autre chose. Celuy qui, au commencement du jeu, se trouve neuf pailles dans la main a tout gagné et tire ce qui est au jeu. S'il se trouvoit avoir un nombre, qui ne fut pas pair, inférieur à celuy de neuf, il est le maitre de redoubler et d'honnorer le le jeu de ce qu'il luy plaist. C'est pourquoy il met dans un endroit du jeu, tel qu'il veut, une paille, et dans les autres, trois, cinq ou sept; car le neuf demeure tousjours supposé, c'est le nombre qui domine touts les autres. Celuy enfin qui se trouve neuf pailles à la main, tire généralement tout ce qui est au jeu. Et à costé des pailles, qui sont sur le tapis, se trouvent les grains dont les joüeurs ont honnoré le jeu. Vous devez remarquer que sur le neuf on en met tousjours plus que sur touts les autres.

Quand les joüeurs ont mis au jeu, celui qui a bien rencontré manie souvent les pailles et les tourne dans ses mains bout pour bout; il les met ensuitte sur la table disant Chank, qui veut dire neuf; et l'autre, qui a l'alaine ou le petit os en main, picque les pailles dans l'endroit qu'il veut, et en prend comme il a esté dit cy-devant à sa volonté, et l'autre le reste. Si le dernier à prendre en vouloit laisser, son adversaire est obligé de les prendre, et comptant tous deux par dix, celuy qui a le nombre non pair a gagné, et tire ce qui est au jeu. Mais s'il arrivoit au gagnant de n'estre superieur que d'une paille, il ne tireroit que les grains que cette paille emporte; par exemple trois sont plus fortes d'une que deux, cinq sont superieures à trois, et sept que cinq; mais le neuf surpasse tout.

Si plusieurs joüent et qu'un d'eux se trouve cinq à la main, ils joüeront quatre à la fois deux contre deux, ou moins s'ils ne peuvent faire le nombre de quatre joüeurs. Ceux là gagnent les grains qui sont pour les cinq pailles, et les autres grains qui sont au jeu pour les trois pailles et pour une. Quand personne n'a dans la main le non pair de celles qui restent sur le tapys, c'est à dire d'un et trois, après avoir bien compté les pailles par dix, quand il n'a pas les neuf, il faut qu'il redouble ce qu'il a mis au jeu, quand bien même il auroit en main cinq ou sept pailles, et le coup devient nul. Il est obligé aussy de faire deux autres tas: dans l'un il mettra cinq et dans l'autre sept pailles, avec autant de grains qu'il voudra. Ses partyes adverses picquent à leur tour, quand il les a mis sur le tapys, et puis il reprend celles qui restent; il y en a pour lors qui ont bien rencontré, cependant chacun ne tire que les grains qui sont destinez pour le nombre des pailles, et celuy qui a neuf, ne tire seulement que les grains posez pour les neuf pailles. Quand un autre amène sept, il tire le reste; pour trois et un c'est la même chose, mais non pas celles qui sont au dessus [3]).

Il faut remarquer qu'après avoir perdu au jeu ce qu'on a devant soy, on continüe de joüer sur la parole, si on asseure qu'on a des effets quoyqu'ils ne soient pas présents. Mais quand on continüe d'avoir du malheur, le gagnant peut refuser des grains au perdant pour la valeur qu'il luy demande, et l'obliger d'aller quérir des effets sans vouloir joüer davantage qu'il ne les voye, à quoy il n'y a pas de réplique à luy faire. Le perdant dira sur-le-champ à un de ses camarades de les luy aporter, et si le malheur continüe, il perdra tout ce qu'il a. Un de ses camarades le relève ensuitte et prend sa place, déclarant à celuy qui est le gagnant ce qu'il a dessein de risquer au jeu. Il prend donc des grains pour la valeur.

Ce jeu dure quelquefois des trois et quatre jours. Quand quelqu'un du party qui perd regagne le tout, et que celui qui a cy-devant esté favorisé du jeu vient à perdre non seulement tout le profit qu'il y avoit fait, mais ce qu'il y avoit mis du sien, un autre de ses camarades reprend encore sa place, et tousjours de mesme jusqu'à ce que l'un des deux partys ait entierement perdu. Voila comme la partye finit avec eux, la maxime des sauvages estant celle de ne pouvoir quitter le jeu que tout ne soit perdu d'un costé ou de l'autre. C'est pourquoy ils ne peuvent se dispenser de donner la revanche à tous ceux d'un party l'un après l'autre deffinitivement, comme je le viens de dire. Ils ont au jeu la liberté de faire joüer pour eux qui bon leur semble, et s'il arrivoit de la contestation là dessus, je veux dire entre les gagnants et les perdants, appuyez de part et d'autre chacun de leur costé, ils en viendroient à des extremitez où il y auroit du sang répandu, et qu'il seroit très difficile à raccommoder. Si l'esprit du gagnant est d'un caractère tranquille dans la perte, faisant semblant de passer par dessus quantitez de tours d'adresse et de mauvaise foy, dont on use bien souvent dans le jeu, il est loüé et estimé d'un chacun; au lieu que celuy qui a voulu malverser est blasmé de tout le monde, et ne trouve personne qui veüille joüer avec luy, à moins qu'il ne restitüe honteusement ce qu'il n'a pas gagné légitimement.

Ce jeu de paille se tient ordinairement dans des cabannes de chefs, qui sont grandes et, pour ainsy dire, l'accademie des sauvages. On y voit tous les jeunes gens former différents partys, et les hommes spectateurs de leurs jeux. Si le joüeur s'imagine avoir bien piqué les pailles et tenir de son costé le nombre qui n'est pas pair, les ayant d'une main, il frape de l'autre, et, quand il en a fait le dénombrement par dix, il donne, sans rien dire, à connoistre par signe qu'il a gagné, en tirant les grains qui sont au jeu, en voyant que celuy contre qui il joüe n'en fait pas autant. Alors l'un dés deux, voulant supposer que les pailles peuvent n'avoir pas esté bien comptées, ils les remettent à deux des spectateurs pour les compter, et celuy qui a véritablement gagné frape tousjours ses pailles sans rien dire, et retire ce qui est au jeu. Tout se passe sans contestation et avec beaucoup de fidélité. Vous remarquerez que ce jeu n'est pas du tout celuy des femmes, et qu'il n'y a que les hommes qui le pratiquent.

III.

Jeu de dez.

Les sauvages ont aussy un certain jeu de dez, dont le cornet est un plat de bois bien rond, bien vuidé et bien poly sur les deux costez. Les dez sont faits de six petits os plats à peu près de la figure d'un noyau de prune; ils sont bien unis, ayans, sur une des faces, une couleur noire, rouge, verte ou bleue, et sur l'autre, ordinairement blanche ou autre différente de la premiere face. Ils mettent ces dez dans le plat, dont ils tiennent les deux bords, et en l'élevant les font sauter et joüer dedans. Ayant ensuitte frapé le fond du plat sur le tapis, ils se donnent incontinent de rudes coups sur la poitrine ou sur les épaules, dans le moment que les dez roulent, en disant, Dez, Dez, Dez, jusqu'à ce qu'ils soient arrestez. Quand il se trouve le nombre de cinq ou six sur une face de la mesme couleur, il emporte les grains, dont il est convenu avec le party contraire; si le perdant et ses camarades n'ont plus rien à joüer, le gagnant tire tout ce qui est au jeu. On a veü des villages entiers joüer leur butin les uns contre les autres à ce jeu, et s'y épuiser. Ils se portent aussi des momons [4]), et quand il arrive à un party d'amener rafle de six, tous ceux et celles de la nation qui soustiennent pour luy, se lèvent et dansent en cadence au bruit des gourdes; le tout se passe sans aucun différent.

Les femmes et filles joüent à ce jeu, mais elles ont bien souvent huit dez et ne se servent point de plat comme les hommes; elles étendent seulement une couverte, et les y jettent avec la main [5]).

Chapitre XI.

Vivres ordinaires et chasses des sauvages.

I.

Vivres ordinaires des sauvages.

Les vivres que les sauvages aiment le plus et qu'ils recherchent davantage, sont le bled d'Inde, les febves d'aricots et la citroüille. S'ils en manquoient, ils croiroient jeûner, quelqu'abondance de viande ou de poissons qu'ils eussent chez eux, le bled d'Inde estant pour eux ce que le pain est aux François. Les Algonkins néantmoins et touttes les nations du nord, qui ne cultivent pas la terre, n'en font pas d'amas; mais quand on leur en donne à la chasse, ils en font un régal.

Ces peuples ne vivent ordinairement que de la chasse ou de la pesche; ils ont des élans, des caribous, des ours; mais, de tous ces animaux, le castor est le plus commun. Ils s'estiment fort heureux dans leurs chasses quand ils rencontrent quelques lièvres, martres, ou perdrix pour en boire le boüillon; et, sans ce que nous appellons la tripe de roche que vous diriez estre une espèce de mousse grise, seiche, semblable à des oublies, qui n'a d'elle-mesme qu'un goust de terre et celui du boüillon où on la fait, la plupart des familles mourroient de faim [1]). On en a veü qui ont estez obligez de manger leurs enfants, et d'autres que la disette a fait entièrement périr. Car le pays du nord est la terre du monde la plus ingratte, puisque, dans quantitez d'endroits, vous ne trouveriez pas un oiseau à chasser; on y ramasse cependant des bluets [2]) dans les mois d'aout et de septembre, qu'on a soin de faire sécher et de conserver pour le besoin.

Les Chiripinons ou Assiniboüalas [Assinipoüalacs, Assiniboils] sèment dans leurs marais quelques folles avoines [3]) qu'ils recueillent, mais ils n'en peuvent faire le transport chez eux que dans le temps de la navigation. Les canots estant trop petits et se trouvant surchargez de leurs enfants et du butin de la chasse, ils ont esté bien souvent réduits à jeûner pour estre trop éloignez de leurs caches et de leur pays.

II.

Manière dont les nations du nord font la chasse du castor.

Les peuples du nord font l'hyver la chasse du castor avec une tranche et un filet de cordes de peaux. Ils commencent premiérement à rompre la cabanne où cet animal se retire. Ils deffont ensuitte les escluses [4]), qu'il a soin de faire pour se conserver l'eau du marest. Après les avoir fait écouler pendant la nuit, on a ce filet qui est fait comme un sac, de la largeur de l'endroit où il doit nécessairement passer: car il n'y en a pas d'autre, la glace, et les escluses qu'il a faites dans l'automne, ne luy permettant plus

de monter ny descendre, il est contraint d'abandonner sa demeure, ou de reparer la brèche qu'on y
a desjà faite; car ce filet, comme il a esté dit, occupe
le passage[5]), et sa figure est comme celle d'une bourse
avec un maitre qui se tire pour le fermer. Le castor
voulant donc descendre au fond de l'eau, entre dans
ce piège qui lui est tendu, et l'homme posté sur la
glace le sentant pris, tire le filet et lui casse la teste.
On le retend tousjours de mesme; c'est la manière
dont les castors se prennent. Si le marest n'avoit
pas le rivage escarpé, et qu'il fut au niveau de l'eau,
il seroit bien plus facile de les détruire, car il n'y
auroit dans ce temps là qu'à rompre leurs cabannes
pour les en faire sortir.

Le bruit que les chasseurs font en frapant fortement le manche de leurs tranches, donnent à connoitre aux castors[6]) par ce retentissement, qu'il y a des
concavitez sous la glace, dans lesquelles ils taschent
de se réfugier, afin de reprendre haleine; car l'épouvante qui leur a esté donnée les a bien fatiguez.
Après s'estre reposez quelque temps, ils veulent retourner à leur giste ou en quelque autre endroit
d'asseurance, alors tout le monde garde un grand silence et cesse de faire du bruit; cependant l'on continüe de marcher tousjours à pas de loup les piquets
à la main pour visitter les endroits, où l'on aperçoit
l'eau remuer, parceque l'on présume que le castor
y est. On bouche sur le champ l'entrée de son trou,
et, connoissant par les piquets qu'il veut forcer, le
temps qu'il veut en sortir, on le darde incontinent
avec une espée emmanchée au bout d'un bois[7]).

III.

La chasse aux cariboux se fait ordinairement
dans de grandes savanes[8]), que l'on environne d'abord

d'arbres et de perches, de distance en distance, où se tendent des lacets de peau crüe qui ferment un petit passage laissé à dessein. Quand touts ces piéges sont une fois dresséz, on s'éloigne en marchant de front et faisant continuellement de grands cris; ce bruit extraordinaire les épouvante et les met en fuite de touts costés; ne sçachant plus où aller, ils viennent rencontrer cet embarras qui leur a esté préparé et ne le pouvant franchir, ils sont contraints de le suivre pour se rendre dans le passage, où sont tendus les lacets à noeuds coulants, qui les saisissent par le col. C'est en vain qu'ils taschent d'en sortir; ils arrachent plustot les piquets et les entrainent avec eux jusqu'aux premiers arbres. Enfin les derniers efforts qu'ils font pour en sortir ne servent qu'à les estrangler plus promptement [9]).

On chasse l'élan à peu près de la mesme maniere quand on est surtout dans un pays où ils sont communs, ou bien on tasche de les surprendre à coups de fusils et de flèches. Mais l'hyver que les neiges sont hautes, on a des espées emmanchées pour les tüer à la course; au lieu que les biches et les cerfs ne se peuvent prendre qu'au lacet [10]).

Les Kiristinons [Kilistinons, Cristinaux, Cris] qui hantent souvent le loug des bords du lac Supérieur et des grandes rivières, où sont plus communément les élans, ont une autre manière d'en faire la chasse. Ils s'embarquent premièrement deux à deux en chaque canot et se tiennent de distance en distance les uns des autres; leurs chiens sont à terre qui avancent un peu dans la profondeur des bois pour aller chercher leurs bestes. Sitost qu'ils en sentent la piste, ils ne la quittent plus qu'ils ne les ayent trouvés; et l'instinct admirable qu'ils ont de se ressouvenir où peuvent estre leurs maîtres, fait qu'ils poussent directement les élans de ce costé là, en les poursuivant tousjours jusqu'à ce qu'ils soient contraints de se jeter à l'eau. Les sauvages qui sont d'une grande attention sur le rivage pour écouter l'aboyement de leurs chiens, s'embarquent incontinent, donnent sur les élans et les tüent.

Les martres les plus estimées et les plus belles sont celles du nord; le poil en est plus noir que brun, et c'est un des meilleurs commerces qui se fasse en ce pays.

Les sauvages que l'on nomme Saulteurs [11]), sont au sud du lac Supérieur et font la chasse du castor et de l'élan. Ils y peschent aussy d'excellent poisson et ramassent quelque bled d'Inde, mais non pas en si grande quantité que les nations des bords du lac Huron, qui demeurent dans des pays peslés ou prairies. Il s'y trouve des martres, et s'il ne s'y voit pas de cariboux, il y a en récompense quantité d'autres bestes en abondance qu'ils tüent avec beaucoup de facilité. Joint à cela ils ont pour voysins et amis les Siroux [Sioux], sur les limites desquels ils chassent, quand ils veulent, bufles, cerfs, biches, chevreüils et autres gibiers qu'ils surprennent à coups de fusils et de flèches.

Il y a des nations encore, le long du lac Huron et Illinois, qui ont des terres suffisamment défrichées pour en tirer tout le grain qu'ils peuvent avoir besoin, et qui vivent parfaitement bien avec le poisson que leur produit la pêche. Mais quand ils veulent aller à la chasse du castor ou de quelqu'autre beste, ils sont dans l'obligation d'aller bien loin. Les saisons qu'ils prennent ordinairement pour chasser sont l'automne et l'hyver, parceque dans ce temps là les peaux des animaux sont meilleures que dans un autre. Ils se servent de piéges pour les prendre, dans lesquels est un appas qui est la branche d'un arbre qu'on nomme bois de tremble; ils l'aiment beaucoup et voulant atteindre au fond de ce piége, où elle est mise, ils marchent sur une détente qui leur fait tomber une trape sur le dos et les tüe.

Ils chassent toüttes les autres bestes avec le

fusil (quoyqu'ils ayent aussy des flèches), mais ils ne sont pas si adroits à s'en servir que ceux du nord et des prairies, parcequ'ils n'ont pas si communement qu'eux l'usage des armes à feu ; et que dans les chasses éloignées, où ils ont costume d'aller, il y a des ours, des cerfs, des biches, des chevreüils, des chats sauvages, des castors, quelques peccans et des loutres. S'ils vont à l'oüest, ou vers le sud, ils y trouvent des buffles mais peu d'élans [12]) ; car tous les animaux que je viens de nommer cy-dessus ne demeurent guerres où il y a des élans ; c'est pourquoy ils courent bien risque de jeûner quelques fois. Les martres y sont aussy fort communes, et quand le castor ne peut pas supléer au défaut des élans, le peu de neige qui empesche de les prendre à la course, les expose à une disette d'autant plus évidente qu'il est très difficile de s'en rendre maitre par surprise.

IV.

Productions naturelles des prairies ; gibier et bestes sauvages qu'on y rencontre.

Les nations sauvages qui habitent les prairies sont heureuses pour la vie ; les bestes et les oiseaux y sont en grand nombre, avec une infinité de rivières fort poissonneuses. Les gens y sont naturellement laborieux et s'attachent à cultiver la terre, qui est très fertile en bled d'Inde. Elle produit aussy des aricots, des citroüilles petites et grosses d'un goust admirable, des fruits et plusieurs différentes racines. Ils ont surtout une certaine manière d'accommoder les citroüilles avec le bled d'Inde cueilly en lait, qu'ils y joignent et qu'ils font cuire et sécher, dont le gout est très sucré. Il y vient enfin des melons dont le suc n'est pas moins agréable que rafraichissant.

Les bestes de différente espèce que le pays fournit sont des buffles, des cerfs, des ours, des chats cerviers, chats sauvages et des tygres d'une viande très bonne à manger. Il y a aussy des castors, des loups noirs et gris dont les peaux servent à leur usage, et d'autres animaux encore qu'ils mangent aussy.

Les oiseaux ou gibiers de rivière ou marests sont des cygnes, des outardes, des oyes sauvages et des canards de touttes les espèces. Les pélicans sont fort communs, mais d'un gout huileux, soit en vie ou morts, qui est si mauvais qu'il n'est pas possible d'en manger.

Ceux des terres sont des dindes, des faisans, des cailles, des tourtes, des corbijeux[13]) comme de grosses poules d'un goust excellent. On y voit encore d'autres oiseaux, mais il y a surtout une infinité de grües. Les gens du pays se servent ordinairement du fusil et de l'arc dans les chasses, et de la tranche dans les marets qu'ils mettent à sec.

Touttes les bestes sont d'un très bon poil vers le nord; quand on descend au sud, où l'hyver dure peu de temps, elles cessent, sitost qu'il est passé, d'estre de la mesme valeur. La chaleur y est égale à celle des isles du sud ou de la Provence. C'est un pays remply de perroquets; mais si on avance dans le nord, vers l'entrée d'Ouisconching, l'hiver y est extrêmement froid et long. C'est où les castors sont les meilleurs, et le pays où la chasse dure plus longtemps dans l'année.

Les sauvages ont dans le pays différentes racines: celles qu'ils nomment ..... c'est à dire la racine de l'ours, est un véritable poison si on la mangeoit crüe, mais ils la coupent par tranches fort minces et la font cuire dans un fourneau pendant trois jours et trois nuits; c'est par le feu qu'ils font évaporer en fumée la substance crüe qui en compose le venin, et elle devient ensuitte ce qu'on appelle communément de la cassave.

Ils tirent aussy l'hyver de dessous la glace dans les marets où il y a beaucoup de vase et peu d'eau, une certaine racine, meilleure que celle dont on vient de parler; mais elle ne se trouve que dans la Louisiane à quinze lieues plus haut que l'entrée d'Ouisconching. Les sauvages nomment en leur langue cette racine Pokekoretch, et le François ne luy donne aucun nom, parcequ'il ne s'en voit point du tout en Europe. Elle est semblable à une racine grosse comme la moitié du bras ou un peu plus; elle a de mesme la chair ferme, et luy ressemble aussy au dehors: vous diriez en un mot à les voir que ce sont véritablement de grosses raves; mais coupez-la par les deux bouts, ce n'est plus la memes chose; car vous y trouvez un trou qui la perce par son milieu, dans toute sa longeur, autour duquel il y a cinq ou six autres petits trous, qui penètrent aussy d'un bout à l'autre. Pour la manger, vous la faites cuire sur un brazier, et vous y trouvez un goust de chatagne. La coustume des sauvages est d'en faire provision: ils les découpent par tronsons, et les enfilent dans une ficelle pour les faire sécher à la fumée. Quand ils sont bien secs et durs comme du bois, ils en remplissent des sacs et les conservent tant qu'ils veulent. S'ils font chaudière avec de la viande, ils y feront cuire de cette racine qui se ramolit, et quand ils veulent manger, elle sert de pain avec la viande. La plus grasse la rend tousjours meilleure; car quoyque cette racine soit bien douce et d'un assez bon goust, en l'avalant elle s'attache au gozier et a de la peine à passer, parcequ'elle est trop seiche. Les femmes arrachent cette racine, et la connoissent par le brin qui se montre debout au dessus de la glace. La figure [fleur] est comme une couronne rouge, de la largeur du fond d'une assiette, et remplie de graines semblables en toute façon à des noisettes, qui ont véritable goust de chatagne quand elles sont cuittes sous de la cendre chaude [14]).

Le pays produit aussy des pommes de terre: les unes sont de la grosseur d'un oeuf, les autres comme le poing ou un peu plus. On les fait boüillir dans l'eau à petit feu pendant vingt quatre heures; lorsqu'elles sont bien cuittes, vous y trouvez un fort bon goust, à peu près comme celuy des prunes, qui se cuisent de la même manière en France pour estre servies au dessert [15]).

Les nations des prairies trouvent encore en certains endroits des terres grasses, et humectées par les ruisseaux qui les arrosent, où croissent des ognons de la grosseur du pouce. Ils ont la teste comme un poyreau, et l'herbe qui y croist ressemble au cercifie [salsifis]. Cet ognon, dis-je, est d'une acreté si grande, que, si l'envie prenoit d'en avaler, elle carieroit tout d'un coup la langue, le gozier et le dedans de la bouche; je ne sçay pas mesme, si elle ne feroit pas quelque mauvais effect dans l'intérieur du corps. Mais cet inconvénient n'arrive guerres, car aussitost qu'on l'a dans la bouche on la jette; et on s'imagine que c'est un certain ail sauvage assez commun dans les mesmes endroits, et dont l'acreté est aussy insupportable.

Quand les sauvages font provision de ces ognons dont la terre est couverte, ils battissent premièrement un fourneau, sur lequel ils les mettent en les couvrant d'un lit d'herbe bien espais, et, par la chaleur que le feu leur communique, sans estre endommagées par la flamme, l'acreté en sort, et après les avoir fait sécher au soleil ils deviennent un mets excellent. L'excèz n'en vaut rien cependant, quoyque le goust exquis qu'on y trouve engage bien souvent à contenter son appétit; car rien au monde n'est de plus indigeste et de plus nourrissant. Vous vous sentez la poitrine chargée, le ventre dur comme un tambour, et des tranchées qui durent de deux et trois jours. Quand on est prévenu là dessus, on s'abstient d'en trop manger. J'en parle en expérience, m'y estant trouvé pris, et je n'en ay plus voulu gouster depuis l'incommodité que j'en ay ressenty.

Les prairies qu'habitent les Illinois produisent différents fruits, comme des mesles [nèfles], de grosses meures, des prunes et quantité de noix ainsy qu'en France et plusieurs autres fruits [16]). A l'égard des noix, il s'en trouve de la grosseur d'une poule, qui sont si amères et si huileuses qu'elles ne. valent rien à manger. On y a aussy des fraizes en abondance, framboises et pommes de terre. Mais les peuples plus avancez dans le nord, jusqu'à la hauteur d'Ouisconching, n'ont plus de ces mesles, et ceux qui sont encore plus loin manquent de ces noix semblables à celles de France. A cela près, ils ont tous les autres fruits dont il a esté parlé cy-dessus.

V.

Chasse du buffle.

J'ay cy-devant remarqué que les sauvages des prairies estoient dans un pays heureux, par rapport à la quantité d'animaux de toutte espèce qu'il avoient chez eux, et des graines, fruits et racines que la terre y produit en abondance ; mais, je n'ay rien dit des coustumes qu'ils ont dans leurs chasses, ny de la maniere dont ils la font, particulierement celle du buffle.

Les sauvages partent l'automne, la récolte estant faite, pour aller à la chasse ; et ne se rendent au village qu'au mois de mars, pour faire les semences de leurs terres. Ils repartent aussitost qu'elles sont faites, et n'en reviennent qu'au mois de juillet, qui est le temps que le buffle commence d'estre en rut.

Ceux d'un village entier vont ensemble à cette chasse, et, s'il n'est pas assez fort, il se joint à un autre, et cela pour deux raisons: la première pour sustenir les attaques que les ennemis pourroient lenr faire ; et l'autre, afin d'estre en estat d'investir une plus grande quantité de bestes.

Ils s'assemblent le soir, la veille du départ, et choisissent entre eux celuy qu'ils jugent le plus capable d'estre le maître de la chasse. C'est ordinairement un des chefs de guerre le plus considéré; il prend pour émules touts les autres chefs, et convient avec eux de tout ce qui doit estre reglé dans la marche qu'on tiendra pour la chasse des buffles. Le mesme jour, un des principaux fait une harangue en présence de toutte l'assemblée, dans laquelle il expose ce qui a esté prescript au sujet des limites qui seront gardées dans cette chasse, et les punitions ordonnées pour ceux qui les passeront. Il déclare qu'elles portent de les dépoüiller de leurs armes, de briser leurs arcs et leurs flèches, de rompre leurs cabannes, et de piller tout ce qui se trouvera dedans: cette loy est parmy eux irréfragable. La raison qui les oblige d'en user avec tant de sévérité et d'exactitude envers ceux qui manquent d'y obéir, est que, si dans la chasse on passoit les bornes prescriptes, touttes les bestes s'enfuiroient et le village seroit en danger de mourir de faim. Touts les chefs sont généralement sujets à cette loy; si celuy mesme qui est par dessus touts les autres avoit commis la faute, il en subiroit pareillement la rigueur, comme un autre, sans égard à son authorité, et, en cas qu'il ne voulut pas s'y soumettre, toutte la jeunesse, qui est pour ainsi dire sou appui, se banderoit contre luy, et feroit main basse sur touts ceux qui se présenteroient pour soustenir son party.

Ce premier des chefs avec ses émules fait les détachements nécessaires pour aller sur les chemins, à la découverte, et, s'ils présument qu'il y ait à craindre pour leurs gens, ils reviennent sur leurs pas, afin de les couvrir et d'empescher qu'ils ne soient chargez par l'ennemy.

Quand le village est fort en jeunes gens capables de porter les armes, on les divise en trois corps: l'un prend sa route à la droite, l'autre à la gauche, et la moitié du troisième se partage dans les deux premiers. L'un de ces partys s'écarte une lieüe ou environ sur la droite, et l'autre demeure sur la gauche, faisants tous les deux, chacun de leur costé, une grande file; alors ils partent en se tournant le dos et continuant de marcher, jusqu'à ce qu'ils jugent s'estre assez estendus en longeur pour avancer en profondeur. Comme ils décampent dès la mynuit, un des partys attend que le jour paroisse, pendant que les autres poussent leur pointe; et, après avoir marché une demie lieüe ou environ, un autre party attend encore le jour; le reste marche après une autre demie lieue faite, et attend pareillement. Le jour estant enfin venu, ce troisieme party qui s'estoit divisé à droite et à gauche avec les deux autres pousse sa route plus loin, et, sitost que le soleil a attiré à son lever la rosée qui est sur la terre, les partys de la droite et de la gauche estants à veüe se joignent de file et ferment le bout de l'enceinte qu'ils veulent investir.

Ils commencent d'abord à mettre le feu aux herbes seiches, qui sont en quantité dans ces prairies; ceux qui occupent les flancs en font de même, et dans l'instant tout le village décampe avec touts les vieillards et jeunes garcons qui se partageant également des deux costez, s'éloignent et observent à veüe les partys, afin de se conformer à eux, en sorte que les feux puissent estre allumez ensemble sur les quatre faces, et se communiquent peu à peu les uns aux autres. Cela fait les mesme effect à la veüe que quatre rangs de palissades, dans lesquels les buffles sont enfermez. Quand les sauvages s'apperçoivent qu'ils veulent sortir pour éviter le feu qui les environne de toutes parts (estant la chose du monde qu'ils apprehendent le plus), ils courent à eux et les contraignent de rentrer dans l'enceinte. C'est la maniere dont ils se servent pour les tüer touts. On asseure qu'il y a des villages qui en ont eü jusqu'à quinze cents, et d'autres plus ou moins, suivant la quantité du monde et la grandeur de l'enceinte qu'ils font dans leur chasse. Car ce pays n'est que plaines; il y a seulement quelques islets où ils ont coustume d'aller camper pour faire sécher leurs viandes.

Les cerfs et les chevreüils sont assez souvent enveloppez dans ces sortes de feux qu'ils franchissent, et les sauvages ne s'attachent ordinairement qu'à ceux qu'ils sont asseurez de tüer ou d'avoir par surprise.

Le village campe ensuitte dans l'endroit le plus commode et le plus proche de celuy où s'est fait le carnage. Ce camp estant estably, on partage entre les familles les bestes qui ont esté tüées en cette chasse; les unes en ont plus, les autres moins à proportion qu'elles sont nombreuses. Mais tout se distribüe par la voix des chefs avec beaucoup d'équité et de justice. Chacune de ces familles escorche les bestes qui leur sont escheües en partage, et l'on reste dans le camp jusqu'à ce que toutes les viandes soient bien seiches. Ils ont grand soin d'en ronger les os de manière qu'ils n'y laissent autour rien du tout. On achève avant midy, et le reste du jour est suffisant pour accommoder les viandes.

Les Illinois et leurs voysins ne manquent pas de bois pour les faire sécher; mais les Ayoës et les Panys ne se servent ordinairement que de fiantes de buffles bien seiches, le bois estant extrèmement rare chez eux [17]).

Voilà quelle est la conduite de ces nations dans leurs chasses, qui sont tousjours prestes et en estat de deffendre leurs familles contre les ennemys; puisqu'elles se trouvent placées dans les flancs, en marche, que la droite et la gauche des guerriers couvrent, et mettent à l'abry des insultes qu'on pourroit leur faire. Joint à cela, il n'y a rien à craindre derrière elles, car les gens détachez à la découverte les soustiennent en queüe et servent en cette occasion d'arrière-garde. L'ennemy ne sçauroit donc paroitre qu'on ne soit en estat d'en informer tout le party, par l'alarme qui se donne d'une voix à l'autre, et par le prompt secours des guerriers, qui accourent en diligence pour s'opposer à l'ennemy; les femmes et les enfans se trouvent hors de péril; ils tiennent ferme et sont très rarement repoussez.

L'hyver, dans leurs chasses, ils observent les mesmes maximes, mais la neige dont la terre est toutte couverte les empêche de faire courir les feux, et d'y réussir comme dans une autre saison. A l'égard des loix, on est également obligé de les garder; mais ils sont indispensablement contraints de faire une file beaucoup plus estendüe pour former l'enceinte dont il faut investir les buffles. Et si quelqu'un d'eux trouvoit jour de les forcer, ils courroient au-devant pour s'opposer à leur fuite, ou bien ils les suivent en queüe avec tant de célérité qu'ils en tüent tousjours beaucoup.

Il n'y a que la peau du ventre des vaches et celle des veaux d'un an dont ils se servent pour faire des couvertes; mais celles des buffles sont employées pour des boucliers, dont ils parent contre les ennemys les flèches et les coups de casse-teste. Quand ils veulent aprester cette peau, ils en coupent une piece suffisante, et, l'ayant bien grattée des deux costez, ils la font bouillir un moment et la tirent de de la chaudière. On l'estend ensuitte sur un cercle, de la largeur du bouclier qu'on a dessein de faire, et estant bien seiche elle devient aussy dure que le cuir fort d'une semelle de soulier. Quand les sauvages la veulent couper pour l'estendre, ils prennent garde de luy donner auparavant la figure la plus ronde qu'ils peuvent, et lorsqu'elle est bien seiche ils en ostent la superficie attachée au cercle. Voilà comme ils font les boucliers qu'ils portent à la guerre.

VI.

Manière dont les sauvages font la chasse de l'ours en hyver.

Les ours cherchent, vers la fin de l'automne, un lieu pour se mettre à l'abry des rigueurs de l'hyver, soit dans la concavité d'un rocher, sous la racine d'un arbre, dans un bois creux, ou bien dans un trou qu'ils creuseront dans la terre. Si l'ours est bien gros, il choisira la racine d'un des plus gros arbres qui se trouvera renversé, et l'entourera pour s'y retrancher de quantité de branches de sapin.

Cet animal est en rut au mois de juillet; il devient alors si maigre et d'un goust si fade et si mauvais, qu'il n'est pas possible d'en manger. Mais quand ce temps est passé, il a l'instinct de connoitre les fruits capables de le restablir, comme les framboises, noisettes, noix, pommes sauvages, prunes, glands, feines, alyses et autres fruits, chacun suivant leur saison. Sitost que l'hyver est venu, il fait sa retraite dans un lieu le moins exposé au froid, et, quoyqu'il ne mange rien pendant tout ce temps-là, il sçait néantmoins conserver la graisse que luy ont donné les fruits dont il s'est nourry pendant l'automne.

Les sauvages s'appliquent à la chasse de l'ours dans le temps que les biches et les chevreüils sont maigres. Un chef de guerre formera un parti de jeunes gens auxquels il donnera un festin; remarquez icy que ceux du festin[18]) n'y peuvent pas manger, mais bien faire manger les autres. Ce chef, dis je, déclare devant toute l'assemblée qu'il veut aller à la chasse de l'ours, et les invite à l'accompagner, leur disant le jour qu'il a résolu de partir. Il faut sçavoir que ce festin est quelquefois précédé d'un jeûne de huit jours, sans boire ny manger, afin que l'ours luy soit favorable et à ceux de son parti, voulant dire qu'il désire d'en trouver et d'en tüer, sans en estre ny ses gens aucunement endommagez.

Contraste insuffisant

NF Z 43-120-14

Le jour du départ estant venu, il fait assembler tout son monde, qui se noircissent comme luy le visage de charbon, demeurant touts à jeun jusqu'au soir, qu'ils mangent mesme très peu. Ils partent le lendemain ; le chef du parti commence d'abord à arangèr ses gens, pour faire un circuit environ d'un quart ou demie lieüe, et finir l'enceinte qu'il s'est proposée dans l'endroit mesme d'où il est parti. Ils battent et parcourent en-suitte le terrain qui est investy. Ils visittent soigneu-sement tous les arbres, racines et rochers qui y sont renfermez, et détruisent les ours qui peuvent y estre. A mesure qu'ils en tüent, ils alument leur pipe, et, luy en mettant le tuyeau dans la gueule, ils poussent la fumée dehors par les narines de cet animal. Ils coupent le filet qu'il a sous la langue, et l'enveloppent dans une chiffe pour la garder très soigneusement. Après avoir bien exactement veüs et parcourus tous les endroits de cette enceinte, le chef fait encore, si le temps permet, un autre circuit, et ses gens font pareille recherche qu'il a esté dit cy-devant.

On s'occupe après cela à escorcher les ours, dont on emporte la viande au camp. Si parmy ces animaux il s'en trouvoit un plus gros et plus long extraordinai-rement que les autres, il est grillé ainsy qu'un porc, et destiné pour un festin solennel, à leur arrivée au village. Quand il est escorché, on enlève toute la graisse et on le coupe par quartiers. Quand tout le monde a mangé au camp, chacun tire le soir de son sac tous les filets de langue qu'il a, que l'on met sur un brazier, avec bien du respect et des invocations, croyant fermement que si ces filets en cuisant ve-noient à crier (ce qui ne manque jamais), ou à se tortiller, ils en tüeront d'autres. Si au contraire ils cuisent paisiblement, et que la chaleur ne les fasse pas remuer, ils disaient que leur chasse sera peu de chose.

Leur coustume est de chasser le lendemain comme la veille ; de se noircir de charbon et de garder

leur jeûne jusqu'au soir. Ils ont l'habitude aussy de
se laver avant le repas, et dans le sentiment que s'ils
manquaient de le faire, ils transgresseroient des pré-
ceptes absolus pour réussir dans la chasse des ours;
et que, ces animaux estans cachez dans leurs trous,
ils n'en pourroient découvrir, ou bien qu'ils risque-
roient beaucoup d'en estre dévorez. Ils font cette
chasse avec la flèche et non du fusil, parceque le
bruit épouvanteroit ceux qui n'en seroient pas éloignez,
ou les empescheroit de sortir de leur giste [19]).

Cette chasse dure quelque fois huit jours ou
plus; ils retournent ensuitte à leur village, où ils
transportent leur viande, je veux dire les quatre
quartiers des bestes; le tout est partagé dans les
familles. S'il y avoit quelque estranger et quelques
alliez chez eux, ils leur en font présent aussy.

Si la chasse est bonne, ils invitent quelques villages voysins, et ils destinent pour cet effect deux
ou trois bestes pour les leur donner. Les dépoüilles
sont les plus considérables [pour ceux] qui reçoivent
les estrangers chez eux pour les régaler et faire les
festins particuliers.

A l'égard du gros ours qu'on a fait griller et dont
il a esté parlé, le chef du parti de chasse en fait un
festin solemnel. On y aporte cet animal dans son
entier, sans en excepter les intestins, et vingt hommes sont conviez à ce repas. On coupe la peau de
cette beste par aiguillettes de trois ou quatre doigts
de large; ils font un certain fard composé de tronsons
de lard; pour ce qui est des grosses et petites tripes,
[elles] demeurent comme elles sont. On emprunte les
grosses chaudières destinées pour ces sortes de festes;
elles sont tousjours dehors, et si on les entre dans la
cabanne, ce n'est que pour s'en servir dans ces occasions. Les escuyers ont le soin de faire cuire la viande,
la teste, la fressure et les tripes de l'ours; mais le
sang est séparément assaisonné de la graisse de son
lard, que l'on fond auparavant.

Quand le tout est cuit et pret à manger, les officiers de cuisine prennent autant de buchettes qu'il y a de personnes à convier, et demandent au maistre du festin le nom de ceux qu'il veut inviter. Quand il les a nommez, on leur porte à chacun une de ces buchettes, en les asseurant qu'ils sont priez au festin chez ..... Ils ne manquent pas de s'y rendre, avec chacun leur plat, où ils prennent en arrivant place. S'il s'y trouvoit des estrangers, ils se mettent proche du maistre du festin ; si non, les chefs s'y placent. Celuy qui régale a une divinité, supposée par son caprice, à laquelle il voüe le repas, et ses officiers servent touts ceux qui y sont. Il n'y a que trois ou quatre seulement pour manger indispensablement la teste de l'ours, son sang, sa fressure ; et chacun des autres une éguillette de ce lard de la longueur d'une brasse, qui leur est séparée autant qu'il se peut également, si on veut espérer que le Dieu de la terre favorise et comble de ses bénédictions le village. Ils sont de plus encore obligez de boire entre eux toute l'huille ou la graisse qui reste au-dessus du boüillon, après les viandes cuittes, ce qu'ils avalent comme du vin. Ce n'est pas sans faire de grands efforts qu'ils en viennent à bout ; et lorsqu'ils ne peuvent plus mâcher, et que les morceaux ne peuvent plus passer, ils prennent quelques cuillerées de boüillon pour les faire couler. Il y en a qui crèvent de ces excês, et d'autres, qui ont de la peine à en réchapper. Voilà l'extrémité où l'orgüeil et la gourmandise portent ces nations. Car s'ils ont tout mangé, ils en sont félicitez, et on leur vient dire comme une louange qu'ils sont des hommes : ils répondent à touttes ces honnestetez, en disant qu'il n'appartient qu'aux hommes généreux d'avoir fait leur devoir en pareille occasion.

Quand les chasseurs arrivent au village, s'ils sont chargez, touts les enfants, du plus loin qu'ils les peuvent appercevoir, font retentir la joye qu'ils en ont par

des exclamations redoublées, en disant *Kous, Kous,*
et sans discontinuation, jusqu'à ce qu'ils ayent posez
à la porte de leur cabanne ce dont ils sont chargez.
Cela se pratique tousjours à l'arrivée des chasseurs.
Car sitost qu'un crie, les autres sortent de chez eux
pour le seconder, et les pères et mères s'efforcent
mesme de les y exciter [20]).

Chapitre XII.

Mœurs des sauvages.

Il y a de bonnes et de mauvaises mœurs parmy
les sauvages. Les plus loüables sont l'hospitalité et
l'union qui règne entre eux et leurs alliez. Ils ont
aussy beaucoup de deffauts: l'ambition, la vengeance,
l'intérêt et la vaine gloire, possèdent leur coeur entièrement. Ils suivent trois principes qui les engagent
à se plonger avec excés dans toutes sortes de vices.

1.

De l'hospitalité des sauvages.

L'hospitalité qu'ils exercent surpasse toutes celles
du commun chez les Européans. Quand quelque
estranger la leur demande, quoyqu'innocent [inconnu]
il est on ne peut mieux receu. C'est de leur part
un accüeil des plus amiables, ils vont mesme jusqu'à
s'épuiser pour régaler ceux qu'ils reçoivent. Un
estranger n'est pas plustost arrivé, qu'on le fait seoir
sur une natte des plus propres pour se défatiguer;
on luy déchausse ses souliers et ses bas, et on graisse
ses pieds et ses jambes; les roches sont d'abord
mises en feu et tout se prépare en diligence pour le
faire süer [1]). Le maistre de famille avec quelques au-

tres considérables de la nation, entrent avec luy dans le lieu de la sücrie, où on ne le laisse manquer de rien. La chaudière est au feu pour le faire manger à la sortie des sücurs, et si la cabanne où il est logé n'est pas bien provisionnée de vivres, on en cherche de meilleurs dans tout le village. Je parle du meilleur grain et de la plus excellente viande qui se trouvera. que celuy, chez qui l'estranger est logé, paye après souvent au quadruple de ce qu'ils valent communément. Pendant qu'il mange, tous les considérables du pays viennent luy rendre visitte. S'il est couvert d'étoffes, on luy oste ses hardes, et on luy en donne de pelleteries, des plus belles et des plus estimées, pour l'habiller de pied en cap. Il est invité dans tous les festins qui se font dans le village, et dans la conversation, on s'informe de luy de quelques nouvelles de son pays; s'il ne sçait rien de nouveau, il en imagine, et quoyqu'il mente, personne n'oserait le contredire, supposé mesme que l'on fut bien certain du contraire de ce qu'il dit. Il n'y a qu'un seul de toutte l'assemblée qui entretient cet estranger; touts les autres observent le silence avec la réserve et la modestie ordonnées à un novice d'une relligion, où il est obligé de le garder, sous peine des rigueurs de la règle la plus étroite à l'égard de ce point. Quand l'estranger témoigne vouloir s'en retourner, on le charge de ce qui luy convient mieux pour son voyage. Si son inclination est d'avoir des pelleteries plustost que d'autres marchandises, on luy en donne. Ils sont également libéraux envers ceux qui leur aportent, comme à l'égard de ceux qui ne leur donnent rien.

Cette réception est ordinaire parmy les sauvages; en fait d'hospitalité, il n'y a que les Abenakis, et ceux qui demeurent avec les françois, qui sont devenus un peu moins libéraux, par le conseil qu'on leur a donné, en leur représentant l'obligation où ils sont de conserver ce qu'ils ont. On les voit à présent d'autant plus interessez et avaricieux, qu'ils estoient hospitaliers autrefois. Ils ne sont pas cependant moins orgueilleux qu'ils l'ont estez, mais il sont tombez dans de grandes bassesses, jusqu'à gueuser mesme; et ce qu'il y a nonobstant tout cela de plus estrange, c'est qu'ils s'estiment non seulement si nécessaires à ceux qui les aydent à subsister, mais ils les regardent comme leurs inférieurs, et hors d'estat de se pouvoir passer d'eux. Ceux des sauvages qui n'ont pas estez tant flattez, sont attachez à l'ancienne coustume de leurs ancestres et fort pitoyables entr'eux. Si quelqu'un est dans la disette, ils se cottisent d'abord pour l'assister. Quand le grain a manqué chez leurs alliez, ils les ont invitez d'en venir quérir chez eux. Ils sont fort sensibles à l'égard des malades, car ils employent et donnent tout ce qu'ils peuvent pour les soulager. S'il y a quelqu'enfant prisonnier de leurs ennemys, auquel on ait donné la vie, que son maistre laisse pâtir faute de vivres, ils luy donneront à manger.

Quand l'estranger, auquel on a donné hospitalité, veut retourner et partir, l'hoste qui l'a receü fait son paquet et lui donne ce qu'il y a de meilleur en la cabanne, soit en pelleteries, marchandises, ou vivres qui peuvent luy estre nécessaires pour son voyage. Quoyque cette générosité soit surprenante, il faut avoüer que l'ambition en est plustost le motif que la charité. On les entend se vanter sans cesse de l'agréable manière avec laquelle ils reçoivent chez eux le monde, et du bien qu'ils leur font; quoyqu'on ne disconvienne point que ce soit avec bon visage et tout l'agrément possible [2]).

II.

De l'union des sauvages.

L'union qui est entre les sauvages se fait véritablement connoitre, tant par leurs paroles que dans

leurs manières d'agir. Les chefs les plus considérables et les plus aisez vont du pair avec les plus
gueux, et mesme avec les enfants: ils confèrent avec
eux comme avec des personnes bien sensées. Ils se
soutiennent et entreprennent chaudement la cause les
uns des autres entre alliez, et quand il y a quelque
contestations, ils en usent avec beaucoup de modération. Ils ne s'exposent que le moins qu'ils peuvent
à se choquer et se broüiller ensemble [*]). S'il y a
quelqu'un qui ait mérité une réprimende, elle luy est
faite avec beaucoup de douceur. Les anciens traittent
les jeunes gens du nom de fils, et les autres appellent
les anciens leurs pères. Ils ont rarement querelles
entre eux. Quand quelqu'égaré a commis un mauvais
coup par promptitude et emportement, tout le village
s'intéresse pour accommoder l'affaire; ils cottisent
pour satisfaire la partie loesée, qui n'a pas de
peine à revenir de la vengeance qu'elle s'estoit proposée d'en tirer. Ils ne se refusent guerres d'en passer
à la décision de quelque considérable qui s'en mesle.
Il y en a quelquefois qui veulent absolument la mort
du coupable, et si les vieillards en tombent d'accord,
ceux qui sont portez à la vengeance ne diront mot,
et ne manqueront pas, à la première occasion, de
casser la tête à quelqu'un des parents du meurtrier
ou de sa nation, et à plusieurs suivant le nombre
de gens qui auront estez assassinez. Car s'ils en
tüoient davantage, ce seroit le moyen de susciter
une guerre, au lieu qu'en ne rendant que le change,
ils en sont quittes pour des présents qu'ils font, disent
ils, pour essuyer le sang. Si le premier qui a esté
tüé est un homme, on se vengera sur son [un] fils
[du meurtrier]. Quand les choses se passent, comme
il a esté dit, on est content de part et d'autre.

S'il arrivoit à quelqu'un un accident fâcheux, ou
un malheur considérable, tout le village y prendrait
part et l'iroit consoler. Les hommes rendent ce devoir aux hommes, et les femmes s'en acquittent réci-

proquement entre elles; ces sortes de visittes se font à l'affligé sans parler. Celuy qui le vient voir remplit sa pipe de tabac et la luy présente pour fumer; après en avoir fumé un peu, il la remet à la personne qui la luy a donnée pour qu'il fume aussy. Cette manière de fumer tour à tour dure quelque temps, et puis celuy qui est venu pour consoler retourne chez luy. L'affligé le remercie, en le quittant, de la part qu'il a bien voulu prendre dans ses peines. Il faut que vous sçachiez que la coustume veut que ces sortes de visittes soient sérieuses, et faites dans le silence; la raison qu'ils en disent est que si on employoit des paroles dans ces conjonctures de condoléance, on agitteroit tellement le coeur de celuy qui seroit dans l'affliction, qu'on l'exciteroit à se venger ou de l'insulte ou de celuy qui auroit insulté.

III.

Justice des sauvages.

Quand les sauvages ont commis un larcin et qu'ils sont reconnus, on les oblige à restituer ou à satisfaire au vol par d'autres effects, en cas qu'ils soient dissipez. Si on manquoit à cette satisfaction, celuy qui auroit esté volé se joindroit à plusieurs de ses camarades, iroit tout nud, comme s'il alloit aux ennemis, son arc et ses flèches à la main, dans la cabanne du voleur, où il pille et prend tout ce qui luy appartient, sans que le coupable ose rien dire, qui se tient la tête baissée entre les genoux. Mais s'il se sent innocent du crime dont on l'accuse, il se jette à ses armes et s'oppose au pillage. Les spectateurs qui s'y trouvent arrestent les plus emportez; mais s'il n'y avoit que les parties intéressées, l'affaire ne se passeroit pas sans y avoir du sang répandu ou quelqu'un de tüé. Si au contraire on estoit innocent, et qu'on eust tüé son homme, il n'y auroit aucune satisfaction à faire; parceque son innocence le mettroit à couvert de touttes mauvaises suittes. Mais quand il est véritablement criminel, il se condamne luy mesme et ne désavoue jamais le fait; il souffre paisiblement qu'on luy enleve le triple et le quadruple de ce qu'il a volé. Si dans ses effects il y avoit quelque chose d'emprunté, le propriétaire viendroit réclamer ce qui luy appartient, qu'on luy rend sans difficulté, les sauvages ne s'attribuant jamais rien de ce qui n'est pas à eux[4]).

Quand un de leurs alliez a commis un assassin et qu'il en est reconnu l'autheur, touts les anciens s'assemblent, forment entr'eux un présent considérable, et l'envoyent par des députez, pour convenir des moyens d'arrester la vengeance; car ils y sont touts engagez, d'autant qu'elle regarde particulièrement les premiers de la nation offensée. Les députez estant arrivez dans l'endroit où ils sont envoyez, entrent, avec leurs présents, dans la cabanne de celuy qui a esté assassiné. On leur fait une pareille reception que celle cy-devant descrite au sujet de la süerie. Après avoir mangé ce qui leur est présenté, ils produisent leurs présents au milieu de la cabanne, et demandent que tous les chefs soient appellez pour les entendre. Quand ils sont tous venus ils disent ce qui suit:

„Nous sommes icy pour vous confesser le crime „commis par un de nos jeunes gens envers un tel „(on nomme alors celuy qui a esté tüé). Nostre vil-„lage n'approuve pas le meurtrier; vous sçavez qu'il „y a longtemps que nous sommes alliez, et que vos „ancestres et les nostres se sont présentez les calu-„mets pour fumer ensemble (on cite l'année). Depuis „ce temps-là, nos villages se sont tousjours mutuelle-„ment secourus contre une telle nation, avec laquelle „nous estions en guerre. Vous n'ignorez pas que nos „morts sont dans l'autre monde dans le mesme en-„droit que les vostres; et si le ciel a permis qu'un „égaré ait renversé ou rompu l'union que nos an-

„cestres ont eü avec vous et que nous avons tous-
„jours conservée, nous sommes donc venus dans le
„dessein de prévenir vostre juste ressentiment. En
„attendant une plus entière satisfaction, ce présent,
„que nous vous offrons, est pour essuyer vos larmes;
„celuy-là pour mettre une natte sous le cadavre de
„vostre mort, et l'autre, une écorce pour le couvrir
„et le mettre à l'abry des injures du temps.“

Si les parents du mort ne vouloient pas entendre
du tout parler de satisfaction, et qu'ils fussent dans
la résolution d'en tirer absolument vengeance, plusieurs des anciens interviendroient, avec des présents,
pour se rendre médiateurs. Ils représenteroient qu'on
se mettroit à la veille d'avoir une guerre avec des
suittes très fâcheuses, et; ayant prié les affligez d'avoir
pitié de leurs terres, ils font connoitre que la guerre
estant une fois allumée, il n'y aura plus de seureté
en aucun endroit; que bien des personnes innocentes
seront sacrifiées; que les guerriers frapperont sans
égard sur touts ceux qu'ils rencontreront dans leur
marche en guerre; qu'il n'y aura plus ny paix ny
asseurance entre les voysins; et qu'enfin l'on verra
la désolation si grande, que le frère tüera son frère,
le cousin son cousin, et qu'on se détruiroit soy-mesme;
car estant mariéz et liéz si fortement ensemble, on
ne se compte plus du village de sa naissance, mais
de celuy où l'on est estably.

Si les affligez persistent toujours à vouloir tirer
vengeance, et que le village soit nombreux et
porté à soustenir la querelle; les chefs se détachent
pour aller trouver les principaux des parents du
meurtrier, qui se tiennent toujours sur leurs gardes;
ils font connoitre, quand il n'y a aucun moyen d'accommodement, qu'on s'expose, pour un homme, à détruire un village entier par des alliez qui cessent de
l'estre en se déclarant ennemis, et qui sont bien plus
forts. Ils engagent donc les parents, à force de présents,
à livrer le coupable à ses camarades mesmes, qui lui

cassent la teste et la coupent ensuitte pour envoyer aux parens du mort. On se fait après cela des présents de part et d'autre pour terminer l'accommodement [5]).

IV.

De l'ambition et vaine gloire des sauvages.

Les sauvages ont généralement touts beaucoup de vaine gloire dans leurs actions bonnes ou mauvaises. Ils tirent vanité aussy bien de la débauche, que de la valeur; de l'excès et des insolences qu'ils font en beuvant, comme de la chasse; et de l'impudicité ainsy que de la libéralité. Quand ils se voudront gloriffier du bien qu'ils ont fait, ou des services qu'ils ont rendus à quelqu'un, ils se serviront de reproches audacieux, et pour se louer des choses dignes de mépris, ils employeront des termes et une certaine manière de parler si ridicule et si insupportable, qu'il n'en faudroit pas davantage pour exciter des querelles entre les Européans. Vous seriez étonnez de les voir s'accommoder; ils ne sçavent quelle posture tenir; je croy que s'ils avoient un miroir devant les yeux [6]), ils changeroient tous les quarts d'heure de figure. Sout-ils occupez à leurs cheveux, ils y donnent tours sur tours, les plus recherchez qu'ils peuvent s'imaginer. Ils n'ont pas moins de bizarrerie en composant leurs visages par les différentes couleurs qu'ils s'appliquent à tout moment. L'ambition est en un mot une des plus fortes passions qui les anime.

V.

De la vengeance des sauvages.

La vengeance des sauvages a plustost pour principe l'ambition que le courage; car il n'y a pas de gens au monde plus lasches qu'eux [7]). Cela se fait assez connoitre, dans leurs emportemens, par le tremblement de corps qui les saisit, et la pâleur qui paroitroit sur leur visage s'il n'estoit pas coloré de noir, de rouge ou autres peintures. Ils s'exposent au danger avec beaucoup de témérité [8]); c'est ce qui les rend si entreprenants; car si l'ambition les excite à se venger, ils iront de guet-apend poignarder un homme au milieu de ses amis, et affronter une embuscade, quoyque persuadez de n'en pouvoir jamais revenir [9]). Ils sont si hardis qu'ils approcheront du camp des ennemis de manière à les pouvoir compter [10]). Mais toutes ces bravoures extraordinaires ne sont soustenües que d'une vaine gloire, ou d'une passion de s'attirer des loüanges pendant la vie ou après la mort. Néantmoins on leur a reproché assez souvent qu'ils avoient estez assez lasches pour souffrir des insultes et les avoir laissés impunis, c'est que l'ambition n'y avoit pas de part; car, pour l'amour d'elle, il n'y a pas d'extrémité à laquelle ils ne se portent, jusqu'au désespoir mesme et à la trahison pour se venger.

VI.

L'intérest domine chez les sauvages l'ambition et la vengeance.

Quoyque l'ambition et la vengeance soient deux passions qui possèdent impérieusement l'esprit des sauvages, l'intérest l'emporte encore pardessus, et a bien plus d'ascendant sur eux. Il n'y a point d'ignominie ou d'injure qu'ils ne mettent en oubli, si ceux qui les ont insultez les dédommagent par des effects suffisamment considérables [11]). Ils vendront la vie de leurs plus proches parens, et consentiront jusqu'à laisser tüer leurs amis. Ils souffriront, quoyque jaloux, prostituer leurs femmes, violer leurs filles et leurs soeurs; ils s'engageront à des guerres injustes, et rompront les traitez de paix avec des peuples sans

raison. L'intérest les corrompt et les rend capables
de touttes sortes de maux: ils en font leur idole
principale, comme estant celle où ils mettent toutte
leur confiance [12]). Ce principe rend, dans leur idée, touts
les projets qu'ils s'y forment tousjours glorieux, quelque bas et déloyal qu'ils puisse estre. Outre qu'ils
en font gloire, c'est qu'ils ne manquent jamais, autant qu'il leur est possible, de l'accomplir, comme
il se pourra voir par la suitte.

VII.

La subordination n'est pas une maxime chez les sauvages.

Le sauvage ne sçait ce c'est que d'obéir: il faut
plustost le prier que de le commander; il se laisse néantmoins aller à tout ce qu'on exige de luy, surtout
quand il s'imagine qu'il y a de la gloire ou du profit
à espérer; il se présente et s'offre alors de luy-mesme.
Le père n'oserait user d'authorité envers son fils, ny
le chef, de commandement sur son soldat; il le priera
doucement, et quand quelqu'un s'enteste sur quelque
mouvement, il le faut flatter pour le dissüader: autrement il pousseroit plus loin. Si les chefs ont quelque
pouvoir sur eux, ce n'est que par les libéralitez et
les festins qu'ils leur font. Voilà le sujet pour lequel
ils les considèrent; car le caractère des sauvages est
de pencher toujours du costé de ceux qui leur donnent
le plus et qui les flattent davantage [13]).

Chapitre XIII.

Continuation de la guerre des Algonkins et des Irroquois
qui a esté suivie contre plusieurs autres nations.

J'ai remarqué le sujet de la guerre des Algonkins contre les Irroquois, au commencement de ce

mémoire; et que les Irroquois, ayant estez obligez de quitter le lac Erien, s'estoient retirez au lac Ontario, qui porte à présent le nom de lac Frontenac; qu'après avoir chassé les Chaoüanons et leurs alliez vers la Caroline, ils y avoient toujours demeuré ou aux environs.

Dans les attaques que les Irroquois donnèrent en ces temps-là, ils enlevèrent plusieurs familles sur leurs ennemis, et laissèrent la vie aux enfans, qui devinrent autant de guerriers quand ils furent grandis à leur service. Les victoires qu'ils avoient remportées sur ces nations, poussèrent quelques uns d'eux à se venger des meurtres que l'Algonkin avoit commis sur leurs gens, et dont ils avoient estez traittez trop indignement. Ils marchèrent donc contre eux et en deffirent plusieurs; mais ils s'en vengèrent bientost, car, ne les attaquant qu'avec de petits partys, la deffaite n'en estoit pas bien considérable [1]). Il est certain que la subordination qui a toujours manqué chez cette nation, a esté cause qu'elle n'a pas détruit celle des Irroquois: ne voit-on pas touts les jours que les plus gros partys parmy eux ne veulent écouter aucun commandement, et que les chefs, donnant des ordres chacun à sa teste, font avorter les desseins.

Cette guerre dura jusqu'à la paix que Mrs. Tracy et de Courcelles donnèrent [1666] aux Aniez [Agniers, Agniebronons], quand ils furent faire la guerre à ces peuples dont le courage avoit épouvanté les Irroquois [2]). Elle cessa d'estre stable entre les françois, lorsque Mr. le Marquis Denonville marcha [1687] contre les Snontoāns [Tsonnontouans, Sonnontouans]. Cependant Mr. de la Barre fit ensuitte [1684] une entreprise contre les Onontagués [Onnontaehronons], avec lesquels il conclut la paix [3]).

Chapitre XIV.

Deffaite et füitte des Hurons chassés de leur pays.

Les françois ayant découvert ce pays, firent sçavoir de nation en nation leur établissement. Les Algonkins demeuroient comme je l'ay cy-devant remarqué le long de la rivière des Outaoüas[1]), et les Hurons dans leur ancien pays[2]). Ces derniers, après avoir eü la guerre avec les Irroquois, firent leur paix [1624]. On donna des missionnaires à un parti qui en vint, et un détachement de soldats pour les soustenir en cas qu'ils fussent insultez [1644]. Les Irroquois suscitèrent la guerre contre un des villages Hurons, et le deffirent. Ils continüèrent la paix avec un autre village de la mesme nation, et surprirent pareillement le troisième, qu'ils battirent comme le premier. Ceux qui pûrent en échapper se divisèrent; les uns furent vers les Illinois, et les autres descendirent dans la colonie, avec les missionnaires et les soldats qui furent contraints d'abandonner leurs postes [1650—1651].

Cette deffaitte donna l'épouvante chez les Outaoüas et leurs alliez, qui estoient au Sankinon, à l'Anse au tonnerre, à Manitoaletz et à Michillimakinak. Ils furent demeurer ensemble chez les Hurons, dans l'isle que l'on appelle l'isle Huronne. L'Irroquois continua aussy la paix avec un autre village establi au Détroit, que l'on nomme Huron de la nation neutre, par ce qu'ils n'épousèrent pas les interests de leurs alliez et qu'ils s'estoient tenus dans la neutralité. Les Irroquois les obligèrent cependant de quitter le Détroit et de venir s'establir avec eux. Ils augmentèrent par là leurs forces, tant par le nombre des enfants prisonniers qu'ils firent, que par la quantité de Hurons neutres qu'ils amenèrent chez eux; et ce fust alors qu'ils firent de si fréquentes incursions sur les Algonkins, qu'ils se virent contraints de venir chercher un abry chez les François de la colonie. Les Nepissings tinrent ferme quelques années dans leurs villages; mais il leur fallut ensuitte füir dans le fond du nord à Aliniebegon, [Alimibegon], et les sauvages qui habitoient le voisinage des Hurons s'en furent, avec ceux de la rivière des Outaoüas, aux Trois Rivières.

Les Irroquois, enflez de l'avantage qu'ils avoient eü sur leurs ennemis en les contraignant de prendre la füitte, et ne trouvant plus sur quoy mordre, firent plusieurs coups sur les Algonkins et sur les François mesmes; on leur fit quelques prisonniers qu'on renvoya chez eux. Cela donna lieu à plusieurs paix qui furent de peu de durée. Les anciennes relations qu'on en a faites en parlent assez, c'est pourquoy je ne m'estendray ici là-dessus; je me borneray seulement à raporter ce qu'elles ont obmis, et ce que j'ay appris de la bouche des anciens de la nation Outaoüase.

L'année suivante [1653?], les Irroquois détachèrent encore huit cents hommes pour y aller; mais ces nations persüadées qu'ils seroient informez du lieu de leur establissement, et qu'ils ne manqueroient pas de faire une seconde entreprise, se précautionnèrent en envoyant un party de leurs gens à la découverte, jusqu'à l'ancien pays d'où les Hurons avoient estez chassez. Ils apperçurent le gros party qui devoit venir chez eux, et se pressèrent d'en apporter la nouvelle à leurs gens, en cette isle [Huronne], qui la quittèrent au plustost, pour se retirer au Méchingan, où ils construisirent un fort, dans la résolution d'y attendre leurs ennemis, qui ne purent rien entreprendre pendant les deux premieres années [3]). Ils firent encore quelques efforts pour réussir, et mirent en campagne une espèce de petite armée, afin de détruire les villages de ce nouvel establissement, qui avoient desjà beaucoup travaillé à défricher les terrés. Ils eurent cependant assez de temps pour recüeillir leur grain, avant l'arrivée de l'ennemy ; car ils avoient tousjours soin de tenir du monde à la découverte pour n'estre pas surpris, qui les découvrirent véritablement. Les Irroquois arrivèrent donc enfin un matin devant le fort qui leur parut imprenable. Dans cette armée il y avoit plusieurs Hurons issus de ceux qu'on vouloit attaquer, et dont les mères avoient évité la deffaite qui arriva lorsque les Irroquois furent dans leur ancien pays. L'ennemy manquoit desjà de vivres, parceque, dans la route qu'ils avoient tenu jusqu'alors, il ne s'estoit rencontré que très peu de bestes. On parlementa, et l'on proposa de traitter d'une paix ensemble : sçavoir que les Hurons qu'ils avoient dans leur armée seroient rendus ; ce qui fust escouté et accordé. Pour conclure les propositions, on convint que six chefs entreroient dans le fort des Hurons, et qu'en échange ils en livreroient six de leur costé en otages. C'est ainsy que la paix fut faite et arrestée entr'eux. Les Outaoüas et les Hurons firent présent aux Irroquois de quelques viandes, et en traittèrent aussy avec eux pour des colliers de porcelaine et des couvertes. Ils demeurèrent campez plusieurs jours pour se rafraichir, sans néantmoins entrer dans le fort beaucoup à la fois, mais quelques uns seulement, que les Outaoüas tiroient pardessus les palissades avec des cordes.

Les Outaoüas firent sçavoir à l'armée des Irroquois, avant leur départ, qu'ils estoient dans le sentiment de leur faire présent à chacun d'un pain de bled d'Inde. Ils composèrent un poison pour y mettre. Quand ces pains furent cuits, ils les leur envoyèrent ; mais une femme Huronne, qui avoit son mari parmy les Irroquois, sçavoit le secret et en avertit son fils ; elle luy dit de n'en point manger parcequ'ils estoient empoisonnez. Son fils en donna sitost avis aux Irroquois, qui en jettèrent à leurs chiens, dont ils moururent. Il n'en fallut pas davantage pour les asseurer de la vérité de cette conspiration, et se résoudre à partir sans vivres. Ils résolurent de se partager en deux partys, dont l'un relascha delà ..... [4]), qui fut deffait par les Saulteurs, Missisakis [5]), et les gens de la Loutre (que veut dire en leur langue Mikikoüet), dont il y en eust peu qui échapèrent. Le gros party poussa plus loin, et se trouva en peu de temps parmy les buffles. Si les Outaoüas avoient estez aussy braves que les Hurons, et qu'ils les eussent poursuivis, égard à la disette où ils estoient, ils les auroient sans doute deffaits; mais quand ils eurent abondament des vivres, ils avancèrent tousjours, jusqu'à ce qu'ils tombèrent sur une petite brigade [bourgade] d'Illinoëts [6]), dont ils deffirent les femmes et les enfants; car les hommes s'enfuirent vers leurs gens qui n'estoient pas bien esloignez de là. Ils s'assemblèrent d'abord, et coururent après les Irroquois qui ne s'en meffioient pas; après les avoir joints la nuit, ils donnèrent dessus et en tüèrent plusieurs. D'autres villages Illinoëts qui chassoient aux environs, de distance en distance, ayant eü avis de ce qui se venoit de passer, accoururent et trouvèrent leurs gens qui venoient de faire coup sur les Irroquois. Ils se joignirent ensemble, s'encouragèrent, et s'estants hastez, attrapèrent l'ennemy, luy donnèrent combat et le deffirent entièrement; car il y en eust très peu qui se rendirent à leurs villages. C'est la première connoissance que l'Illinoëts a eü de l'Irroquois et qui leur a esté fatale, mais dont ils se sont bien vengez.

Chapitre XV.

Füitte des Hurons et des Outaoüas dans les Micissypy.

L'année suivante [1656] les Outaoüas descendirent en gros aux Trois Rivières: on leur donna des Missionnaires; les Hurons eurent le Père Garot

[Garreau], et les Outaoüas, le P. Mesnard avec cinq françois qui les accompagnèrent. Le Père Garot fut tué par la bande du Bâtard Flammand [1]), qui s'estoit embarqué avec les Hurons sur le lac des Deux Montagnes, où il avait fait construire un fort; mais ayant laissé passer le gros des Outaoüas et des Saulteurs, qui estoient bien meilleurs canotteurs que les Hurons, ils les joignirent quoyque bien esloignez d'eux, les deffirent et en prirent plusieurs. Les Irroquois et les françois estoient alors en paix. Le Bâtard Flammand fit transporter le corps du Père à Montréal, qui estoit alors desjà estably. On luy demanda, sitost qu'il fut arrivé, pourquoy il avait tiré sur le Père; il répondit que luy ny ses gens ne l'avoient pas tué; que c'estoit un François, qui, ayant déserté de Montréal, estoit venu joindre son party, dans le temps qu'il alloit dresser des ambuscades aux Outaoüas, qui vouloient monter la rivière des Prairies. Ce François fut remis au gouverneur et passé par les armes, faute d'exécuteur [2]).

Le Bâtard Flammand emmena plusieurs prisonniers Hurons, auxquels il fit brusler les doigts sans aucune opposition de la part des François, et leur accorda la vie quand il les eust rendu dans son village. Ils n'oublieront jamais la manière dont nous les avons abandonnez dans cette occasion à la discrétion de leurs ennemis.

Ils se souviendront éternellement aussy du peu de mouvement que les François se donnèrent pour s'opposer aux Irroquois, lorsqu'en temps de paix, [Mai, 1656] ils les enlevèrent dans l'isle d'Orléans, et qu'ils les firent passer en cannots devant Quebec et les Trois Rivières, en chantant [en les obligeant de chanter] pour les mortiffier davantage. Mais en revanche les Outaoüas ont depuis cherché touttes les occasions de trahir les François, quoyqu'ils fassent semblant d'en estre parfaitement les amis. Ils en usent ainsy par politique et par crainte, ne se fiant à aucune nation, ce que l'on connoitra particulièrement dans la suitte de ce Mémoire.

Quand touts les Outaoüas se furent répandus vers les lacs, les Saulteurs et les Missisakis s'enfuirent dans le nord, et puis à Kionconan, faute de chasse; et les Outaoüas, craignants de n'estre pas assez forts pour soustenir les incursions des Irroquois, qui estoient informez de l'endroit où ils avoient fait leur establissement, se réfugièrent au Micissypy, qui se nomme à présent la Loüisianne. Ils montèrent ce fleuve à douze lieües ou environ d'Ouisconching, où ils trouvèrent une autre rivière qui se nomme des Ayoës. Ils la suivirent jusqu'à sa source et y rencontrèrent des nations qui les receurent cordialement. Mais, dans toutte l'étendüe de pays qu'ils parcoururent, n'ayant pas veü de lieu propre à s'establir, à cause qu'il n'y avoit dutout point de bois, et qu'il ne paroissoit que prairies et rases campagnes, quoyque les buffles et autres bestes y fussent en abondance, ils reprirent leur mesme route pour retourner sur leurs pas; et, après avoir encore une fois abordé la Loüisianne, ils montèrent plus haut.

Ils n'y furent pas longtemps sans s'écarter pour aller d'un costé et d'autre à la chasse: je parle d'une partie seulement de leurs gens, que les Scioux rencontrèrent, prirent et ammenèrent à leurs villages. Les Scioux, qui n'avoient aucune connoissance des armes à feu et autres instruments qu'ils leurs voyoient, ne se servans que de cousteaux de pierre de moulange [3]), de haches et de cailloux, espérèrent que ces nations nouvelles qui s'estoient approchées d'eux leur feroient part des commoditez qu'ils avoient; et, croyans qu'ils estoient des esprits, parcequ'ils avoient l'usage de ce fer qui n'avoit pas de rapport avec tout ce qu'ils avoient, comme les pierres et autres choses, ainsy que je l'ay dit, ils les emmenèrent à leurs villages, et puis les rendirent à leurs gens.

Les Outaoüas et Hurons les reçurent fort bien à leur tour, sans néantmoins leür faire de grands présents. Les Scioux estant revenus chez eux, avec quelques petites choses qu'ils avoient receues des Outaoüas, en firent part aux autres villages leurs alliez, et donnèrent aux uns des haches et aux autres quelques cousteaux ou alaines. Touts ces villages envoyèrent des députez chez les Outaoüas, où, sitost qu'ils furent arrivez, ils commencèrent, suivant la coustume, à pleurer sur touts ceux qu'ils rencontroient[4]), pour leur marquer la joye sensible qu'ils avoient de les avoir trouvé, et les exhorter d'avoir pitié d'eux, en leur faisant part de ce fer qu'ils regardoient comme une divinité.

Les Outaoüas en voyant ces gens pleurer sur touts ceux qui se présentoient devant eux, en conçurent du mépris, et les regardèrent comme des gens bien au dessous d'eux, incapables mesme de faire la guerre. Ils leur donnèrent aussy une bagatelle, soit cousteaux ou alaisnes, que les Scioux témoignèrent estimer beaucoup, levant les yeux au ciel et le bénissant d'avoir conduit ces nations dans leur pays, qui estoient en estat de leur procurer de si puissants moyens pour faire cesser leur misère. Les Outaoüas qui avoient quelques fusils les tirèrent, et le bruit qu'ils firent les épouvanta tellement, qu'ils s'imaginèrent que c'estoit la foudre ou le tonnerre, dont ils estoient maistres pour exterminer ceux qu'ils vouloient.

Les Scioux faisoient mille caresses aux Hurons et Outaoüas partout où ils estoient, leur marquant touttes les soumissions possibles, afin de les toucher de compassion, et d'en tirer quelque utilité; mais les Outaoüas en avoient d'autant moins d'estime, qu'ils insistoient à se tenir devant eux dans ces postures humiliantes. Les Outaoüas se déterminèrent enfin à choisir l'isle nommée Pelée[5]) pour s'establir; où ils furent quelquées années en repos. Ils y receurent souvent la visitte des Scioux. Mais un jour il arriva que les Hurons estant à la chasse rencontrèrent des Scioux qu'ils tuèrent. Les Scioux, en peine de leurs gens, ne sçavoient ce qu'ils estoient devenus; ils en trouvèrent quelques jours après les cadavres auxquels on avoit coupé la teste. Ils retournèrent au village en diligence porter cette triste nouvelle, et rencontrèrent quelques Hurons en chemin, qu'ils firent prisonniers. Quand ils furent arrivez chez eux, les chefs les relâchèrent et les renvoyèrent à leurs gens. Les Hurons, ayant assez d'audace pour s'imaginer que les Scioux estoient incapables de leur résister sans armes de fer et à feu, conspirèrent avec les Outaoüas de les entreprendre et de leur faire la guerre, afin de les chasser de leur pays, et de se pouvoir estendre davantage pour chercher leur subsistance. Les Outaoüas et les Hurons se joignirent ensemble et marchèrent contre les Scioux. Ils crurent que sitost qu'ils paroistroient, ils fuiroient; mais ils furent bien trompez; car ils soustinrent leurs efforts, et mesme les repoussèrent, et s'ils ne s'estoient retirez, ils auroient estez entièrement deffaits par le grand nombre de monde, qui venoient des autres villages de leurs alliez à leur secours. On les poursuivit jusqu'à leur establissement, où ils furent contraints de faire un méchant fort, qui ne laissa pas d'estre capable de faire retirer les Scioux, puisqu'ils n'osèrent entreprendre de l'attaquer.

Les incursions continuelles que les Scioux faisoient sur eux les contraignirent de fuir [6]). Ils avoient eü connoissance d'une rivière qu'on nomme la Rivière Noire; ils entrèrent dedans et, estant arrivez là où elle prend sa source, les Hurons y trouvèrent un lieu propre pour s'y fortiffier et y establir leur village. Les Outaoüas poussèrent plus loin, et marchèrent jusqu'au lac Supérieur, et fixèrent leur demeure à Chagouamikon. Les Scioux, voyant leurs ennemis partis, demeurèrent en repos sans les suivre davantage; mais les Hurons n'en voulurent point demeurer là; ils formèrent quelques partys contre eux, qui firent peu d'effect, leur attirèrent de la part des Scioux de fréquentes incursions, et les obligèrent de quitter leur fort pour aller joindre les Outaoüas à Chagouamikon, avec une grande perte de leurs gens.

Aussytost qu'ils furent arrivez, ils songèrent à former un party de cent hommes pour aller contre les Scioux, et s'en vanger. Il est à remarquer que le pays où ils sont n'est autre chose que lacs et marests, remplis de folles avoines, séparés les uns des autres par de petites langues de terre qui n'ont tout au plus d'un lac à l'autre que trente à quarante pas, et d'autres cinq à six ou un peu plus. Ces lacs ou marests contiennent cinquante lieues et davantage en carré, et ne sont séparés par aucune rivière que par celle de la Loüisianne [le Mississipi], qui a son lit dans le milieu, où une partie de leurs eaux vient se dégorger. D'autres tombent dans la rivière de Sainte Croix, qui est située à leur égard au nord-est, et qui les range de près. Enfin les autres marests et lacs situez à l'oüest de la rivière de Saint Pierre s'y vont jetter pareillement; si bien que les Scioux sont inaccessibles dans un pays si marécageux, et ne peuvent y estre détruits que par des ennemis ayant des cannots comme eux pour les poursuivre; parceque dans ces endroits il n'y a que cinq ou six familles ensemble, qui forment comme un gros, ou une espèce de petit village, et touts les autres sont de mesme éloignez à une certaine distance, afin d'estre à portée de se pouvoir prester la main à la première alarme. Si quelqu'une de ces petites bourgades est attaquée, l'ennemy n'en peut deffaire que très peu, parceque tous les voysins se trouvent assemblez tout d'un coup, et donnent un prompt secours où il est besoin. La méthode qu'ils ont pour naviguer dans ces sortes de lacs est de couper devant leurs semences, avec leurs cannots, et, les portant de lac en lac, ils obligent l'ennemy qui veut füir à tourner autour; qui vont tousjours d'un lac à un autre, jusqu'à ce qu'ils les ayent tous passez, et qu'ils soient arrivez à la grande terre [7]).

Les cent hommes Hurons s'engagèrent dans le milieu de ces marests, sans cannots, où ils furent découverts par quelques Scioux, qui accoururent pour donner l'alarme partout. Cette nation estoit nombreuse, dispersée dans toutte la circonférence des marests, où l'on recueilloit quantité de folles avoines, qui est le grain de cette nation, dont le goust est meilleur que celuy du riz.

Plus de trois mil Scioux se rendirent de touts costez, et investirent les Hurons. Le grand bruit, les clameurs, et les huées dont l'air retentissoit, leur firent bien concevoir qu'ils estoient environnez de touttes parts, et qu'ils n'avoient d'autre ressource, que celle de faire teste aux Scioux qui ne tarderoient guerre à lés découvrir; s'il ne se présentoit quelqu'endroit favorable pour se retirer. Ils jugèrent que, dans l'étroite conjoncture où ils estoient, ils ne pouvoient mieux faire que de se cacher dans ces folles avoines, où ils avoient de l'eau et de la boue jusqu'au menton. Ils se dispersèrent un à un de touts costez, se donnant bien garde de faire du bruit en marchant. Les Scioux qui les cherchoient avec une grande attention et qui n'aspiroient qu'à les rencontrer, n'en trouvant que très peu, se persuadèrent qu'ils estoient absolument cachez dans ces folles avoines. Mais ce qui les étonna le plus est qu'ils ne voyoient que les vestiges de l'entrée et non ceux de la sortie. Ils s'avisèrent donc de tendre dans ces langues de terre des retz à castor, auxquels ils attachèrent des grelots, qu'ils avoient eü des Outaoüas et de leurs alliez dans leurs entreveües, comme il a esté dit cy-dessus. Ils se partagèrent en détachements bien nombreux pour garder touts les passages, et veillèrent jour et nuit, présumants que c'estoit le temps dont les Hurons se servoient [serviroient] pour éviter le danger qui les menaçoit. Ils réussirent, en effet, car les Hurons, se glissants à la faveur des ténèbres, marchoient à quatre pattes, et, sans se méfier de ces sortes d'embuscades, donnèrent de la teste contre ces retz qu'ils ne pouvoient fuir, et qui ne manquèrent pas de sonner. Les Scioux embusqués en prenoient prisonniers autant qu'il s'en présentoit. Ainsi, de tout ce-party, il n'en échapa qu'un, qui avoit nom Le Froid, en sa langue, et qui est mesme mort depuis peu de temps [8]).

Les prisonniers furent conduits au plus prochain village, où s'assemblèrent les gens de touts les autres pour en faire le partage. Il faut remarquer que les Scioux, quoyqu'ils ne soient pas si guerriers, et si rusez que les autres nations [9]), ils ne sont pas anthropophages comme elles; ils ne mangent ny chien ny chair d'homme; ils ne sont pas mesme cruels comme les autres sauvages, ne faisant mourir les prisonniers qu'ils font sur les ennemis, que depuis qu'ils bruslent les leurs. Ils estoient naturellement indulgents, et le sont encore; puisqu'ils renvoyent chez eux la plus grande partie de ceux qu'ils ont pris. Le supplice ordinaire qu'ils font souffrir à ceux qu'ils ont destinez à mourir, est celuy de faire tirer des flèches sur eux par leurs enfans, après les avoir attaché à un arbre ou à un piquet; car ce n'estoient ny les hommes, ny les guerriers, ny les femmes qui s'en mesloient. Mais sitost qu'ils virent qu'on les brusloit, ils résolurent par représailles d'en faire autant, sans cependant s'y porter avec la mesme cruauté que leurs ennemys; soit qu'un motif de pitié et de compassion ne leur permit pas de les voir souffrir, ou qu'ils crussent qu'il n'y avoit que le désespoir qui put les faire chanter dans les tourmens, avec tant de constance et de bravoure, si elle peut estre appellée telle. C'est pourquoy ils ne tardent guerre à leur faire casser la teste.

Les Scioux ayant fait le partage des prisonniers, en renvoyèrent une partie, et de l'autre ils en firent leur joüet, qu'ils livrèrent, comme je l'ay dit, à leurs enfants, pour les faire mourir à coups de flèches. Leurs corps sont ensuitte jettez a la voirie. Ceux auxquels ils donnèrent la vie sauve, furent condamnez à voir mourir leurs camarades, et renvoyez chez eux, où, estans arrivez, ils firent un fidèle raport de tout ce qui s'estoit passé; et dirent qu'ils avoient veüs le nombre des Scioux, qu'on ne croyoit pouvoir détruire. Les Outaoüas estoient très attentifs à ce que ces nouveaux arrivez racontoient; mais n'estant pas trop bons guerriers, ils ne voulurent faire aucune tentative; et les Hurons, se voyant fort peu de monde, prirent le party de ne pas songer à se venger et de vivre paisiblement à Chagouamikon pendant plusieurs années. Pendant tout ce temps là, ils ne furent point insultez des Scioux, qui ne s'appliquèrent uniquement qu'à faire la guerre aux Kiristinons, aux Assiniboüles et à toutes les nations du nord, qu'ils ont détruits et desquels ils se sont aussy faits détruire respectivement. Car les uns et les autres ne sont à présent qu'en très petit nombre, puisque les Scioux, qui estoient autrefois plus de. sept ou huit mil hommes, semblent estre ceux qui vont en cannot [10]), au lieu que les autres des prairies ne peuvent tout au plus composer aujourdhuy que cent hommes ou environ. Il est vray que les Renards, les Maskoutechs, et les Kikapous ont beaucoup contribué à les deffendre, et non pas les autres nations.

Le Père Mesnard qu'on avoit donné pour missionnaire aux Outaoüas [1660], accompagné de quelques François qui alloient commercer chez cette nation, fust abandonné de touts ceux qu'il avoit avec luy, à la réserve d'un qui luy rendit jusqu'à la mort touts les services et les secours qu'il en pouvoit espérer. Ce Père suivit les Outaoüas au lac des Illinoëts, et dans leur füitte dans la Louisianne jusqu'au-dessus de la Riviere Noire. Ce fut là qu'il n'y eust qu'un seul François qui tint compagnie à ce missionnaire et que tous les autres le quittèrent. Ce François dis-je suivoit attentivement la route et faisoit son portage dans les mesmes endroits que les Outaoüas; ne s'écartant jamais de la mesme rivière qu'eux. Il se trouva, un jour [Août 1661], dans un rapide qui l'entrainoit dans son cannot; le Pere pour le soulager débarqua du sien, et ne prit pas le bon chemin pour venir à luy; il s'engagea dans celuy qui estoit battu des animaux, et voulant retomber dans le bon, il s'embarrassa dans un labyrinthe d'arbres et s'égara. Ce François, après avoir surmonté ce rapide avec bien de la peine, attendit ce bon Père, et comme il ne venoit point, résolut de l'aller chercher. Il l'appella dans les bois de touttes ses forces, pendant plusieurs jours, espérant de le découvrir, mais inutilement. Cependant il fit rencontre en chemin d'un Sakis, qui portoit la chaudière du Missionnaire; qui luy aprist de ses nouvelles. Il l'asseura qu'il avoit trouvé sa piste bien avant dans les terres, mais qu'il n'avoit pas veü le Père. Il luy dit qu'il avoit aussy trouvé la trace de plusieurs autres qui alloient vers les Scioux. Il luy déclara mesme qu'il s'imaginoit que les Scioux l'auroient pu tüer ou qu'il en auroit esté pris. En effet, on trouva plusieurs années après, chez cette nation, son Bréviaire et sa soutanne, qu'ils exposoient dans les festins en y voüant leurs mets.

Les Outaoüas s'estant establis à Chagouamikon, s'attachèrent à y cultiver des bleds d'Inde et des citroüilles, dont ils vivoient avec leur pèche. Ils cherchèrent le long du lac s'il y avoit d'autres nations, et rencontrèrent les Saulteurs qui s'estoient enfuys au nord, et quelques François avec eux, qui les avoient suivis à Chagouamikon pour s'y establir aussy. Une partie s'en allèrent vers Kionconan, et rapportèrent qu'ils avoient veü bien des nations, que le castor y estoit extrêmement commun, et que, s'ils n'estoient pas revenus touts ensemble, c'est qu'ils avoient laissé de leurs gens au nord, qui estoient dans l'intention d'y demeurer, sans avoir cependant de village fixe, mais dans le dessein de rôder de touts costez; et que les Nepissings et Amikoüets estoient à Alimibegon.

Les Outaoüas partirent sur ces nouvelles pour aller au nord, chercher à commercer avec ces nations [1662], qui leurs donnèrent toutes leurs robes de castor pour des vieux cousteaux, de vieilles alaisnes, de mauvais retz et des chaudières usées et hors de service. Ils en furent de plus très-humblement remerciez, et leur témoignèrent qu'il leurs estoient bien obligez d'avoir eü compassion d'eux, en leur faisant part des marchandises qu'ils tiroient des François, et en reconnoissance leur firent présent de plusieurs paquets de pelleteries, espérants qu'ils ne manqueroient pas de les venir voir tous les ans, et leur aporter en marchandises les mesmes secours. Ils les asseurèrent en partant qu'ils alloient chasser pour leur arrivée; qu'ils se trouveroient sans faute au rendez-vous dont ils convinrent, et qu'ils ne manqueroient pas de les y attendre.

L'année suivante [1663] les Outaoüas et toutes les autres nations qui commerçoient avec les François descendirent en gros à Quebec. Ce ne fut pas sans crainte; car ils s'imaginoient que l'Irroquois estoit embusqué partout. Ils n'en trouvèrent cependant qu'au cap Massacre, qui est l'endroit des dernières concessions, au bas de Saint Ours, où il y avoit seize Irroquois qui enlevèrent un canot à la veüe de toutte leur flotte, et huit hommes qui le menoient. Cette flotte, dis-je, bien loin de donner la chasse à un si foible ennemy, fut sur le point de s'en retourner et d'abandonner sa pelleterie, et celle que les François avoient embarquée avec eux. Il est constant qu'on eust bien de la peine à les en dissuader, et qu'ils auroient suivi, sans [cette peine qu'on se donna], la résolution qu'ils avoient pris de s'en aller droit chez eux. Estant arrivez à Quebec, on fit mettre le chef des Outaoüas en prison, les fers aux pieds, pour avoir abandonné le missionnaire qui s'estoit écarté. Toutte sa trouppe donna des présents considérables pour le faire élargir. Aussytost que ses gens l'eurent, ils traittèrent leurs pelleteries et retournèrent à leur village, avec deux François qu'ils ammenèrent avec eux.

Au bout de deux ans [1665] ils descendirent dans la colonie pour y venir chercher leurs besoins. Ils furent joints, au portage des Calumets, par un party d'Irroquois qui les attendoit, où ils avoient fait un mauvais fort de pieux, que l'on auroit renversé avec les bras, s'ils [les Outaoüas] avoient eü le courage d'en approcher, d'autant qu'ils n'estoient pas bien gros. Ils tâchèrent seulement de faire tomber quelqu'arbres sur ce fort, sans pouvoir reüssir; tellement qu'ils l'investirent. Après les avoir tenus assiégez pendant cinq jours sans les prendre, les Irroquois parlèrent et dirent aux Outaoüas de continüer leur route en toute asseurance, protestants qu'ils ne les suivroient pas. Ils ne s'y fioient pas trop, et peu s'en fallut qu'ils ne jettassent à terre leurs pelleteries, et qu'ils n'abandonnassent aussy celle des François, qui estoient embarquez avec eux, qu'ils [avoient] emmenez les années précédentes. Ils furent exhortez à n'en rien faire, et ceux de la colonie les engagèrent par belles promesses à y rendre leurs marchandises. A force d'instances, ils consentirent à descendre jusqu'aux Trois Rivières, jettant chemin faisant dans le fleuve la plus grande partie de leurs pelleteries, pour sauver celles des François; qui, ayant receus ce qui leur appartenoit, se cachèrent jusqu'à leur départ. Cette ruse leur a attiré de la part des Outaoüas mil reproches et mil indignitez.

J'ay oublié de vous faire remarquer que les Hurons ayant abandonné leur pays, les uns pour se rendre à la colonie, les autres pour se réfugier plus loin; que ceux dis-je qui descendirent à la colonie [1650], avoient pour missionnaire le Père l'Allemand ¹¹), et qu'on fit un détachement de soldats françois pour les recevoir. Entre la Rivière Creuse et les Calumets, il y a une grande isle, appellée communément l'Isle du Borgne, autrement ditte l'Isle des Allumettes. Elle est nommée Isle du Borgne, parce que le chef du village Algonkin qui y estoit estably estoit borgne. Il y commandoit quatre cents guerriers, qu'on regardoit comme la terreur de touttes les nations, mesme de l'Irroquois. Ce chef tiroit un certain péage de touts ceux qui descendoient dans la colonie françoise, pour passer avec sa permission; sans laquelle il ne souffroit pas qu'on allât plus loin. Il falloit donc se soumettre à la luy demander en montant ou en descendant, et, pour l'aller trouver, on estoit obligé de prendre par le grand chenal, qui est vers le sud de l'isle: le petit chenal bien plus court est au nord. Quand les Hurons se virent au haut de l'isle, ils voulurent passer suivant la coustume par le village, pour rendre au chef leur devoir et luy demander la permission de passer. Le Père l'Allemand leur fit entendre que le François, estant le maistre de la terre, n'estoit point obligé à cela, et leur persuada de suivre le petit chenal. Le Borgne en fut bientost averty, qui envoya touts ses guerriers pour les faire venir touts au village; et, après leur avoir demandé la raison pourquoy ils avoient eü dessein de passer sans sa permission, ils s'excusèrent en disant que c'estoit le Père l'Allemand qui les en avoit empesché, et qui leur avoit fait croire que le François estoit le maistre des nations. Le Borgne fit prendre le Père l'Allemand, et le suspendre à un arbre par les aisselles, en luy disant que le François n'estoit pas maistre de son pays; qu'il en estoit luy seul reconnu pour chef, et qu'on y estoit sous sa puissance.

L'année suivante, il descendit en la colonie, se faisant embarquer et débarquer par ses gens, et

ne faisant jamais un pas sans estre escorté de ses
gardes; cela n'empescha pas qu'on ne le fit prendre
et enfermer dans un cachot. Les sauvages de sa
suitte voulurent faire quelque mouvement pour l'en
tirer; on se mit d'abord sur la deffensive, et on leur
fit dire d'agir. Tout le party enfin qu'ils eurent à
prendre, fut celuy de se soumettre et de s'humilier
avec des offres de présents, pour obtenir l'élargisse-
ment de leur chef, qu'on fit sortir quelques jours après.

Voilà ce que les François ont fait dans les premiers establissements de la colonie, quoyqu'elle ne
fust alors que peu considérable en monde. On a sçû
conserver et soustenir la gloire de la nation contre
les sauvages, incomparablement plus forts et plus
nombreux dans ces temps-là, qu'ils ne sont à présent,
puisque, si je l'ose dire, on en estoit le maistre. Ne
les obligeoit-on pas à le reconnaitre par des présents considérables, qui n'estoient reconnus que par
de très médiocres, mesme leur faisoit-on sçavoir, en
les leur faisant, que ce n'estoit que par compassion
de leur misère. Au lieu que, dans le temps où nous
sommes, ils veulent dominer et estre nos supérieurs;
ils nous regardent mesme comme gens dépendants
en quelque manière d'eux. Je feray voir ce qui a
donné lieu à cette présomption, et combien il sera
difficile de l'anéantir dans leurs esprits.

Les Outaoüas et autres nations ont paisiblement
vescu, plusieurs années, dans le pays où ils s'estoient
réfugiez pour éviter d'estre troublez des Scioux.
Un party Irroquois vint un jour au Sault-Sainte-Marie,
pour chercher un village à manger [1662]; ils se
fioient qu'après avoir porté la terreur chez touts les
autres sauvages qu'ils avoient chassez de leur pays,
ils se feroient redouter aussytost qu'ils paroistroient.
Les cent hommes Irroquois, qui composoient le party,
montèrent le Sault-Sainte-Marie, et allèrent camper à
l'embouchure du lac Supérieur, à cinq lieues ou environ du sault, où ils apperçurent des feux qui

couroient le long des montagnes au nord, peu éloignées d'eux. Ils envoyèrent à la découverte vers là, pour reconnoître ce que se pouvoit estre.

Quelques Saulteurs, Outaoüas, Nepissings et Amikouëts partirent de leur establissement, pour venir chasser l'élan dans le voisinage de ce sault et faire la pêche de grands poissons blancs, ou saumons, qu'ils y prennent à pleine prise, au milieu des gros boüillons de ce sault. On ne voit guerre d'endroit où ce poisson soit si grand ny si gros que ceux qui s'y trouvent. Ces gens estoient dispersez à la chasse, quand quelqu'un d'eux apperçut la fumée du camp des Irroquois. Ils s'avertirent les uns les autres et se rallièrent ensemble, au nombre de cent hommes. Ils élurent pour chef du party un Saulteur qui merittoit bien de l'estre; parce qu'il avoit une parfaite connoissance du pays où l'on se trouvoit, l'ayant habité avant la guerre de l'Irroquois.

Ce chef envoya premièrement un cannot à la découverte, qui fut veü des Irroquois qui avoient estez détachez pour le mesme effet; mais croyans n'avoir pas estez apperçus, ils ne firent aucun mouvement, crainte de manquer leur coup, et que, s'ils venoient à échapper de leurs mains, ils iroient avertir tout le village qui s'enfüiroit aussitost. Les Saulteurs avancèrent et se rendirent jusqu'au camp des Irroquois sans estre descouverts; un bois fort épais les favorisa, pour avoir le temps de les compter et les femmes qu'ils avoient avec eux. L'intention et le dessein des gens qui estoient campés estoit d'enlever les villages l'un après l'autre, d'y demeurer pour consommer les vivres qu'ils y trouveroient, et d'en faire de mesme à l'égard des autres.

Le détachement des Saulteurs ayant réussy, retourna au camp rapporter la découverte qu'ils venoient de faire. On s'embarqua sur-le-champ, et on marcha toutte la nuit sans pouvoir arriver au lieu où estoient les Irroquois; ils le passèrent cependant avec un broüillard fort épais, sans estre apperçus de personne. Ils avoient eü connaissance d'une petite anse assez profonde, dont le fond estoit à la queüe du camp, ils s'y rendirent et conclurent qu'il falloit différer au landemain pour les attaquer. Ils firent pendant la nuit leurs approches, et se postèrent sur une petite butte de terre escarpée, de la hauteur de cinq à six pieds, au bas de laquelle estoient les tentes des Irroquois, qui dormoient fort tranquillement. Leurs chiens sentant les Saulteurs embusquez, furent amorcez par un peu de viande qu'on leur jetta afin de les empescher d'aboyer, et, comme le jour commençoit à paroitre suffisament pour décocher leurs flèches seurement, ils firent leurs cris ordinaires. Les Irroquois s'éveillèrent, et, voulant courir à leurs armes, furent percez de coups qu'on leur tiroit de tous les costez, et forcez de faire volte - face par la prodigieuse quantité de flèches qu'on leur décochait. Quand les Saulteurs eurent achevé de les tirer, je parle des hommes, ils saultèrent à bas de l'écore, [et] entrèrent dans les tentes des ennemis, le casse-tête à la main. Ce fut alors que la jeunesse Saulteuse lascha le pied, et füirent vers leurs cannots, pendant que les hommes faisoient main basse partout, et que l'on connaissoit à leurs cris chaque Irroquois qu'ils tüoient. Ceux qui voulurent s'enfüir vers la grève furent chargez vivement; les jeunes gens Saulteurs, qui n'avoient pas secondez dans l'action leurs anciens, entendants les cris victorieux qu'ils faisoient, reprirent leurs esprits, et se présentèrent devant ceux qu'on avoit mis en déroute, qu'ils achevèrent de deffaire sans qu'il en échappât aucun. Voilà comme la victoire devint complette [12]).

Les Irroquois qui avoient estez détachez à la découverte, estant revenus à leur camp, quelques jours après cette deffaite, crurent y joindre leurs gens; mais quand ils ne virent que des cadavres par terre, sans teste, et les os de ceux dont la chair avoit esté mangée, ils coururent en diligence aprendre dans leur pays cette funeste nouvelle. On dit que les Irroquois n'ont osé depuis ce temps-là s'engager dans le lac Supérieur; quoyqu'à dire le vray, ils ne se soient jamais prescrits de limites en faisant la guerre, et que, comme des anthropophages impitoyables, ils ayent tousjours pris plaisir à boire le sang et manger la chair de touttes sortes de nations, en allant chercher leur proye jusqu'aux confins de l'Amérique.

Après la deffaite des Irroquois, les Saulteurs et leurs compagnons retournèrent triomphants à Kionconan et à Chagouamikon; ils y furent tousjours en repos jusqu'à ce que quelques Hurons, qui allèrent chasser du costez des Scioux, car Chagouamikon n'en est éloigné, coupant par les terres en ligne directe, que de cinquante à soixante lieües, [en prirent quelques uns] qu'ils amenèrent à leurs villages, en vie, n'ayant pas voulu les tüer; on les reçut fort bien, et surtout les Outaoüas, qui les chargèrent de présents. Quoyqu'ils ne parurent pas bien sensibles au bon accueil, il est certain que sans eux on les aurait mis à la chaudière. Quand les Scioux voulurent retourner chez eux, Sinagos, chef des Outaoüas, avec ses gens et quatre François, les accompagnèrent [1665—66]. On leur fit bien des caresses en arrivant, et tout le temps qu'ils y furent, mais ils n'en raportèrent pas grande pelleterie, parcequ'ils ont coustume de griller les castors pour les manger.

On combla d'honneurs le chef Sinagos, et on luy chanta le calumet, qui est une des grandes marques de distinction qui se pratique parmy eux[13]). Car ils rendent enfant de la nation celuy qui a eü cet avantage, et le naturalisent comme tel. On est obligé de luy obéir quand on luy présente le calumet, et qu'on [le] luy a chanté. Le calumet oblige et engage ceux qui l'ont chanté de suivre en guerre celuy à l'honneur duquel il a été chanté, sans qu'il soit dans la mesme obligation. Le calumet arreste les guerriers de la nation de ceux qui l'ont chanté, et touttes les vengeances qu'on seroit en droit de tirer pour ceux qui auroient estez tüez. Le calumet fait aussy faire les suspensions d'armes; donne entrée aux députez des ennemis qui veulent aller chez les nations [de] gens qui en ont estez recemment tüez. C'est luy en un mot qui à la force de confirmer tout, et qui fait adjouter foy aux serments solennels qui se font. Les sauvages croyent que le soleil l'a donné aux Panys, et qu'il s'est depuis communiqué de village en village jusques chez les Outaoüas. Ils ont tant de respect et de vénération pour luy, qu'ils regardent comme déloyal et traistre celuy qui a faussé le calumet. Ils asseurent qu'il a commis un attentat qu'on ne peut pardonner. C'estoit autrefois l'entestement des sauvages; ils sont encore dans le mesme sentiment; mais cela n'empêche pas qu'en se servant du calumet, il ne se commette quelque trahison chez eux. Ceux des prairies y sont attachez inviolablement et le tiennent comme une chose sacrée. Ils n'iroient jamais contre la foy qu'ils ont donnée à ceux qui l'ont chanté, quand la nation auroit frapée sur la leur; à moins que celuy qui l'auroit chanté ne participât comme un perfide, au coup qui auroit esté fait sur eux. Ce seroit le plus grand de tous les traistres, parcequ'il casseroit le calumet, et romproit l'union qui auroit esté contractée par son moyen.

Je viens cy-devant de dire que le Scioux chanta le calumet au chef Sinagos; la cérémonie en fut authentique et solennellement observée dans les villages. Touts les chefs s'y trouvèrent, et consentirent à une paix inviolable.

Après cette solemnité, le chef Sinagos retourna avec ses gens et les François qui l'avoient accompagné à Chagouamikon. Après avoir asseuré les Scioux de les revenir voir l'année suivante; ce qu'il ne fit pas, ny mesme deux ans après. Les Scioux ne savoient ce qui luy avoit donné lieu d'y manquer. Il arriva cependant [1669—70] que quelques Hurons, s'estant esloignez pour chasser vers le pays des Scioux, furent pris par quelques jeunes gens de la nation et menez au village. Le chef, qui avoit chanté le calumet à celuy de Sinagos, se courrouça fortement en voyant ces prisonniers, et prit le fait en main pour les protéger. Peu s'en fallut qu'il ne frapât ceux qui les avoient pris, et que cela ne causât la guerre entre son village et celuy de ceux qui avoient fait le coup. Il l'emporta et les fit élargir. Dès le lendemain, ce chef en renvoya un à Chagouamikon, pour les asseurer qu'il n'y avoit pas eü de sa faute dans l'affaire qui s'estoit passée, que ç'avoit estez des jeunes gens égarez, qui n'estoient pas mesme de sa nation, qui avoient fait le coup, et que, dans peu de jours, il méneroit luy-mesme chez eux ceux qu'il avoit retenus auprès de luy.

Cet Huron, qu'il avoit envoyé à Chagouamikon pour asseurer sa nation de la sincérité de ses sentiments, dit, soit qu'il voulust mentir ou qu'on l'y excitât, que les Scioux l'avoient fait prisonnier et ses compagnons; qu'il s'estoit heureusement échappé de leurs mains, et qu'il ne savoit depuis son départ si ses camarades vivoient encore, ou si on les avoit fait mourir.

Ce chef des Scioux qui avoit chanté le calumet avec celuy des Sinagos, voulut aller en personne pour rendre ces Hurons prisonniers à leur nation. Il partit de son village avec eux, mais, quand ils se virent proche de Chagouamikon, ils désertèrent. Estant chez eux, ils dirent qu'ils venoient d'éviter la mort en s'enfuyant. Ce chef, ne voyant plus le landemain ces gens, fut bien surpris; il persista néantmoins dans la résolution de continüer sa route, et se rendit la mesme journée au village. Mais n'osant aller chez les Hurons dont il se meffioit, il entra dans la cabane du chef Sinagos auquel il avoit chanté le calumet, qui le reçut fort bien et tous les Outaoüas pareillement. Il leur parla et fit connoitre qu'il avoit délivré les Hurons; il estoit luy cinquième, une femme comprise qui l'accompagnoit. Les Hurons rusez, et la plus traistre de touttes les nations sauvages, ne pouvant persuader aux Outaoüas que ses gens s'estoient eux-mesmes délivrez, s'avisèrent d'user de présents, et gagner par ce moyen le chef Sinagos chez qui estoient entrez les Scioux. Ils réussirent, car ils le corrompirent, et tous les Outaoüas, à son exemple, se laissèrent aller tellement, qu'ils eurent l'inhumanité de les mettre à la chaudière et de les manger; et, abandonnant en mesme temps leurs villages, ils allèrent demeurer à Michillimakinak et Manitoaletz [1670—71]. Ils descendirent l'année suivante à Montréal, et traittèrent, pour leurs pelleteries, touts fusils et munitions de guerre, dans le dessein de marcher contre les Scioux, d'y bastir un fort et de leur faire la guerre pendant tout l'hiver.

Après leur traitte, estant de retour chez eux, ils firent la récolte de leurs grains à la hâte, et partirent touts ensemble pour aller contre les Scioux. Ils augmentèrent leurs forces en chemin, car le chef Sinagos avoit pour beau-frère celuy des Sakis, qui demeuroit à la Baye, dont les alliez estoient les Poutéoüatamis et les Renards. Comme les Outaoüas avoient apportez avec eux touttes les marchandises qu'ils avoient traittées avec les François, ils en firent des présens aux Poutéoüatamis, Sakis et Renards, qui formèrent un corps de plus de mil hommes, ayants touts des fusils ou autres armes de bonne deffense.

Aussytost qu'ils furent arrivez dans le pays des Scioux, ils tombèrent sur quelques petits villages, dont ils mirent les hommes en füitte et enlevèrent les femmes et les enfans qui s'y trouvèrent. Ce coup fut fait si vivement qu'ils n'eurent pas le temps de se reconnoitre et de se fortifier. Les fuyards ne tardèrent guerre à porter l'alarme dans les villages voysins, qui accoururent en foule pour donner sur les ennemis. Ils les chargèrent si vigoureusement qu'ils les mirent en füitte, et abandonnèrent le fort qu'ils avoient commencé. Les Scioux les poursuivirent sans relasche et en tüèrent une grande quantité; car la terreur estoit si extraordinaire parmy eux, qu'ils avoient jettez en fuyant leurs armes, et d'autres furent dépoüillez touts nuds. Il y en avoit à qu'il restoit une mauvaise peau de chevreüil pour les couvrir. En un mot, les coups, la faim et la rigueur du temps, les firent presque périr touts. Il n'y eust que les Renards, les Kiskaouets [Kiskacons] et les Poutéoüatamis, gens moins aguerris que les autres, qui ne perdirent pas tant dans cette occasion, parcequ'ils lâchèrent le pied dez le commencement du combat. Les Hurons, les Sinagos et les Sakis se distinguèrent dans cette occasion, et favorisèrent beaucoup les fuyards, en leur donnant le temps, par la courageuse résistance qu'ils firent, de prendre le devant. Le désordre fut enfin si grand parmy eux, qu'ils se mangèrent les uns les autres [1671—72].

Les deux chefs du party furent faits prisonniers, et celuy des Sinagos fut reconnu [pour celuy] auquel ils avoient chanté le calumet. Ils luy reprochèrent sa perfidie d'avoir mangé celuy qui l'avoit [fait] enfant de sa nation. Ils ne voulurent pas cependant le faire brusler, non plus que son beau-frère; mais ils le faisoient venir dans les repas, et luy coupoient des tranches de chair sur les cuisses et sur touttes les autres parties du corps, pour en faire des grillades et les luy donner à manger; luy faisant comprendre qu'ayant tant mangé de chair humaine, dont il avoit esté si avide, il eust à s'en rassasier en mangeant la sienne. Son beau-frère eust le mesme traittement: c'est toutte la nourriture qu'ils eurent jusqu'à la mort.

A l'égard des prisonniers, on les fit touts mourir

et passer par les flèches, excepté un Panys qui appartenoit au chef des sauvages, que l'on renvoya dans son pays, afin de rapporter fidèlement ce qu'il avoit veü et la justice qu'on s'estoit renduë [14]).

Chapitre XVI.

Guerre des Algonkins contre les Irroquois.

Je reprendray icy le détail que j'ay laissé touchant la guerre des Algonkins contre les Irroquois.

I.

Les Irroquois attaquent les Algonkins et les François.

Les Irroquois ayant deffaits les Hurons, et chassez plusieurs nations dans des pays éloignés, se virent maistres de touttes les terres circonvoisines, et n'eurent plus à craindre que les Algonkins. Ils s'appliquèrent donc uniquement à les détruire, et descendirent dans leur pays pour y faire la guerre. Mais les Algonkins ne se sentant pas assez forts pour [se] soustenir contre ceux qui les venoient attaquer, cherchèrent un asile dans la colonie; ils y furent poursuivis. Alors les François se joignirent aux Hurons sauvez du carnage qui s'estoit fait dans leur ancien pays, et prirent les intérêts des Algonkins. Pendant toutte cette guerre, il se fit plusieurs partys petits et gros, qui furent tantost vainqueurs et tantost deffaits. Quand l'Irroquois, traistre et rusé, vist qu'il ne pouvoit venir facilement à boust de ses desseins, il demanda la paix, et quoyqu'on fust bien avancé dans les propositions sur ce sujet, il ne laissa pas de commettre des actes d'hostilitez et de casser des testes, quand on y pensait le moins; se fondant qu'elle ne regardoit qu'un de leurs villages, et que, par conséquent, touts les autres pouvoient sans difficulté faire la guerre comme auparavant. On a veü mesme les gens du village avec lequel on estoit en paix, s'incorporer dans ceux qui ne l'estoient pas. S'ils se voyoient pris, et qu'on leur demandât pourquoy ils se joignoient à nos ennemis, ils disoient que, s'estant trouvez par hazard dans un village où se formoit un party, ils s'estoient enrollez avec le chef qui le commandoit. Ces raisons n'estoient que spécieuses, et faisoient assez connoitre qu'ils persistoient tousjours dans le dessein de faire la guerre.

Il s'est fait plusieurs paix de cette nature, dans lesquelles l'Algonkin n'a jamais voulu estre compris, persuadé de la malignité et mauvaise foy des Irroquois, qui n'ont jamais eü autre veüe que celle de les détruire absolument. Il a consenty cependant à quelques paix qui ont estez faites; mais, à dire le vray, il n'y en a eü aucune de bien sincère; puisqu'ils s'en sont servy fort souvent pour mieux couvrir leur jeu, et faire des coups avec plus d'asseurance.

II.

Deffaite des Hurons.

Le traitté de paix estant fait entre l'Algonkin et l'Irroquois, ces derniers formèrent de touts leurs villages un gros party pour venir en guerre dans la colonie, et enlever les Hurons establis en village au bout de l'isle d'Orléans, qui y avoient des terres défrichées. Il faut sçavoir qu'il n'y avoit alors aucune habitation françoise depuis les Trois Rivières jusques au Cap Rouge, et que ce party déboucha par la rivière de Richelieu qui se nomme à présent de Sorel. Les Irroquois passèrent la nuit devant les Trois Rivières sans estre découverts, descendirent à Quebec, où ils en firent autant, et marchèrent ensuitte vers les terres des Hurons pour y dresser leurs embuscades. Il fut résolu d'attendre au landemain [18 mai 1656], afin de mieux surprendre les Hurons.

lorsqu'ils iroient pour cultiver leurs terres; parceque, dans ce temps-là, ils seroient touts hors de leur fort. Ces pauvres gens, qui ne s'attendoient à rien moins, et qui comptoient sur la paix qui estoit entre eux et les Irroquois, sortirent hommes et femmes, à l'heure ordinaire, pour travailler à leurs terres; car, chez cette nation naturellement laborieuse, les hommes, contre la coustume des sauvages, assistent les femmes dans leurs travaux. Aussytost que les Irroquois les crûrent touts sortis, ils s'emparèrent du terrain qui estoit entre le fort et les Hurons, afin de les empescher de s'y réfugier, et firent tout le gros du village prisonnier. On vit facilement de Quebec la manière dont l'affaire se passa.

Les Irroquois, s'estant ainsy rendus maistres des Hurons, les firent embarquer dans leurs cannots, et passèrent en plein jour devant Quebec, en les obligeant de chanter en y passant, pour les mortiffier d'avantage. Cela fit murmurer ceux de la ville, et tout le monde s'estonna qu'on ne réprimoit pas leur insolence, en faisant tirer l'artillerie sur leurs cannots qui marchoient costez à costez, en forme de bataillon; mais on ne voulut en rien faire, à cause, dit-on, des missionnaires qui estoient chez eux, qu'ils n'ont pas laissé pour cela de livrer aux plus cruels supplices. Je ne m'étendray pas sur ce sujet, les Relations en ayant faits suffisamment mention.

Cependant les Irroquois se rendirent chez eux triomphans; ils firent mourir une partie des prisonniers, et donnèrent la vie aux autres, qui se ressouviendront et leur posterité d'avoir estez abandonnez par les François à la mercy de leurs ennemis.

III.

Deffaite des Algonkins par les Irroquois.

Les Irroquois n'avoient plus rien tant à coeur que de destruire les Algonkins, qui estoient de touts leurs ennemis les plus redoutables. Ils avoient mis les Hurons hors d'état de se faire craindre, et regardoient les François comme des gens qui n'estoient pas au fait de leurs guerres, et incapables de les pouvoir vaincre, ignorant les estres des forests du pays.

Le bon accueil qu'on leur fit quand ils se rendirent en grand nombre à Quebec, pour traitter de la paix, leur fit s'imaginer qu'on les craignoit. S'ils y venoient en petit nombre, on les habilloit et on les caressoit avec des présents qu'on leur faisoit; cela les engagea à conclure encore une fois la paix avec les Algonkins. Ils se donnèrent réciproquement des colliers, et jurèrent entr'eux une union inviolable, promettant qu'ils ne manqueroient pas l'hyver suivant de venir la cimenter ensemble.

Les Algonkins, dont touts les villages estoient aux environs des Trois Rivières, partirent dans la saison ordinaire pour leur chasse d'hyver, et se divisèrent en deux bandes. L'une prit sa route du costé de la rivière de Nicolet, et l'autre vers celle d'Ouabmachis [1]). Il y avoit quantité d'élans dans ces pays-là, et la neige estoit très-favorable pour faire cette chasse; car, sans se donner beaucoup de peine, ils en tüoient à la course autant qu'ils en rencontroient.

On dit qu'un Algonkin, nommé Piskaret, qui estoit la terreur des Irroquois, et dont ils connoissoient la valeur, ayant esté dans un des villages ennemis, cassa la teste à une famille entierre, et puis se retira dans un de leurs buchers. La nuit suivante, il en fit autant à une autre, et, leur ayant enlevé la chevelure, il se cacha dans la mesme retraite. Mais la troisième fois qu'il vouloit faire une expédition pareille aux deux précédentes, il fut découvert, et obligé de füir. Il estoit naturellement agile et dispos, et eust tousjours beaucoup d'avance audessus des gens qui le poursuivoient. C'est pourquoy il se mit dans l'esprit de les attendre jusqu'au soir. Voyant que la nuit approchoit, il se cacha dans le creux d'un arbre: ceux qui avoient couru après luy crurent qu'il estoit bien loin, et n'espérant plus le rejoindre, se mirent à faire du feu proche de sa retraitte et y campèrent. Quand il les vit bien endormis, il leur cassa à touts la teste, et revint chargé de leurs chevelures.

On dit encore que, dans une autre occasion, il donna luy cinquième sur cinq cannots Irroquois qu'il fit tourner, non pas en tirant sur les hommes qui estoient dedans, mais au fond de leurs cannots avec des balles ramées qui les remplirent d'eau et les firent verser. Se jettant alors sur les ennemis, il les tüa touts, à la reserve de quelques prisonniers qu'il emmena pour divertir son village. Ce coup fust fait au large de l'embouchure de la rivière de Sorel, au milieu du fleuve. Ces actions extraordinaires et plusieurs autres de mesme naturé le rendirent redoutable chez l'Irroquois.

Les Algonkins nous disent que ce Piskaret estoit un homme généreux, et qu'il se fioit beaucoup sur son cœur et sur ses jambes. Il partit un jour [Mars, 1647], de la rivière de Nicolet pour aller à la chasse au-delà de celle de Saint-François, et comme il s'en retournoit chargé de muffles et de langues d'élans, il vit six Irroquois derrière luy, qui l'avoient apperceu auparavant, et qui avoient un pavillon à la main. Ils chantoient en marchant la chanson de paix, par laquelle ils faisoient entendre qu'ils venoient à dessein de la confirmer. L'Algonkin les aborda fièrement, et, s'estant assis avec eux, alluma sa pipe, leur donna à fumer, et, dans la conversation qu'ils eurent ensemble, il leur apprit que son village estoit à la rivière de Nicolet, où estoit campé en gros la moitié des Algonkins, et l'autre à la rivière Ouabmachis. Les Irroquois l'informèrent aussy de ce qui les amenoit dans le pays où ils se trouvoient, et luy dirent qu'ils alloient voir leur père Ononthio, et congratuler les Algonkins. Après s'estre mutuellement fait des honnestetez et des caresses en fumant ensemble, ils se levèrent pour continüer leur chemin, et, sur-le-champ, un des six Irroquois se chargea de ce que l'Algonkin avoit à porter: c'est la coustume des sauvages d'en user ainsy avec ceux qu'ils honnorent et respectent beaucoup. Ils marchèrent touts de front, l'Algonkin au milieu d'eux. Il y eust un de la compagnie qui resta derrière, et qui, les laissant aller un peu devant, les joignit ensuitte promptement et cassa la teste à l'Algonkin qui ne s'en meffioit point.

Ces Irroquois, dont je viens de parler, avoient estez détachez d'un gros party de près de mil hommes, pour aller à la découverte; s'estant deffaits de l'Algonkin, ils coururent en diligence informer leurs gens de tout ce qu'ils avoient apris. Sitost qu'on le sçut, il fut résolu de se partager en deux corps, dont l'un iroit enlever les Algonkins à Nicolet et l'autre ceux d'Ouabmachis; ce qui fut exécuté le landemain à la pointe du jour. Il s'en échapa quelques-uns de leurs mains, mais la plus grande partie fut prise ou massacrée.

Après une telle deffaite, l'Irroquois n'eust plus rien à craindre, se voyant vainqueur partout; car le peu d'Algonkins qui restoient encore, n'estoit pas capable, réunis ensemble, d'enlever un seul village des ennemis. Ainsy tout le mal qu'ils pouvoient faire estoit de casser la teste à ceux qu'ils rencontroient à l'écart. Ils sollicitèrent les Poissons Blancs à les ayder, qui sont d'autres Algonkins establis au haut de la rivière des Trois Rivières. On fit venir, à Sillery, un village des Montagnais du Saguenay. Les Mikmaks de l'Accadie s'engagèrent de les secourir; les Nepissings se joignirent à eux, et formèrent touts ensemble des partys qui estoient de quatre à cinq cents hommes. Mais le peu d'union qui regnoit entre eux rompit touttes leurs mesures, et fit avorter tout ce qu'ils avoient projetté; car, comme je l'ay déjà dit, l'Algonkin n'a jamais voulu souffrir de subordination; le courage et l'orgueil les font agir seulement dans les occasions, et les ont empesché de se relever des pertes qu'ils ont faites; et, quoyque l'Irroquois fust beaucoup plus nombreux, ils les auroient encore deffaits s'ils s'estoient bien entendus, estant bien meilleurs guerriers qu'eux.

Cette guerre a continüé jusqu'à l'arrivée du régiment de Carignan en ce pays [1665]. Mr. Le Moine deffunct, fut pris la même année des Outaoüas [des Irroquois?] et menez chez eux. Il y avoit desjà plusieurs années qu'ils méditoient de le faire mourir s'il venoit à estre pris. Il estoit brave de sa personne et redouté de touts les sauvages. On a voulu dire qu'une vieille faisait sécher des écorces depuis près de dix ans pour le faire brusler. Quand il fust arrivé, on le condamna au feu, et comme on l'alloit brusler, un des considérables de la nation arriva qui obtint sa délivrance, et l'amena à Montréal accompagné de plusieurs autres chefs [2]).

Ils y virent à leur arrivée Mr. de Courcelles, gouverneur-général du pays, et touttes les troupes nouvellement venües de France. On attendoit incessamment Mr. de Tracy, qui avoit pris sa route par les isles de la Guadeloupe, dont Sa Majesté l'avoit fait Vice-roy aussy bien que de cette colonie. Ces ambassadeurs Outaoüas furent bien estonnez en voyant tant de soldats, auxquels on donna ordre de se partager dans les costes pour soustenir les habitans de Nouvelle-France. On fit la mesme année les détachemens nécessaires pour travailler à la construction des forts de Sorel et de Chambly.

Les ambassadeurs Irroquois se rendirent à Montréal dans le mesme temps pour traitter en apparence d'une paix semblable à celles qui s'estoient faittes cydevant, mais quand ils virent le secours qui estoit arrivé dans le pays, ils changèrent de note et parlèrent plus sincérement.

Cette nouvelle se répandit dans touts les villages des nations sauvages. Les Tsonontouans et les Goyogouans se joignirent à l'Onontagué pour faire leur paix avec les François et les nations d'icy-bas, jusqu'à la guerre qui se fit contre les Tsonontouans.

IV.

Expéditions des François contre les Irroquois.

Les ambassadeurs Onontaguez, Goyogouans et Tsonontouans déclarèrent que leurs alliez [les Agniers et les Oneïouths] ne vouloient pas, dès le mesme hyver, faire la paix avec nous; ce qui obligea Mr. de Courcelles de marcher contre, à la teste de cinq cents hommes et d'un bon nombre de Canadiens. Les guides ne purent découvrir le chemin de leurs villages. Ils menèrent le party à Corlard où l'on ne trouva qu'une cabane d'Irroquois [Février, 1666]. Le Bâtard Flammand y estoit aussy avec un party d'Aniez dont il estoit chef. Il se passa quelques escarmouches dans les postes avancés, et l'on se tira de part et d'autre plusieurs coups de fusils; mais l'ennemy fut repoussé. Le commandant des nostres quitta son poste en voulant poursuivre ceux qui l'estoient venus attaquer, qui resta luy cinquième sans qu'il fut possible de le secourir. Mr. de Courcelles se voyant à la veille de manquer de vivres, retourna dans sa première retraitte, et fust joint par cent Algonkins qui, chassant aux environs, apprirent qu'il y estoit, et luy vinrent faire offre de leurs services; mais ne se trouvant pas en estat de pouvoir rien entreprendre sur les ennemis, il les remercia et continua sa route.

Quoyque ce party ne fit aucun progrez, il ne laissa pas d'intimider les Aniez et Anoyés [Oneïouths?], qui avoient de nos prisonniers chez eux, entr'autres Mr. de Noirolle, nepveu de Mr. de Tracy. Mr. de Chasy, son cousin, fut tué au nord du fort de La Motte dans le lac Champlain³). A l'issue de cette campagne, les Aniez tinrent conseil entre eux et prirent des mesures pour rendre les prisonniers et demander la paix.

Mr. de Tracy fit commander l'esté suivant [Mai, 1666] un party de trois cents hommes François et Algonkins, qui rencontrèrent le Bâtard Flammand ayant avec luy Mr. de Noyrolle et trois autres François, dont il y en avoit un de blessé au talon, que Mr. de Courcelles recommanda en partant au sieur Corlard⁴). Les François et Algonkins de l'avant-garde, prirent et lièrent le Bâtard Flammand et deux de ses gens; mais sitost que le gros des troupes eust joint, qui accourust aux clameurs et aux huées des Algonkins, Mr. de Sorel commandant en chef les fit délier. Les Algonkins en témoignèrent leur mé-contentement, et se portèrent à dire quelques inso-lences au commandant; car ils vouloient qu'on les bruslat. Mais Mr. de Sorel les relança avec tant de feu et de fermeté, qu'ils n'eurent pas le mot à luy répliquer. Vous remarquerez qu'ayant estez pris, ils déclarèrent qu'ils venoient en ambassade pour parler d'accommodement, et que ce fust la raison pourquoy Mr. de Sorel en usa ainsy à leur égard.

Il amena ces ambassadeurs avec luy à Quebec, et les présenta à Mr. de Tracy qui en renvoya un dans son pays, avec une lettre pour Mr. Corlard, par laquelle il l'asseuroit de sa parole, pour les faire venir touts en asseurance dans la colonie, et qu'ils y seroient très bien reçus.

Il partit vers le mesme temps un chef de guerre considérable du pays des Aniez, je veux dire, un mois avant que le Bâtard Flammand en sortit, ayant trente guerriers sous son commandement qui rame-noient les prisonniers françois qu'ils avoient à Mont-réal. Il alla se poster avec ses gens à la prairie de la Magdeleine, où il n'y avait encore aucun esta-blissement, et y trouva des Onontaguez qui y avoient chassé pendant l'hyver, pour mieux persuader les

François de la solidité de cette paix qu'ils venoient de faire ensemble. Ils apprirent à ce party nouvellement arrivé que le Bâtard Flammand estoit à Quebec pour y conclure la paix.

Ce chef ayant apris cette nouvelle, ne voulut point passer outre. Il y laissa reposer son party, et s'embarqua avec les Onontagués, qui l'amenèrent à Montréal. Quand il y fut arrivé, on dépêcha un batteau, dans lequel il se mit pour se rendre à Quebec. Il trouva la paix faite à son arrivée. Mr. de Tracy le reçut fort bien, et le faisoit manger souvent avec le Bâtard Flammand à sa table; car c'estoit un homme de poids et de considération parmy les sauvages de sa nation.

Mr. de Tracy donnant un jour à manger, témoigna à table combien la perte qu'il venoit de faire de Mr. son nepveu luy estoit sensible; mais que le bien du public l'avoit engagé nonobstant cela à donner la paix au Bâtard Flammand qui la luy avoit demandée. Cela suffisoit pour faire comprendre à ce chef orgueilleux des Aniez la douleur que Mr. de Tracy ressentoit de la mort de Mr. de Chasy qu'ils avoient tüé, et l'obliger par bienséance à diminuer son orgueil. Mais, loin de compâtir à la peine qu'il en marquoit, il leva en sa présence et celle de toutte la compagnie son bras, se vantant hautement que c'estoit le sien qui luy avoit cassé la teste. Cette insolence outrée rompit la paix que Mr. de Tracy avoit accordée au Bâtard Flammand, et, faisant dire sur-le-champ à ce chef indiscret qu'il n'en tüeroit jamais d'autres, il le fit prendre et lier, et, ayant envoyé chercher l'exécuteur, sans le faire mettre en prison, il ordonna qu'il fut étranglé en présence du Bâtard Flammand, et partit peu de temps après [Octobre 1666], à la teste de quatorze cents hommes, soldats, Canadiens et Algonkins, accompagné de Mr. de Courcelles, pour aller contre les Aniez. Il avait laissé à Sorel, en passant, le Bâtard Flammand, qu'il renvoya chez luy après cette campagne, qui fust employée à brusler et jetter dans la rivière les bleds d'Inde de quatre villages, dont il mourut de faim plus de quatre cents âmes pendant l'hyver. Ceux qui vécurent estoient errants çà et là, et alloient mandier des vivres chez les Onontagués, qui les refusoient et se mocquoient d'eux, en leur disant que le nord-est impétueux avait foudroyé leurs grains par leur faute.

A la fin de la campagne, le Bâtard Flammand fut renvoyé et arriva chez luy, où il trouva une désolation entierre. Les Aniez s'imaginoient avoir tousjours les François aux environs de leurs villages; ils le pressèrent de retourner sur ses pas et de demander avec instance la paix. Il ne tarda guerre en effet à se rendre à Quebec, où il protesta avec touttes les asseurances qu'on voudroit exiger de luy qu'il desiroit avoir la paix; qu'il resteroit en otage, et qu'il viendroit luy-mesme demeurer avec sa famille dans la colonie, pour prouver la sincérité qui luy faisoit venir la demander. Ces raisons furent écoutées favorablement; il ne manqua pas aussy d'accomplir ce qu'il avoit promis, car plusieurs de la mesme nation, à son exemple, vinrent s'établir à Montréal, sans y défricher cependant aucunes terres. Ils s'estendirent depuis la rivière des Outaoüas, jusqu'à la Rivière Creuse, où la chasse des castors, des loutres, des cerfs, des biches et des élans est très-commune. On les voyoit le printemps et l'automne descendre dans la colonie, chargez en si grande quantité de toutes sortes de pelleteries, que le prix en diminua de plus de la moitié en France.

Chapitre XVII.

Assassins faits envers des Irroquois.

I.

Premier assassin.

Des soldats du régiment de Carignan se mirent dans l'esprit de vouloir courir les bois avec les Irroquois, et de les suivre partout dans leurs chasses. Ils se précautionnèrent de beaucoup d'eau-de-vie, et partirent sans le dire à personne. Ils avertirent de leur départ quelqu'un de leurs officiers seulement; qui aydoit mesme à les mettre en estat de faire ce voyage, dans l'espérance d'y avoir un peu de part. Cinq de ces soldats, qui estoient déjà stylez à ces sortes de voyages, et qui sçavoient la route de cette rivière et les endroits où les Irroquois avoient coustume de chasser, partirent la nuit, et arrivèrent à la Pointe Claire du lac Saint Louis, où ils trouvèrent un Irroquois qui avoit son cannot plein de peaux d'élans. Ces soldats luy demandèrent s'il ne vouloit pas boire un coup d'eau-de-vie; il répondit que non. Voyant néantmoins qu'on luy vouloit donner à boire gratuitement et sans intérest, il accepta l'offre qu'on luy faisoit; cela l'engagea à en boire davantage, et à force de l'exciter, il en but tant qu'il se saoula mort-ivre. Ces soldats, le voyant hors de raison et sans connoissance, luy attachèrent une pierre au col et le jettèrent dans l'eau, au large du lac. Les autres Irroquois qui avoient fait leur chasse, estant rendus à Montréal, demandèrent quelque temps après si on ne l'avoit pas veü; on leur dit que non: tellement qu'ils le crurent noyé le long du sault de la rivière des Outaoüas.

Cependant quelques sauvages, allant ou revenant de la chasse, aperçurent un corps flottant sur l'eau; soit que la corde qui servoit à luy attacher la pierre au col fut rompüe, ou quelle ne fust pas assez pesante. Ils furent droit vers ce corps, et reconnurent celuy dont on ne sçavoit point de nouvelles. Ils le transportèrent à Montréal et, dans les plaintes qu'ils firent, ils représentèrent que dans leurs chasses il n'y avoit pas eü d'autres sauvages qu'eux, et par conséquent il n'y avoit que des François qui pouvoient avoir tüé leur camarade. On fit d'exactes recherches pour découvrir les autheurs de cette action, sans pouvoir réussir.

Les soldats, après avoir fait ce coup, aportèrent nuittament les pelleteries chez leur officier, et luy firent acroire qu'ils les avoient traittées avec des Irroquois, qui estoient retournez à la chasse. Cet officier en donna en payement à quelqu'un; car c'estoit l'usage de s'en servir au lieu de monnoye dans le pays. Celuy qui les avoit eü de cet officier, les avoit aussi données à quelqu'autre, et de cette manière elles estoient passées en plusieurs mains. Il arriva qu'un François, en ayant une, la porta chez un marchand où se trouvèrent présens des Irroquois, qui la reconnurent par la marque différente que chacun d'eux met à sa pelleterie. Ils la saisirent pour la porter sur-le-champ au commandant de la ville. On fit venir le François, qui fust questionné pour sçavoir de qui il avoit eü cette peau. Il nomma la personne qui la luy avoit donnée. On la fit appeller; elle nomma aussy celle dont elle l'avoit reçeue, et on reconnut par ce moyen qu'elle estoit venue en premier lieu de la maison où demeuroit l'officier. On y fouilla, et plusieurs peaux de la mesme marque s'y trouvèrent, qui furent reconnues appartenir à ce sauvage assassiné. Ces preuves ne laissèrent plus douter qu'il avoit esté tüé par des soldats. Ces soldats dans ce temps-là estoient partis de rechef pour traitter de l'eau-de-vie dans la rivière des Outaoüas, après avoir remboursé l'officier de la première avance et de la dernière qu'il leur avoit faite, pour le reste du butin de l'Irroquois qu'ils avoient assassiné. Il fut ordonné à l'officier de les arrester aussytost qu'ils seroient de retour, ou d'avertir afin de les punir et de rendre justice aux Irroquois: car on les entendoit desjà murmurer. Ils donnoient à connoître que leur indignation estoit assez grande pour renouveller la guerre, si on avoit manqué à leur faire raison de cet assassin.

II.

Justice rendüe aux Irroquois au sujet de l'assassin mentionné cy-dessus.

Les autheurs de cet assassin n'ayant point de retraitte plus asseurée que chez leur officier, arrivèrent la nuit chez luy, où ils furent arrestez et mis en prison; le conseil de guerre s'estant assemblé pour les juger, ils avoüèrent dans les premières interrogations le crime dont on les accusoit, et furent condamnez touts les cinq à estre passez par les armes, en la présence des Irroquois.

On les fit conduire et attacher touts les cinq chacun à un potteau. Les Irroquois s'estonnèrent de l'ample justice qu'on leur rendoit, et demandèrent grâce pour quatre, parceque n'ayant perdu qu'un homme, il n'estoit pas juste, disoient-ils, d'en deffaire cinq, mais un seulement. On leur fit comprendre que les cinq estoient également criminels, et merittoient sans exception la mort. Les Irroquois, qui ne s'attendoient pas à une satisfaction si étendüe, redoublèrent leurs instances pour obtenir la grâce de quatre, et firent pour ce sujet des présens de colliers de porcelaine; mais on ne les écouta pas, et on les passa touts les cinq par les armes [1669].

La justice qui fust dans cette occasion renduë aux Irroquois fust publiée dans touts leurs villages, qui eurent beaucoup de confiance aux François; plusieurs de leurs familles, engagez par une réparation si éclatante, descendirent dans la colonie et s'y arrestèrent, par la chasse abondante et les autres commoditez de la vie qu'ils y trouvoient pour vivre grassement.

III.

Autre assassin.

Quelques années après [1]), onze Irroquois estoient à la chasse au sud du lac des Deux Montagnes, vers le bout de l'isle de Montréal, [et] traittèrent avec un marchand qui les y vint trouver. Ce commerçant prit avec luy un Canadien fort entendu, qui sçavoit parfaitement bien la langue Irroquoise, et qui en estoit fort considéré. Les Irroquois, ayant sçú où estoit son logis, le furent voir; il les régala et les asseura qu'il ne manqueroit pas de les aller visiter aussy dans leur hyvernement. Il n'y manqua pas; car il partit un jour, accompagné d'un marchand et de son valet, et s'y rendit. Ils furent touts les trois parfaitement bien receus, et d'autant plus agréablement qu'ils avoient eü soin de porter avec eux de l'eau-de-vie, dont ils leur firent présent. Les Irroquois en ayant bû hors de raison, les François les massacrèrent pour avoir leur butin. Cet assassin fut découvert, et les meurtriers ayant estez avertis par leurs amis de se retirer, se sauvèrent si bien, chacun de leur costé, qu'on ne les pût prendre.

Les Irroquois [sachant] les recherches exactes que l'on faisoit partout pour leur rendre justice, et ne doutant plus que c'estoit tout de bon, par rapport à la satisfaction entierre qui leur avoit esté donnée au sujet de l'assassin précédent, ne témoignèrent aucun ressentiment de ce dernier. Ils continuèrent tousjours à chasser le long de la rivière des Outaoüas, ayant avec eux quelques François qui faisoient bien leurs affaires, et dont ils avoient un grand soin. Ils en demandèrent encore à Mr. de Courcelles, afin que s'il descendoit des Outaoüas qui n'eussent pas connoissance de la paix, il n'arrivât pas de démeslé ny de carnage.

Chapitre XVIII.

Terreur des Outaoüas à la veüe des Irroquois qui chassoient le long de la rivière.

Plus de neuf cents Outaoüas descendirent à Montréal en cannots[1]; nous estions cinq François dans cette troupe [1670]. Il faut sçavoir que ces peuples estoient dans ce temps-là fort lasches et peu aguerris. Nous trouvâmes, dans nostre marche au-delà du Nepissing, quelques cannots Nepissings qui revenoient de Montréal, ce qui nous engagea de camper pour aprendre des nouvelles de la colonie. Ils nous asseurèrent qu'il y avoit plusieurs bandes d'Irroquois, escortées de quelques François, qui chassoient aux environs de la rivière, et qui leur avoient fait un très bon accueil, en leur donnant des viandes pour se raffraichir. Le gros party, d'apréhension, avoit desjà peur de ce qu'on venoit de dire, et pensoit mesme à relascher; mais, comme les Outaoüas avoient beaucoup de confiance en moy et que j'en estois aymé, je leur persuaday de continüer le voyage, à la reserve de quelques cannots Saulteurs, Missisakis et Kiristinons qui s'évadèrent et retournèrent chez eux. Quand nous eusmes descendus les Calumets, nous rencontrâmes, un peu au-dessous des Chats, Mr. de la Salle²) qui estoit à la chasse avec cinq ou six François et dix ou douze Irroquois.

Cette grosse flotte d'Outaoüas paroissoit desjà esbranlée en les voyant, et vouloit relascher absolument, sur le raport des François, qui leur disoient qu'il y avoit encore plusieurs autres bandes d'Irroquois qui chassoient plus bas. Je ne pus m'empescher alors de leur reprocher leur lascheté, et, les ayant rasseurés, ils continuèrent la route, car il n'y eust pas lieu de les faire camper. Il fallut donc marcher toutte la nuit, et laisser à flot touts les cannots chargez, afin de pouvoir partir le landemain. Deux heures avant le jour, toutte la flotte en partant prit le large dans la rivière, et fila vers la pointe du jour sans faire de bruit. Nous eusmes le matin un gros broüillard si épais qu'il nous empeschoit de voir nos cannots; mais le soleil à son lever le dissipa, et nous fit remarquer vis-à-vis de nous un camp de sept Irroquois, auxquels estoient joints cinq à six soldats.

La plus grande partie des Outaoüas estoient desjà passéz en ce temps-là. Les Irroquois ne bougèrent point de leurs feux, il n'y eust que les François qui parurent et qui nous appellèrent; mais aucun des cannots ne voulut s'arrester: ils s'efforcèrent au contraire de ramer plus vigoureusement. J'obligeay cependant celuy où j'estois de mettre à terre. Les soldats me firent boire et manger avec eux; mes mattelots me pressoient tousjours de m'embarquer, car la journée que nous fimes fut grande. Le soleil s'alloit coucher; quand le gros descendoit de file le long du sault. Mon cannot estoit des premiers, de trente que nous estions; dont les uns estoient débarquez et les autres au large. Il y en avoit mesme dans les rapides, qui ne pouvoient monter ny forcer le courant des eaux, qu'il nous fallut attendre.

A deux lieües plus bas, il se fit des décharges

réitérées de coups de fusils, dont nous vismes la fumée s'élever en l'air. Cet alarme obligea touts les Outaoüas à se ranger en flotte, et ceux qui estoient débarquez furent contraints de se rembarquer, malgré tout ce que je pus faire pour les empescher, et gagnèrent le gros. Ils prirent la résolution de tout abandonner et de s'enfüir. Je fis mon possible pour les en détourner. Ceux qui estoient dans mon cannot avoient desjà les bras morts. Je les fus trouver touts, et leur proposay de me donner un cannot pour prendre le devant, et aller dans l'endroit où s'estoient faites les décharges. J'excitay les François à m'y accompagner, qui n'estoient pas moins saisis de crainte que les sauvages. Je tâchay enfin de les faire revenir de la terreur qui les avoit pris, en les asseurant que les Irroquois, pour preuve de leur sincérité, avoient des François avec eux. Je gagnay la teste du gros de la flotte, et fis si bien en sorte qu'ils consentirent à me suivre; et, comme mon cannot estoit proche de terre, sur le soir, les Irroquois firent une dernière décharge pour nous salüer. Le gros des Outaoüas ayant reconnu que ce n'estoit que pour nous faire honneur que l'on tiroit, reprirent leurs esprits et mirent à terre, sans débarquer leurs pelleteries. Cette bande estoit composée de douze Irroquois, qui avoient deux soldats de Montréal avec eux que je connoissois. Les Outaoüas trembloient encore et estoient dans la résolution de marcher toutte la nuit, jusqu'à ce qu'ils fussent rendus aux premières maisons françoises, ne se croyant pas en seureté parmy ces douze Irroquois, qui les auroient sans doute caressez et régalez s'ils avoient eü quelques viandes de chasse à leur donner.

Quand les Outaoüas virent les Irroquois endormis, ils s'embarquèrent touts vers la mynuit, mon cannot demeura seul. Cependant mes mattelots ne céssoient pas de m'appeller pour m'embarquer; je dormois d'un si profond sommeil, avec ces deux

François, que je ne les entendois pas. Un de mes canotteurs se hazarda de venir m'éveiller, mais si doucement que vous eussiez dit qu'il alloit surprendre une sentinelle. Il me dit tout bas à l'oreille qu'il estoit temps d'embarquer, et que toutte la flotte estoit desjà bien loin. Je me levay sur-le-champ pour m'en aller avec luy, et, à la pointe du jour, elle nous parut à perte de veüe. Ils ramoient tous vigoureusement et ne nous attendirent qu'à la Grande Anse dans le lac de Saint Louis. Nous en partimes pour aller à Montréal, sur les deux heures après midy, où les Outaoüas commencèrent à respirer et à se trouver en parfaite asseurance, quand nous y fumes rendus [3]).

Chapitre XIX.

Sédition esmeüe par les Outaoüas d'une manière inopinée à Montréal.

La traitte des Outaoüas avec les François estant fort avancée (elle se fait ordinairement dans la commune de Montréal, où ils ont coustume d'étaler leurs marchandises), il arriva qu'un sauvage de la nation cy-dessus nommée desroba quelque chose à un soldat [marchand] françois sans qu'il s'en apperçût. La sentinelle, qui avoit ordre de veiller sur eux afin qu'ils ne fussent point molestez ou fait tort, vit faire le vol; il en avertit celuy à qui on venoit de le faire, qui se jetta incontinent sur le voleur, et luy voulut arracher quelques lambeaux de castors qu'il avoit: le sauvage resista, le factionnaire avança pour s'opposer à ceux qui l'auroient voulu fraper, et présenta le bout de son fusil, pour arrester le monde qui se vouloient jetter en foule sur luy. Il pressa le sauvage de rendre ce qu'il luy avoit veü prendre. Plusieurs des spectateurs crurent qu'on les couchoit en joüe, et se voulurent jetter [se jettèrent] à corps perdus sur le soldat et luy ostèrent en effet son fusil. Quand il se vit désarmé, il mit l'épée à la main. Celuy qui avoit fait le vol le voulut saisir et la luy oster, et n'ayant pu en venir à bout, reçut un coup d'épée au bras. Il présenta ensuitte la pointe à touts ceux qui faisaient mine de l'aprocher. Aussytost les Outaoüas accoururent les armes à la main. Je m'y transportay aussy le plustost qu'il me fust possible; plusieurs chefs que je connoissois se joignirent à moy, et nous arrestames la sédition qui alloit naistre.

Mr. de La Motte[1]), homme de cœur et d'honneur, commandoit alors à Montréal; sa compagnie estoit la seule du régiment de Carignan restée dans le pays. Ayant esté averty que touts ses soldats et ceux de la garde estoient dans la commune, [il] fit battre l'assemblée et marcha à la teste des troupes pour y ranger tout le monde à son devoir, mais quand il arriva, la sédition estoit appaisée. Il s'apperçut, sans me connoître, que je parlois fortement aux sauvages, et connut bien que j'en sçavois le langage. Il s'adressa à moy pour me demander où estoient les chefs; je les luy montray; il les fit d'abord arrester et conduire chez luy. Je fis en sorte de suivre pour connoitre l'issú de cette affaire. On posta en mesme temps le long des palissades touts les soldats de la garnison, qui faisoient en tout le nombre de soixante hommes, qui furent commandés par un sergent, avec ordre de faire feu sur les premiers Outaoüas qui paroitroient se vouloir soulever.

Une personne considérable, qui vouloit monter aux Outaoüas par l'occasion de cette flotte qui s'en retournoit, se trouva présente. Mr. de La Motte le pria de demander à ces gens, en leur langue, la raison qu'ils avoient eü pour exciter ce tumulte. Ils accusèrent ingénüement la vérité; mais ce nouvel interprète répéta la chose autrement, pour leur faire plaisir, et fit entendre qu'il y avoit purement en tout cela de la faute du soldat. Mr. de La Motte, qui estoit un ancien capitaine et recommandable par son service, ordonna au second sergent de sa compagnie de l'aller quérir, et de le faire incontinent mettre sur le cheval de bois, avec deux cents livres pesants aux pieds.

Ayant entendu que le sauvage se condamnoit dans ce qu'il venoit de dire, et qu'il avoüoit ingénüement comme l'affaire s'estoit passée, je ne pus m'empescher d'éclatter et d'asseurer que, suivant la déposition mesme du sauvage qu'il venoit de faire, le soldat estoit innocent, et qu'il ne merittoit pas le châtiment qui avoit esté ordonné, puisque l'interprète avoit interpreté la chose autrement qu'elle n'estoit. Mr. de La Motte, irrité contre le soldat, marchoit dans sa chambre à grands pas sans faire attention à ce que je venois de dire. Je répétay encore une fois l'affaire, et me fis entendre de l'enseigne de la compagnie. L'interprète, sans faire semblant de m'avoir oüy, se douta bien que l'officier ne manqueroit pas de s'expliquer et d'en parler à Mr. de La Motte. Il s'emporta et se picqua d'abord contre moy, et demanda justice du démenty que je venois de luy donner, au sujet de sa fausse interprétation. Je m'aprochay de luy, dans la présence de Mr. de La Motte, et luy soustins qu'il avoit mal expliqué la déposition du sauvage, que j'en sçavois la langue, et qu'en interprétant, il n'avoit pas dit ce qu'il venoit d'avoüer.

Mr. de La Motte, qui avoit suspendu son jugement à l'égard du soldat, l'envoya chercher, et, après l'avoir interrogé, il luy ordonna d'accuser juste comme tout estoit arrivé. Il parla comme le sauvage et de la manière que je venois de faire. Mr. de La Motte, se tournant ensuitte vers la personne qui n'avoit pas dit la vérité du fait, se contenta de luy dire quelques paroles mortiffiantes, et puis renvoya le soldat et les chefs qu'il avoit fait arrester.

La traitte des Outaoüas alloit finir, quand il arriva un cannot à Montréal de la part de Mr. de Courcelles, avec ordre de faire descendre à Quebec touts les chefs de cette nation, et ceux des Irroquois pour y conclure la paix entr'eux.

Mr. de La Motte, ayant reçu ces ordres, me fist appeller et m'ordonna de m'embarquer avec les Outaoüas, qui firent difficulté de partir; ils furent obligez d'obéir malgré eux. Les Irroquois ne parurent avoir aucune répugnance là-dessus.

Quand les chefs Outaoüas se virent forcez d'entrer dans la barque destinée pour le voyage, ils renvoyèrent touts leurs gens chez eux, et firent suivre leurs cannots. Un officier et douze soldats furent commandez pour les escorter jusqu'au premier campement que nous fimes, en partant de Montréal. Ils me prièrent de demander à l'officier qu'il leur fust permis de s'embarquer dans leurs cannots; il y consentit, et nous arrivâmes heureusement à Quebec [Juillet, 1670], où les amis de celuy que j'avois démenty à Montréal firent touts leurs efforts pour me déservir auprès de Mr. de Courcelles, et empescher que je ne fusse l'interprète. Mais Mr. de La Motte avoit escrit en ma faveur et certiffié ma constance et ma fidélité; en sorte que mes ennemis ne furent pas escoutez. Il y eust quelqu'un qui voulut trouver à redire à l'interprétation que j'avois faite, et soustenir quelle n'estoit pas juste; mais il en eust toutte la confusion, car elle fut généralement reçeue pour véritable.

Chapitre XX.

Arrivée de Mr. Talon Intendant ayant les ordres de faire poser les armes de France dans le pays des Outaoüas et en prendre possession au nom du Roy.

Les premiers vaisseaux arrivèrent de France à Quebec pendant que touts les chefs y estoient. Mr. de Courcelles receut des lettres de Mr. Talon, qui luy mandoit l'utilité qu'il y avoit d'arrester quelques François qui auroient estez aux Outaoüas et qui en sçussent la langue, pour pouvoir y monter et prendre possession de leur pays au nom du Roy. Mr. de Courcelles jetta d'abord la veüe sur moy, et me fit rester à Quebec jusqu'au retour de Mr. l'Intendant. Quand il y fust arrivé, il me demanda si je voudrois me résoudre à monter aux Outaoüas, en qualité d'interprète, et y conduire un subdélégué qu'il y establiroit pour prendre possession de leur pays. Je luy fis connoître que j'estois tousjours prêt à luy obéir, en luy faisant offre de mes services. Je party donc avec le Sr. de Saint Lusson son subdélégué, et nous arrivâmes à Montréal, où nous restâmes jusqu'au commencement du mois d'octobre [1670]. Nous fûmes contraints, dans le voyage, d'hyverner chez les Amikoüets; les Saulteurs hyvernèrent aussy dans les mesmes endroits, et firent une chasse de plus de deux mil quatre cents élans, dans une isle appellée l'isle des Outaoüas, qui a quarante lieues de longueur, et contient l'étendüe du lac Huron, depuis la partie vis-à-vis de la rivière de Saint François jusqu'à celle des Missisakis, en allant vers Michillimakinak [1]). Cette chasse extraordinaire ne fust cependant faite qu'avec des lacets.

Je les fis advertir de se rendre chez eux[2]), dans le printemps, le plustost qu'ils pourroient, afin d'entendre la parole du Roy que le Sr. Saint Lusson leur portoit et à touttes les nations. J'envoyay des sauvages aussy pour faire sçavoir à ceux du nord de ne pas manquer de se rendre aussy dans leur pays[3]). Je traisnay et portay ensuitte un cannot de l'autre costé de l'isle, où je m'embarquay; car il est à remarquer que le lac ne se glace jamais que du costé où nous hyvernâmes, et non pas vers sa largeur, à cause des vagues continuelles que le vent y excite. Nous partymes de là pour aller vers la baye des Renards et Miamis[4]) qui n'en est pas bien éloignée, et je fis venir touts les chefs au Sault Sainte Marie; où se devoit planter le picquet et afficher les armes de France, pour prendre possession du pays des Outaoüas. Ce fut l'année 1669 [1671] que cela se passa[5]).

Je me rendy le cinq du mois de May au Sault Sainte Marie avec les principaux chefs des Poutéoüatamis, Sakis, Puans et·Malhommis [Maloumines ou Folles-Avoines]; ceux des Renards [Outagamis], Mascouetechs [Mascoutins, Nation du Feu], Kikabous et Miamis ne passèrent pas la Baye. Entr'autres le nommé Tetinchoua, le principal chef des Miamis, qui, comme s'il en avoit esté le roy, avoit jour et nuit en sa cabane quarante jeunes gens pour la garde de sa personne[6]). Le village qu'il commandoit estoit de quatre à cinq mil combatants; il estoit en un mot craint et respecté de touts ses voysins. On dit cependant qu'il estoit d'un naturel fort doux, et qu'il n'avoit point d'autre conversation qu'avec ses lieutenants ou gens de son conseil chargez de ses ordres. Les Poutéoüatamis n'osèrent, par considération, l'exposer à faire le voyage, appréhendant pour luy les fatigues du cannot, et craignants qu'il n'en tombât malade. Ils luy représentèrent que, s'il luy arrivoit quelque accident, sa nation les en croiroit responsables, et qu'elle les' entreprendroit pour ce sujet. Il se rendit enfin

à leurs raisons, et les pria mesme de faire pour luy
dans l'affaire, qui se présentoit, comme il feroit pour
eux, s'il estoit présent. Je leur avois expliqué de
quoy il estoit question, et pourquoy on les faisoit
appeller.

Je trouvay, à mon arrivée, non seulement les
chefs du nord, mais encore touts les Kiristinons,
Monsonis, et des villages entiers de leurs voysins;
les chefs des Nepissings y estoient aussy; ceux des
Amikoüets, et touts les Saulteurs qui avoient leur
établissement dans l'endroit mesme. On planta le
picquet en leur présence, et les armes de France y
furent appliquées du consentement de touttes les nations, qui, ne sachant écrire, donnèrent pour leur
signature des présens; affirmans de cette manière
qu'ils se mettoient sous la protection et l'obéissance
du Roy. On dressa les procez-verbaux au sujet de
cette prise de possession, dans lesquels je signay
comme interprète, avec le Sr. de Saint Lusson subdélégué; les RR. PP. missionnaires Dablon, Allouez,
Dreüillette et Marquet [Marquette] signèrent plus bas,
et, au-dessous d'eux, les François qui se trouvèrent
sur les lieux en traitte. Cela fut exécuté suivant
l'instruction donnée par Mr. Talon. Après cela, touttes ces nations s'en retournèrent chacune chez elles,
et vécurent plusieurs années sans aucun trouble de
part et d'autre.

J'ai oublié de dire que les Hurons et les Outaoüas n'arrivèrent qu'après la prise de possession;
parcequ'ils s'estoient enfüy de Chagouamikon pour
avoir mangé lès Scioux, comme je l'ay dit cy-devant.
On parla de ce qui se venoit de faire, et ils agréèrent comme les autres tout ce qui avoit esté conclu
et arresté [1]).

———

Chapitre XXI.

L'Irroquois n'estant plus en guerre avec les François ny
leurs alliez la porte chez les Andastes et les
Chaoüanons.

L'Irroquois ne pouvaut plus faire la guerre à ses
voysins, la force des armes l'ayant contraint de mettre fin à touttes ses cruautéz; il alla chercher à la
faire chez les Andastes et les Chaoüanons[1]), qu'il
deffit en plusieurs rencontres et dont il augmenta
considérablement ses forces, par le grand nombre
d'enfans ou autres prisonniers auxquels ils donnèrent
la vie. Les Andastes furent entièrement deffaits, et
ceux qui restèrent se rendirent de gré à gré, ils furent
reçeus et [sont] présentement chez les Tsonontouans.
Mr. de Courcelles ayant fait la paix générale
avec les Irroquois, résolut d'aller voir le lac Ontario. Il y fust avec peu de monde et se rendit à Ka-
taracouy, qui est ce qu'on appelle le fort de Frontenac
[1671]. Il y fit venir les Irroquois qui eurent [ordre]
de s'y assembler touts, pour leur proposer le dessein
où il estoit de faire bastir un fort. Ils y consentirent, on leur fit quelques présens auxquels ils répondirent. Dans le mesme automne, peu de temps auparavant, Mr. de Courcelles fut rappellé et relevé
par Mr. de Frontenac, qui fit bastir ce fort dès l'esté
suivant; qu'il fit nommer de son nom; où il ne manquoit pas d'aller passer quelques mois de l'année. Il
y faisoit appeller les chefs de touttes les nations Ir-
roquoises, et a maintenu tousjours l'union entre elles
et les sauvages d'en haut, jusqu'à ce que des guerriers Irroquois qui venoient de Chaoüanonk, où ils
n'avoient rien fait, leur enlevèrent cinq familles de
Renards ét un chef qui avoient estez solliciter un

secours dans la guerre qu'ils avoient alors contre les Illinois. Cela fut cause [que] l'Irroquois deffit un village Illinois, et qu'il frappa partout sans aucun égard. J'ay fait un mémoire que vous avez, Monseigneur, au sujet de ces guerres; c'est pourquoy je n'en marque rien dans ce mémoire.

Touttes les courses injustes que les Irroquois faisoient partout n'engagèrent pas Mr. de Frontenac à leur faire la guerre; il en prévoyoit les mauvaises suittes; et aussytost qu'un coup avoit esté fait, il en estoit averty par des présents de la part de ceux qui avoient frappé les premiers, et des autres qui avoient estez frappez. Il sçavoit appaiser tout, quoyque l'Irroquois devint fort de plus en plus par la quantité de prisonniers qu'il continüoit de faire sur ses ennemis.

Mr. de Frontenac donna des congez à différens particuliers pour la traitte que l'on fait dans le pays d'en haut chez les sauvages qui sont hors de la colonie[2]). J'en obtins un aussy par la faveur et recommandation de Mr. Belgralie, secretaire de Mr. de Colbert.

Ce fut environ le mesme temps que Mr. du Chesneau, intendant du pays, escrivit contre Mr. de Frontenac, et manda à la cour qu'il ne donnoit des permissions qu'à ses créatures. Ses lettres furent escoutées, et il fust deffendu d'en accorder à personne d'avantage.

Les Canadiens se voyant privés de ces franchises, se débandèrent et crurent qu'elles leurs estoient deües: cela fust cause que la plus grande partie de la jeunesse du pays s'en alla, et ne revenoit qu'à la dérobée chercher des marchandises en raportant les pelleteries qui estoient furtivement vendües. Ce négoce fit ouvrir les yeux aux commerçants qui y trouvoient fort bien leur compte, et qui leur avançoient ce qui estoit nécessaire dans leur voyage, quelques opposez que fussent les ordres qu'on donnoit là-dessus. Tellement que ces Canadiens se rendirent semblables aux sauvages, dont ils copièrent si bien le libertinage, qu'ils oublièrent ce qu'ils [devoient] à la subordination et discipline françoise, et, si je l'ose dire, au Christianisme mesme. Il auroit fallu, pour obvier à ce désordre dans son principe, châtier dès le commencement ceux qui estoient tombez en faute, en contrevenant aux ordres du Roy. La Cour ayant esté informée que le mal ne diminuoit pas, envoya une amnistie que Mr. de Frontenac fit publier dans le pays des Outaoüas, où il envoya Mr. de Villeraye pour cet effect, et l'établit commandant sur les lieux.

Les Irroquois commencèrent encore à donner sur les Illinois et sur d'autres nations; car leurs forces augmentoient tousjours. Ils voulurent mesme s'adresser aux Outaoüas et Népissings dont ils firent plusieurs prisonniers. Mr. de Frontenac, estant party pour aller au fort qu'il avoit fait bastir, fit assembler aussytost qu'il y fust arrivé touts les chefs Irroquois, auxquels il parla de manière qu'ils rendirent les prisonniers, et demeurèrent en repos, promettants de ne plus faire d'incursions sur nos alliez compris dans la paix. On sollicitoit cependant tousjours Mr. de Frontenac à leur faire la guerre; mais il prévoyoit que si une fois elle s'allumoit, on ne l'éteindroit pas de sitost. Il se contenta donc de l'intimider de parole et réussit.

Il naissoit des différens continuels entre luy et Mr. du Chesneau par les suggestions de leurs créatures de part et d'autre; le roy en ayant esté informé, les rappella touts les deux en France, et envoya Mr. de la Barre, pour relever Mr. de Frontenac, et Mr. de Meule en la place de Mr. du Chesneau. Les mauvais avis qu'on leur donna à l'un et à l'autre, causèrent cette révocation au détriment du pays.

Mrs. de la Barre et de Meules les ayant relevés [1682], furent persuadez par des ecclésiastiques de faire la guerre contre l'Irroquois; les marchands mesmes, qui n'envisageoient pas tant la destruction de cette nation que leurs propres interêts, poussoient de leur costé à la faire déclarer; ils ne prevoyoient pas, qu'en s'en rendant l'ennemy, on ne les ferait pas revenir quand on voudroit. Ils s'imaginèrent que sitost que le François viendroit à paroistre, l'Irroquois luy demanderoit miséricorde; qu'il seroit facile d'establir des magasins, construire des barques dans le lac Ontario et dans celuy des Outaoüas, et que c'estoit un moyen de trouver des richesses. Touts ces conseillers réussirent à faire entreprendre cette guerre.

Chapitre XXII.

Guerre entreprise par Mr. de la Barre contre les Irroquois.

Mr. de la Barre s'estant enfin déterminé à la guerre qu'on luy avoit persuadée de faire aux Irroquois [1684], envoya des présents aux nations Outaoüases pour les inviter à le venir joindre au fort de Frontenac, afin de détruire conjointement ensemble le village des Onontaguez. Mr. de la Durantaye eust ordre de commander les Outaoüas, et on luy donna pour second Mr. de Lude [du Luth] qu'il envoya avertir à Kamalastigouia[1]), au fond du lac Supérieur, où estoit son poste. Il fit amasser tous les François qui se trouvèrent aux environs de Michillimakinak. Tout son monde estant assemblé, il envoya présenter le casse-teste[2]) aux Saulteurs, Missisakis et autres nations qui habitoient les lacs Huron et Supérieur, mais il n'y en eust pas une qui l'acceptât. Il le fist porter chez les nations de la Baye qui le refusèrent pareillement.

Mr. de la Barre m'avoit donné une permission d'aller commercer chez les Outaoüas. En allant à la Baye je trouvay à cinq lieues de Michillimakinak les députez qui alloient inviter les nations de cette Baye avec le casse-teste et des présents; mais ils raportèrent à leur retour qu'aucune des nations n'avoit voulu consentir à la guerre, ny recevoir les présents qu'on leur avoit présenté. On fust chez les Hurons qui reçurent la hache; les Outaoüas, les Kikapous et Sinagos n'en voulurent pas entendre parler.

Mr. de Lude arriva la nuit suivante de Kamalastigouia, et apprit qu'aucune des nations, excepté le Huron, n'avoit voulu partir pour faire la guerre. On luy dit le landemain que j'estois à Michillimakinak; il m'envoya chercher, et me fit entendre que personne ne pourroit, mieux que moy, engager les nations à se joindre avec nous dans cette guerre, persuadé de l'ascendant que j'avois sur leur esprit. Je party donc un dimanche, après avoir entendu la sainte messe, pour aller chez ces nations, qui m'écoutèrent et reçeurent le casse-teste et les présents. Ils me demandèrent seulement quelques jours pour racommoder leurs cannots, et se mettre en estat de nous joindre. Ils eurent huit jours pour s'aprester. Ils se rendirent ensuitte, et nous partimes touts ensemble; mais les Outaoüas n'arrivèrent que trois jours après au Sakinang [3]), au nombre de quatre cents hommes, y compris les chefs et les vieillards. On envoya un cannot, après leur départ, informer ceux de la Baye qu'on estoit touts party de Michillimakinak, et que j'avois engagé des nations, qui avoient refusé d'accepter le casse-teste et les présents, à se joindre en guerre avec nous. Je leur dis qu'ils m'avoient tousjours regardé comme leur père, et que je devois marcher à la teste des Outaoüas, qui faisoient fort bien de me suivre. Un des chefs parla alors, et fit connoître à touts les villages que l'on estoit obligé de s'intéresser dans cette guerre, et d'y marcher puisque j'y marchois. Il déclara que luy et sa famille ne souffriroient pas que je m'exposasse au danger sans s'y trouver, et partit sans autre préparatif. Il fust suivy de cent jeunes gens; tout le reste l'auroit accompagné s'il y avoit eü des cannots.

Les Outaoüas ayant joint, Messieurs nos Commandants me les donnèrent à ménager. Un accident impréveu, qui arriva le troisième jour de nostre marche, les intimida et leur fit mal augurer de la guerre que nous allions faire. Il y eust un soldat françois qui laissa partir inopinément son fusil et en fust tüé. Ce coup fâcheux remplit leurs imaginations d'idées peu favorables à nostre entreprise, mais je les en désabusay.

Quand nous fumes arrivez dans les isles du Détroit[4]), on obligea une bande de biches à se jetter dans l'eau; un jeune homme, qui estoit au milieu d'un cannot, voulant tirer sur elles, cassa le bras à son frère qui ramoit dans le devant du mesme cannot. Ce second accident fit une telle impression sur les Outaoüas, qu'ils alloient faire volte-face, si je n'avois persuadé au père du blessé d'engager son fils à déclarer publiquement, qu'il n'estoit party de son pays que dans l'intention de périr les armes à la main contre les Irroquois. Il y mourut en effet de sa blessure; son frère ne vécut guerre après luy du chagrin qu'il en eust. Cependant les Outaoüas ne purent se dispenser de continüer leur route.

Les gens de la Baye dont j'ay parlé cy-devant nous joignirent à deux lieües de la Longue Pointe du lac Erien [Erié], et firent entendre aux Outaoüas que s'ils restoient longtemps absents de leurs femmes, elles jeûneroient, ne sachant pas la manière de pêcher le poisson. Ils voulurent donc s'en retourner, mais je m'opposay à ce dessein, en leur faisant

connoître qu'il y avoit de la laschcté dans une telle
résolution. Ils s'emportèrent d'abord contre moy et
me répondirent brusquement qu'ils m'apprendroient
ce qu'ils sçavoient faire [5]). Il y avoit dans ce temps-
là sept à huit jours que nous estions dégradez [6]) dans
un endroit, où [d'où] nous avions eü soin d'envoyer des
François à la découverte vers le pays des Irroquois.

Sur ce reproche, les Outaoüas firent marcher
aussy de leurs gens par terre, qui arrivèrent dans
le pays, où nous avions envoyé les nostres pour découvrir les ennemis; mais ils ne se rencontrèrent
que quelque temps après. Les Outaoüas se diver-
tissoient à siffler en marchant et à contrefaire le
sifflement du cerf, quand les François, qui n'estoient
pas bien éloignez d'eux, crurent que c'en estoient
véritablement; ils entrèrent dans le bois, allans vers
l'endroit où ils avoient entendu siffler. En estant
bien proches, quelqu'un d'eux en avançant apperçut
quelque chose de blanc dans un hallier, et crut voir
le poitrail d'un cerf, ce qui luy fit tirer son coup de
fusil, dont il blessa un Outaoüas qui portoit une chemise, et perça celle de celuy qui le suivoit.

Ce dernier coup acheva de les persuader qu'ils
avoient [auroient] bien eü raison de nous abandonner;
il y en eust mesme qui osèrent dire qu'il falloit se battre contre nous, parceque nous commencions déjà à
les tüer. Je gagnay par mes raisons le blessé et son
oncle qui asseura les Outaoüas que son nepveu pour
avoir esté blessé n'estoit pas mort; qu'il vouloit aller
mourir plus loin, et qu'il estoit party de son pays
en ce dessein. Il ajouta, en s'adressant directement
à eux, qu'ils pouvoient cependant relascher s'ils vouloient, mais que pour luy et son nepveu, [ils] suivroient par tout le François. Son discours fit un si
bon effect, qu'ils continüèrent la route avec nous.

Nous arrivâmes enfin à Niagara, où Mr. de la
Durantaye me chargea d'informer les Outaoüas, en
leur donnant le casse-teste, que les trois barques du

fort Frontenac s'y trouveroient chargées, à nostre arrivée, de trois cents fusils pour les armer, et d'autres munitions de guerre et de bouche à discrétion. Je luy dis mon sentiment là-dessus, qui estoit de ne pas s'engager à ces sortes d'asseurances, et qu'il seroit temps de le dire quand on seroit sur les lieux, en cas que cette. abondance s'y trouvast; parceque si les choses alloient autrement et qu'ils se vissent trompez, il ne seroit plus possible de joüir d'eux. Il voulut absolument, malgrez touttes mes raisons, que j'exécutasse ses ordres là-dessus.

Quand nous y fumes arrivez, il n'y avoit aucune barque; je les amusay cependant pendant deux ou trois jours, en leur faisant acroire [que les vents contraires] les avoit empesché de venir. Le temps se passoit et rien ne venoit; cela les fit murmurer. Ils commencèrent à me dire que je les avois trompé, et que les François les vouloient trahir et livrer entre les mains des Irroquois, qui n'auroient point de peine d'enlever leurs femmes et leurs enfants. Les Commandants et touts les François ne sçavoient plus que dire là-dessus; on se consulta et on assembla les chefs et touts les anciens des nations, auxquels on déclara qu'il falloit prendre la route vers le nord du lac, et aller droit au fort de Frontenac; qu'on y trouveroit, ou qu'on y attendroit Mr. de la Barre, s'il n'y estoit pas arrivé; et, si on apprenoit qu'il y fust passé, on le suivroit; parceque son arrivée nous mettroit à l'abri des insultes de l'ennemi. Les sauvages qui sont des esprits de contradiction, voulans tousjours estre maistres de leurs volontéz, dirent qu'il falloit prendre le sud et marcher droit aux Tsonontouans. Ils s'entestèrent là-dessus, quelques bonnes raisons qu'on put apporter pour les faire changer de résolution.

Je fus dans leur camp trouver touts les chefs, auxquels je fis voir que c'estoit trop se risquer que de s'exposer. à une pareille entreprise, et que nous ne manquerions pas d'estre deffaits, au lieu que nous nous mettrions en asseurance en faisant autrement. Je les pris touts l'un après l'autre en particulier, et je connus, suivant ce qu'ils me répondirent, qu'il n'y avoit que quelques-uns seulement d'entre eux qui soutenoient avec opiniatreté ce sentiment. Et la raison pourquoy ils estoient si fermes, estoit à cause du reproche de lascheté que je leur avois cy-devant fait, qu'au reste je n'avois pas tort. Tout le commun me disoit aussy la mesme chose, quoyque je ne leur en parlasse plus. Je retournay vers Messieurs nos Commandants leur dire ce que je venois d'apprendre, et les asseurer que la terreur estoit dans le camp des Outaoüas, et qu'ils craignoient qu'on ne prit la route par le pays des Tsonontouans. Je proposay un expédient qui estoit de publier dans leur camp, que, comme nous avions esté les maistres de la marche jusqu'à Niagara, nous leur defférions présentement le pouvoir de la gouverner; que nous estions prêts de les suivre du costé qu'ils croient [croiroient bon]; et que nous [nous] réglerions sur le premier cannot qui partiroit. Ils agréèrent ce que je viens de dire, et sur-le-champ touts les cannots François furent mis à l'eau et les bagages embarquez.

Quand tout cela fut fait, je criay dans leur camp: Soyez maistres de la marche; et aussytost ceux qui n'estoient pas du nombre des entestez s'embarquèrent prenants le nord du lac et nous les suivimes.

Trente ou environ des opiniastres ne branlèrent pas du camp le reste du jour; ils envoyèrent deux hommes à la découverte, vers le pays des Irroquois, qui découvrirent une barque à la voile et retournèrent au plustost en avertir leurs gens, qui nous en donnèrent avis par un cannot.

Le landemain, nous nous rendismes à Niagara, où la barque arriva, qui n'avoit autre chose que les lettres de Mr. de la Barre, dans lesquelles il don-

noit avis de la nécessité où il avait esté de faire
la paix, par raport à la maladie qui s'estoit mise en
son camp, dont il estoit mort près de neuf cents
François et autant des sauvages qui l'avoient accompagné. Quoyque Mr. de la Barre avoit suivy les
avis de plusieurs personnes en entreprenant cette
marche, ils furent les premiers, à escrire contre luy
à la cour, et mander qu'il n'estoit plus capable de
faire la guerre. Il fust en effet rapellé l'année suivante et relevé par Mr. Denonville [Août, 1685].

Je ne retournay pas aux Outaoüas incessamment
après la campagne [7]; je n'y fus que le printemps
suivant, sur les nouvelles qu'on eust par les voyageurs, qui raportèrent que les gens de Mr. de La
Salle troubloient les François qui alloient sur ses
congez, depuis la baye des Puans jusqu'aux Illinois,
et qu'ils enlevoient mesme leurs effects [8].

Chapitre XXIII.

Campagne de Mr. Denonville contre les Irroquois.

Je fus envoyé à cette baye, chargé d'une commission pour y commander en chef et dans les pays
plus éloignés du costé du ouest, et de ceux mesme
que je pourrois découvrir [1]. Mr. de la Durantaye
relevoit alors Mr. de la Valtrie qui y avoit esté
commandant dans la campagne des Irroquois.

Je ne fus pas plustot arrivé dans les endroits
où je devois commander, que je reçus ordre de Mr.
Denonville de revenir avec touts les François que
j'avois. Je ne le pouvois plus sans abandonner les
effects qu'il m'avoit fallu emprunter des marchands
pour mon voyage. Je me trouvois en ce temps-là

dans le pays des Scioux où la gelée avoit brisé tous nos cannots ; je fus contraint d'y passer l'esté, pendant lequel je m'appliquay à m'en procurer pour aller à Michillimakinak, mais les cannots n'arrivèrent que dans l'automne [1686].

Je reçus encore d'autres ordres dans le commencement de l'hyver pour assembler tous les François et sauvages qui se trouveroient à ma portée et sur ma route, afin de me rendre avec eux proche du lac, où sont establis les Tsonontouans. Je me mis aussytost en chemin, et j'invitay les Miamis à cette guerre, ils me le promirent ; mais les Loups qui estoient leurs voysins les en dissuadèrent, en leur faisant acroire que les François les vouloient trahir, et les faire manger aux Irroquois lorsqu'ils les auroient joints.

Je fus par terre chez les Miamis qui estoient à soixante lieues environ de mon poste, et m'en revins par terre de mesme que j'y estois allé. J'appris en chemin, avant d'y arriver, qu'un corps de quinze cents hommes des nations de la Baye, Renards, Maskouetechs, Kikapous, qui alloient en guerre contre les Scioux, devoient piller mes marchandises, sachant que je n'y estois pas ; et qu'ils devoient ensuitte faire autant plus haut à des François et les égorger. Il [en] estoit vray [venu] aussy espier à mon poste, dans quelle situation on y estoit, sous prétexte de traitter de la poudre, et qui raportèrent au camp qu'ils n'avoient veüs dans le fort[2]) que quatre personnes seulement.

Quand j'y fus de retour le landemain matin, il y en vint deux autres qui m'y trouvèrent. Je leur dis que j'avois à parler à leurs chefs ; j'en nommay sept ou huit des principaux. Ils retournèrent à leur camp, et ceux mesme dont je leur avois parlé arrivèrent pour me voir.

La sentinelle qui estoit en faction m'en avertit! j'avois tousjours soin de faire tenir la porte du fort fermée; je la fis ouvrir pour les faire entrer, et les menay en ma cabane. Ils y virent plusienrs fusils en bon estat, ayant de bonnes pierres et de bonnes plaques. Les deux espions qui estoient venus auparavant les avoient pareillemeut veüs. Je leur fis acroire que nous faisions le nombre de quarante hommes, sans compter ceux que j'avois envoyé à la chasse. Ils crurent la chose comme je la disois, parcequ'en entrant dans une cabane les gens qu'ils y avoient veüs changeoient aussytost de hardes et se présentoient de rechef devant eux.

Je leur fis donner à manger, et, pendant, je leur reprochay le traistre dessein qu'ils avoient conçû de vouloir piller mes marchandises et égorger les François. Je leur déclaray de point en point leur conspiration. Je leur fis connoître aussy qu'ils estoient à présent en ma disposition, mais que je n'estois pas un traistre comme eux; que je voulois seulement qu'ils se relaschassent de la guerre qu'ils alloient faire, et qu'ils tournassent leurs armes plustost contre les Irroquois. Deux factionnaires furent tousjours postez aux deux bastions du fort, ayant plusieurs fusils auprès deux, qui se relevèrent toute la nuit. Ces sauvages m'avoüèrent ce qu'ils avoient tramé; je leur fis quelques présents pour les engager à m'obéir, et en eü de bouche toutte sorte de satisfaction.

Le landemain le gros du party arriva qui crut entrer tout d'un coup; je tenois les chefs par devers moy dans le fort; je leur fis entendre qu'ils estoient morts à la première violence que leurs gens feroient, car nous commencerions par eux. Mes François se tenoient bien avec les armes sur leurs gardes. Il y eust quelques-uns des chefs que je retenois, qui montèrent dessus la porte du fort, qui crièrent à leur monde que les affaires estoient claires et bonnes entre eux et nous. Ils me prièrent de traitter leurs pelleteries pour des munitions, afin qu'ils pussent faire la chasse du buffle. Je les faisois entrer tour-à-tour. Après avoir traitté avec eux ce qu'ils avoient, ils se divisèrent chacun de leur costé pour faire la chasse. Quelques jours après je m'en fus à travers les terres à la Baye avec deux François. J'en rencontrois à tout moment qui m'enseignoient le meilleur chemin et me régaloient fort bien. Quand j'y fus rendu je m'abouchay avec les nations. Le printemps [1687], j'en party avec toutte la jeunesse, et arrivay après-midy à Michillimakinak. Mr. de la Durantaye en estoit sorty le matin avec les François, qui n'avoient pu résoudre les Outaoüas à se mettre en marche. Aussytost qu'ils me virent, ils me dirent de les attendre quelques jours, et qu'ils estoient dans l'intention de partir avec moy, que leurs cannots n'estoient pas en estat, et que lorsqu'ils seroient prêts ils suivroient les François. Je les crus et les espéray pendant huit jours. Mr. de la Durantaye arresta trente Anglois, qui estoient venus traitter avec les Outaoüas, et confisqua tous leurs effects. Il en fit distribuer la meilleure partie aux Outaoüas et particulièrement leur eau-de-vie. Les Outaoüas en avoient conservé un baril de vingt-cinq pots pour enyvrer mes gens, et faire en sorte de les débaucher. Ils firent ce qu'ils purent, et leur donnèrent un baril plein; on m'en advertit, je le fis casser devant moy et le [fis] répandre à terre [3]).

Je m'embarquay avec mon monde, après avoir bien chanté injure aux Outaoüas. Je joignis Mr. de la Durantaye, qui avoit rencontré Mr. de Tonty au fort de Mr. de Lude situé au Détroit. Ils avoient encore arresté trente autres Anglois; qui estoient sur le point de s'en retourner, si je n'estois arrivé; car soixante Anglois estant [estoient] devenus desjà de trop forts ennemis pour eux, et qui avoient manqué à les faire détruire par les sauvages mesmes qui les accompagnoient. D'autant que les François s'estoient saoulez de la boisson qu'ils leur avoient pillée; et s'ils n'avoient pris garde à eux, cela seroit arrivé. Ils craignoient que les Irroquois, ayant connoissance de leur marche, ne leur dressassent des embuscades, et que les Anglois se joignants à eux, ils n'eussent estez deffaits. Mon arrivée fit qu'on se mit en chemin le landemain matin, sans rien craindre, à cause du secours que mon party leur donnoit; et au bout de deux jours nous arrivâmes à Niagara, où nous fîmes un retranchement pour nous deffendre des Irroquois, s'ils venoient à nous attaquer. Nous y demeurâmes quelques jours. Les Outaoüas et Hurons nous y joignirent, qui s'y rendirent par terre de Thehegagon, et laissèrent leurs cannots vis-à-vis, dans le lac Huron. Ils prirent la résolution de suivre, quand ils virent que les nations de la Baye ne les avoient pas voulu croire; car il auroit esté honteux pour eux de ne s'estre pas trouvé dans une occasion avec l'ennemi, s'il en estoit arrivé quelqu'une, ayant veü passer leurs alliez chez eux.

Nous y reçûmes les ordres de Mr. Denonville, et on avança vers les Tsonontouans; on y arriva en mesme temps que luy.

Mr. Denonville ayant fait faire un retranchement sur le bord du lac [Ontario], marcha avec les troupes contre les villages et se bastit, à une demi-lieue du premier, contre huit cents Irroquois qui estoient en embuscade et qui furent repoussez [Juillet, 1687]. Le landemain on campa dans le village mesme et on en ravagea touttes les terres désertées. Pendant ce temps-là les Hurons et Outaoüas débauchèrent les sauvages d'yci en bas et les firent consentir à cela [à ne pas continuer la guerre].

Mr. Denonville m'ordonna de les haranguer et leur reprocher leur lascheté, pour n'avoir pas voulu continüer leurs victoires. Je les engageay à nous suivre partout.

La campagne estant faite, je descendis dans la colonie avec Mr. Denonville, pour luy demander, comme médiateur, la paix de l'Irroquois avec le

François et tous les sauvages alliez. Quoyqu'on en
eust porté la parole aux Outaoüas et qu'on leur eust
deffendu de sa part d'aller en guerre, ils y furent
malgré Mr. de la Durantaye.

J'ay marqué dans les mémoires que je vous ay
présenté, Monseigneur, ce qui arrive ordinairement
parmy ces gens-là, qui veulent tousjours ce qu'on ne
veut pas, et qui sont partysans de la contradiction.
Il faut pour en venir à boust les sçavoir ménager ;
il est autrement difficile d'en faire quelque chose.

Vous connoîtrez facilement, par ces mémoires,
que les sauvages sont naturellement traistres surtout
le Huron et l'Outaoüas. J'en ay raporté plusieurs
exemples de trahison, et je ne finirois pas si je voulois m'étendre là-dessus. Il suffira que je vous en
cite encore icy quelques-uns qui n'y sont pas jusqu'à présent insérés.

Chapitre XXIV.

Trahison du Huron avortée contre touttes les nations Outaoüases.

Le Rat[1]), qui mourust à Montréal [le 2 août 1701], alla
trouver les Irroquois et leur proposa la destruction
des nations Outaoüases [1689]. Ils convinrent ensemble
que l'Irroquois viendroit avec un gros party à Michillimakinak, et qu'il y envoyeroit des avant-coureurs
pour voir et examiner les endroits par où on pourroit les attaquer. Il fust résolu que les Hurons occu-
peroient le flanc du fort ; que le Rat parleroit à
touttes les nations de la Baye et Saulteuse, et les
inviteroit de se rendre à ce fort de la part des Irroquois, qui ne manqueroient pas de les y venir voir,
pour confirmer plus fortement la paix qu'ils avoient
fait ensemble, et que le gouverneur leur avoit fait

conclure; mais qu'il estoit à propos et mesme nécessaire d'en renouveller une autre entre eux, indépendante de celle-là, qui seroit bien plus solide et plus asseurée. Les Irroquois, pour les en mieux persuader, avoient fait présent de colliers au Rat, afin d'en présenter aux autres nations Outaoüases, quand elles seroient assemblées. Ils leur donnèrent encore des asseurances bien plus fortes, en leur faisant dire qu'ils pouvoient faire un bon fort; car le dessein des Irroquois estoit, suivant les mesures qu'ils avoient prises, de rendre les Hurons maistres d'une palissade, et qu'ils saperoient. De cette manière l'assaut estoit asseuré, parceque le Huron ne tireroit qu'à poudre. Cette trahison fut enfin découverte; car un Aniez venant en traitte à Michillimakinak, rencontra des Amikoüets et autres sauvages au Sakinang, qui le reçurent bien, et luy donnèrent mesme des pelleteries. Ils furent si obligeans à son égard, qu'il ne put s'empescher de découvrir cette conspiration au chef des Amikoüets, qui se nommoit Aumanimek, un de mes bons amis, qui sçavoit [sçachant] bien que je devais monter du Montréal aux Outaoüas, m'attendoit pour hyverner avec moy dans l'endroit, où il falloit s'arrester, dans les voyages, pour y passer l'hyver.

J'arrivay chez luy, et aussytost nous partîmes pour aller à la baye des Puans. Il me déclara la trahison en passant à Michillimakinak. Je fis dire aux Révérends Pères ce qu'il m'avoit dit, qui se servirent de moy sans nommer l'Aniez, ny le chef des Amikoüets, pour faire avoüer au Rat qu'il estoit autheur de la trahison. Ils l'envoyèrent chercher et luy dirent qu'ils avoient appris de la bouche des Irroquois mesme le dessein qu'il avoit de détruire les nations Outaoüases. Les Pères, pour l'en convaincre plus fortement, luy dirent les moyens dont il estoit convenu pour en venir à boust, et tout ce qu'il avoit projetté pour les mieux tromper; il ne put pas le nier, et tout avorta [2]).

On sçait bien que les Hurons ont tousjours cherché à détruire les nations d'en haut, et qu'ils n'ont jamais estez fort attachez aux François; mais ils n'ont pas osé se déclarer ouvertement. Quand ils ont eü la guerre avec les Irroquois, ce n'a esté qu'en apparence, car ils estoient dans le fond en paix avec eux, et leur ont protesté que nous les tenions dans la colonie comme des captifs, et qu'ils ne portoient les armes que par force contre eux, sans pouvoir faire autrement, d'autant qu'ils se trouvoient au milieu des François et des Outaoüas, qui les auroient molestez et chagrinez s'ils avoient refusé d'obéir.

Après le combat de Mr. Denonville contre les Tsonontouans, les députez [des Hurons] arrivèrent chez eux pour s'excuser de ce qu'ils avoient accompagné l'armée françoise. Les Tsonontouans leur répondirent qu'ils ne venoient que lorsque les herbes estoient grandes, et qu'on ne leur voyoit que le boust de la teste; voulant dire qu'ils n'estoient venus les avertir de leur malheur que lorsqu'il estoit arrivé. Les Hurons leur dirent qu'ils devoient en avoir eü avis auparavant par un Aniez qu'ils avoient envoyé. Il est vray aussy qu'il en arriva deux à Michillimakinak, comme les voyageurs alloient partir pour joindre l'armée d'en bas, aux Tsonontouans. Les commandants se fièrent sur la fidelité d'un des deux contre le sentiment de tout le monde, qui déserta à huit lieües du village, sans quoy on les auroit trouvés chez eux, car lorsqu'on arriva au bord du lac, ils commençoient à décamper et à brusler leur village.

Chapitre XXV.

Autre trahison des Hurons.

Les Hurons voyant que Mr. de Louvigny, qui commandoit en chef[1]), ne vouloit pas, conjointement avec les Outaoüas, que les Hurons changeassent de village, sachant parfaitement qu'ils n'avoient dessein de quitter ce lieu que pour s'aller rendre chez les Irroquois, se partagèrent. Il en alla une moitié demeurer aux Miamis de la rivière de Saint Joseph[2]). Mr. de Louvigny ayant esté alors rappellé, on eust pour commandant Mr. de La Motte[3]) en sa place [1695].

J'estois dans ce temps-là à la Baye, d'où je fis partir soixante hommes comme je l'ay marqué dans mes autres ouvrages [mémoires], qui furent suivis de Hurons et d'Outaoüas, et qui allèrent plustost avertir l'Irroquois que pour luy faire la guerre. Ils se trouvèrent néantmoins contraints de se battre, comme je l'ay dit cy-devant.

Depuis l'establissement du Détroit, les Hurons n'ont-ils pas conspiré d'esgorger les François qui y tenoient garnison, commandée par Mr. de La Motte [1704 ou 1707]? et, si on a éludé leur dessein, ce n'a esté que par une vigilance à se bien garder[4]).

Chapitre XXVI.

Trahison des Outaoüas envers les François.

On a veü aussy bien des fois l'Outaoüas tramer contre les François qui estoient en traitte chez eux.

N'ont-ils pas, de ma connoissance, présenté le poignard à touttes les nations d'en haut, pour les exciter à se rendre complices de l'attentat qu'ils avoient envie de faire, et les pousser à massacrer ceux qui commerçoient chez eux? J'en parle comme témoin oculaire, ayant fait échoüer leur entreprise [1]).

On sçait qu'ils ont égorgé les chefs Miamis, qui estoient venus conférer avec les François au Détroit, et qu'ils ont frapé dans cette occasion [1706]. Quand les Illinois secondez des François ont battu les Renards, n'estoient-ils pas disposez à massacrer les François, si les Renards [n']eussent estez entièrement deffaits [1712]? C'est un fait incontestable qu'ils ont tüé des Irroquois, qui s'estoient mis sous la protection du fort de Katarakouy [1704]. N'avons-nous pas veü l'Irroquois ayder à brusler des Sakis qui en avoient estez pris [2])?

Le Miamis a tüé des François, l'Illinois pareillement, le Saulteur de mesme, et les gens du nord aussy. Ce n'a esté de leur part que conspiration contre nous, sans qu'on ait fait aucun mouvement pour s'en venger. Quelle conséquence ne peut-on pas tirer de la suitte? ne doit-on pas s'imaginer que, le Renard estant entièrement deffait (qui ne l'est pas encore), il surviendra encore d'autres guerres, et que le secours que ces traistres tirent de la colonie, pour ayder à les détruire, ne serviront qu'à la propre destruction des François, quand ils se seront destruits entr'eux. Car il n'y a pas de nation sauvage qui n'en veule à une autre. Le Miamis et l'Illinois se hayssent réciproquement; l'Irroquois en veut aux Outaoüas et aux Saulteurs, et ainsy des autres. Il n'y a aucune de ces nations qui ne se dise fondée de faire la guerre les unes aux autres; on ne peut donc s'attendre qu'à des guerres successives et inévitables, si on n'y obvie. Mais j'appréhende qu'on ne se mette en estat de les prévenir trop tard, et que le feu s'allume si bien qu'on ne le puisse pas esteindre à cause du secours que le François continüe de

donner aux autres nations, en considération de celle
des Hurons, qui est plus traistre et plus rusée que
touttes les autres. Car elle ne subsisteroit [plus] si le
François ne l'avoit protégée, quoyqu'elle ait bien des
fois encourue son indignation. Voilà donc, Monseigneur, ce dont je puis vous informer; je me serois
un peu plus estendu si le papier me l'avoit permis.
Mais, suivant ce que j'ai marqué, vous pouvez facilement connoître quels sont les moeurs des sauvages. L'exemple des Tsonontouans vous persuadera
facilement qu'on ne peut se fier à aucune des nations; et qu'il vaudroit bien mieux les laisser vuider
leurs différents entr'eux que de s'en mesler, si ce
n'est pour les accommoder. Ces accommodements
qu'on auroit ménagé auroient estez capables d'insi-
nuer dans leurs esprits la crainte et la subordination, parceque le Renard, qui est presque détruit,
n'auroit attendu que la désobeissance de quelqu'un
de ses ennemis pour se joindre à la nation qu'ils
auroient voulu attaquer. Ainsy le Renard craintif
et battu auroit esté forcé d'agréer la paix, et les
autres se seroient trouvez contraints de l'accepter.

On m'objectera peut-être que touttes les nations
se seroient rangées du costé de l'Anglois; hélas! ne
le sont-elles pas? Où sont celles qui ne s'y laissent
pas attirer par le bon marché? Le Huron, en qui
on se fie le plus, fournit-il bien des pelleteries au
Détroit, et à Montréal? Ne les vont-ils pas porter
chez les Anglois, et n'en donnent-ils pas aux Miamis?
Les Illinoetz n'iront-ils pas chez ceux qui sont establis à la Louysianne? C'est donc une foible raison
qu'on apporte, quand on veut dire qu'ils iront se
rendre à l'Irroquois, puisque l'Irroquois est plus porté
pour le Renard, qui est bien avec luy, que pour
touttes les autres nations qu'ils ont tüé depuis la
paix conclüe entre elles et les François [3]). C'est aussy
une raison qui n'a pas de fondement, de vouloir
soustenir que les nations se donneront à l'Anglois,

puisqu'elles luy aportent leurs pelleteries, à quoy il auroit esté facile de rémédier, si on avoit eü moins de condescendance pour luy [elles], et qu'on n'eust pas tant adhéré à ses [leurs] volontez; c'est d'où vient leur vaine gloire qu'on ne se peut passer d'eux [d'elles], et qu'on ne pourroit se maintenir dans la colonie sans le secours qu'elles nous donnent.

J'espère que vous voudrez bien, Monseigneur, examiner ce mémoire et les autres que j'ay eü l'honneur de vous représenter[1]), et qu'en y réfléchissant, vous connoîtrez que, en établissant la colonie, on commença d'abord à se rendre maistre des sauvages, quoyqu'on fust fort peu de François dans ce temps-là; et on eust soin de se maintenir dans cette supériorité, malgrez touttes les révolutions qui purent survenir; estant néantmoins bien plus nombreux et plus sauvages alors, je veux dire, brutaux, qu'ils ne le sont à présent. Et aujourd'huy qu'ils sont plus foibles et mieux humanisez, ils veulent estre nos maistres. Ils poussent desjà leur insolence jusqu'à, pour ainsy dire, se flatter d'estre en droit de nous faire la loy, voyant qu'on les tolère, et qu'on les laisse dans l'impunité. Au lieu que si les François leur eussent fait connoître, comme il faut, les obligations qu'ils leur ont, les secours qu'ils leur ont donnez, et qu'ils tiennent en un mot la vie de leur appuy et de leur protection, ils auroient plus de respect, d'égards, d'obéissance pour leurs bienfaiteurs.

Chapitre XXVII.

De l'insolence et de la vaine gloire des sauvages et de ce qui y a donné lieu.

Touts les sauvages qui commercent avec le François ne le sont que de nom; ils ont l'esprit de se servir de tout ce qu'ils voyent et connoissent leur pouvoir estre utile, également comme nous. L'ambition et la vaine gloire, comme je l'ay desjà dit, sont les passions supérieures qui les gouvernent. Ils voyent les François faire mil bassesses touts les jours à leurs yeux par un esprit d'intérêt, pour estre de leurs amis et en acquerir les pelleteries, non-seulément dans la colonie, mais aussy dans leurs pays [1]). Ils s'apperçoivent que les Commandants traittent comme les autres avec eux; car la coustume des chefs, parmy les sauvages, est de donner gratuitement, et la chose leur paroit d'autant plus odieuse. Ils ont la présomption de croire que l'on [n']oseroit les châtier, ny le faire ressentir à leurs familles, quand ils sont tombez en faute; se voyant, quoyque coupables, soustenus des puissances, et que le François bien souvent innocent et fondé en droit [est] puny au sujet des différens qu'ils ont eü avec eux. Cela fait qu'ils en abusent et surtout quand ils voyent châtier celuy contre lequel ils ont formé des plaintes. Les interprètes ou ceux qui les dirigent en sont bien souvent la cause, par le penchant injuste qu'ils ont ordinairement pour eux. Ces sortes d'injustices, quoyqu'en leur faveur, leur fait avoir un mépris si grand pour nous, qu'ils regardent ceux de la nation Françoise comme des misérables valets, et des gens les plus malheureux du monde. Voilà comme on les a ménagé depuis quelque temps!

Ils en sont devenus si fiers qu'il faut en user à présent avec eux d'une espèce de soumission. S'ils parlent aux puissances du pays, c'est d'une manière si haute et si impérieuse, qu'ils n'oseroient pour ainsy dire leur avoir refusé [leur refuser] ce qu'ils ont à demander; et s'ils ne l'obtenoient pas, ils ne craindroient pas d'en témoigner leur ressentiment. On ne se laissoit pas autrefois gouverner de la sorte, on sçavoit les caresser à propos, et quand ils le méritoient, soit dans la colonie soit chez eux. On estoit pareillement exact à les châtier lorsqu'ils estoient fautifs. J'en ay cité plusieurs exemples dans ce mémoire. Car combien de fois les ay-je obligez à se soumettre quand ils ont mal parlé de Mr. le Gouverneur, et de luy aller faire des présents en avoüant leur faute? Quand ils ont voulu minutter quelque entreprise contre l'Estat, je les ay obligé à s'en désister. Ce mémoire le marque en bien des endroits; et si quelqu'un vouloit gloser contre ce que j'avance, je suis prêt d'en prouver la vérité, en leur faisant connoître sensiblement que tout ce que j'ay raporté est très fidèle, par le témoignage de deux cents personnes dignes de foy, qui ont veü et connu ce que j'ay fait dans leurs pays, je veux dire celuy des nations sauvages, pour la gloire et l'avantage de la colonie.

Ne voyons-nous pas des François, tous les jours, devant nos yeux, qui n'estoient que des misérables valets, qui, après avoir déserté dans les bois, ont amassé des richesses qu'ils ont aussytost dissipées, s'estre ingérez de raporter des merveilles aux puissances, qui y ont adjouté foy, et, croyant faire pour le mieux suivant le raport qu'on leur faisoit, ont ruiné touttes les affaires, et les ont réduit dans un estat si pitoyable, qu'il sera très difficile de les re mettre? On s'estoit proposé pour principe de détruire le Renard pour faire fleurir touttes choses: j'ay donné à Monseigneur de Vaudreuil un mémoire là-dessus, qui a esté traversé puisqu'il n'a pas eü son effect. Il a connu par la suitte que ce que j'y exposois est arrivé au préjudice de la colonie. Je souhaite que tout aille mieux, mais je crains le contraire; et que le proverbe usité dans le monde ne se trouve véritable, c'est-à-dire, que la fin ne couronne l'oeuvre, à l'avantage de quelqu'autres que de la colonie. Je ne veux point marquer ce que je prévois, crainte de [causer du] chagrin à des personnes qui m'en voudroient, et qui néantmoins avoüeroient dans la suitte que j'aurois exposé la vérité.

Quand j'ay eü l'honneur d'estre chargé de ménager l'esprit des sauvages, on m'a laissé la liberté de leur dire ma pensée; il s'est trouvé des jaloux qui m'ont taxé d'avoir esté trop rude en leur endroit. Quand je leur ay parlé sérieusement on les a veü venir se soumettre et témoigner le repentir qu'ils avoient de leur faute.

Quand sept des nations Outaoüases, se rangèrent du costé des Irroquois, Mr. de Louvigny m'envoya les en empescher [1690 ou 1694]; je leur fis voir qu'ils s'alloient livrer en des gens qui les détruiroient dans la suitte, et que si leur père Onontio ne les avoit soutenu, ils seroient à présent touts détruits; je leur exposay la trahison qui estoit arrivée de la part des Irroquois envers les Hurons, dans les temps que les Miamis aydèrent à les détruire, et se joignirent à eux sans avoir égard à la paix qu'ils avoient faite ensemble [2]).

Lorsque les Anglois ont voulu les attirer par des présents qu'ils ont acceptez, je leur ay fait comprendre qu'ils alloient s'allier avec des traistres qui avoient empoisonné une partie des nations qui s'estoient trouvez chez eux; et qu'après avoir enyvré les hommes, ils avoient sacrifié et enlevé leurs femmes et leurs enfans pour les envoyer dans les isles éloignées, d'où ils ne revenoient jamais [3]). Qu'ils voyoient bien que l'Irroquois en estoit comme le fils, qui n'auroient pas manqué de concert avec eux à les détruire, si leur père Onontio ne les avoit protégé et deffendu; que le bon marché des marchandises n'estoit qu'un appât, dont ils se servoient pour se rendre maîtres d'eux, et les donner en proye aux Irroquois. Quand ils ont voulu s'imaginer des raisons pour se faire la guerre, ne leur ay-je pas donné à connoître que c'estoit troubler le repos de leurs familles, et qu'ils devoient plustost se soustenir les uns et les autres contre l'Irroquois, qui estoit leur ennemy à touts?

Dans touttes leurs mauvaises entreprises, n'ont-ils pas suivi mon sentiment pour s'en désister? Je leur ay tousjours parlé de mon chef dans l'absence de mes supérieurs; c'est ce qui donna lieu à des envieux de médire à mon sujet; c'est aussy d'où sont provenues touttes les mauvaises affaires qui sont survenues dans la suitte.

Si j'eusses monté avec Mr. de Louvigny [1716, 1717], je me serois flatté d'engager les Renards à demander la paix, quoyque nos alliez n'y fussent pas portez.

Chapitre XXIX.

Harangue qu'il auroit fallu faire à touttes les nations Outaoüases pour les obliger à la paix du Renard et ses alliez.

Escoutez, mes enfans, dit nostre père Onontio, escoutez, dit-il; j'ai du chagrin d'entendre touts les uns dire et parler des carnages qui se font dans vostre pays, en vous détruisant les uns les autres; j'ay en horreur le sang répandu et qui se répandra encore. Si je n'y mets fin, je suis asseuré qu'en peu de temps vous vous détruirez touts et que je n'auray plus d'enfans. J'aime vos personnes et vos familles, et je veux qu'elles vivent.

Toy Outaoüack, tu fais la guerre au Renard qui t'a donné la vie, prenant son [ton] party contre le Miamis, lorsque tu allois en chasse au haut de la Rivière Noire; car il l'auroit [t'auroit] tüé sans luy et le Kikapou qui s'opposèrent à son dessein [1]).

Toy Saulteur, dans le mesme temps tu as sauvé la vie à toutte la nation qui estoit dans Mamekagan, lorsque Chingouabé pria le Miamis d'aller manger ses chiens. Il te vouloit trahir et te manger, si le Renard, que tu regardois comme ton ennemy, a [eut] voulu consentir à ta perte. · Tu l'as cependant tüé; il ne s'est vengé que lorsque tu l'y as contraint; mais il t'a rendu de bon grez tes gens, et tu as encore les siens.

Toy, Miamis, tu sçay que le Renard n'a jamais eü guerre contre toy; il t'a soustenu et t'a aydé à te venger, lorsque tu as esté deffait par les Scioux [2]).

Toy [3]) ..... tu n'ignores pas que tes chefs moururent de maladie, quand le Renard fust venger les Miamis de la Grüe, qui auroient estez deffaits par les Scioux, s'il n'en avoit eü pitié; il les a gagné par des présents et a confirmé l'alliance que tu avois contractée avec luy, et avec lequel tu n'as jamais esté en guerre, non plus qu'avec le Kikapou qui a fait tousjours village avec luy; au lieu que les autres Miamis ont tüé les parens de tes gens cet hyver [4]).

Toy, Illinoëts, tu n'avois jamais eü guerre contre le Renard ny contre le Kikapou; tu l'as cependant attaqué lorsqu'il estoit au Détroit; il s'est deffendu, vous vous estes tüez les uns les autres; tu t'es vengé quand on l'a deffait au Détroit, et quand il s'est rendu dans son pays; il a pris un de tes chefs qu'il a renvoyé, et tu as cassé la teste à ses députez, tu dois estre content.

Toy, Pouteoüatamis, ta nation est demy Sakis; les Sakis sont en partie Renards; tes cousins et tes beaux frères sont Renards et Sakis. Pirimon et Ouenemek, qui sont tes chefs, et qui pleurent les meurtres qui se font dans tes familles les uns sur les autres, ils sont aux Sakis. Je vous aime touts, dit vostre père Onòntio, je veux esteindre les feux de la guerre qui sont si allumez, que, outre ceux de vous touts qui en ont estez consommez, ils ne manqueront pas de consommer de part et d'autre le reste, si je ne les éteins.

Toy, Huron, sois content; tu as perdu tes gens, mais tu dois estre vengé. Tu es trop cruel: souviens-toy de ce que tu as fait contre moy, et contre mes enfans tes alliez, lorsque j'ay entrepris pour toy contre tous, et que je te protégeais. Et si je ne te protégeois, tu ne serois plus. Tu m'as voulu trahir en telle rencontre et je t'ay pardonné afin d'attirer ta reconnoissance.

Toy, Outaoüack, tu as tüé les Miamis au Détroit, qui estoient entre mes bras, tu y as assassiné des François dans le mesme temps, et ailleurs.

Toy, Saulteur, tu as pareillement tüé des François; toy de mesme Missisakis; j'ay avalé le chagrin que j'avois de mes morts, et je ne t'ay pas châtié, et toy, Miamis, aussy. J'ay pardonné à tous. Et, bien loin de me venger, je vous ay soutenu contre l'Irroquois qui estoit un de mes fidèles enfans que vous avez tüé, et qui n'a jamais remüé depuis la dernière paix que je luy ay fait faire avec vous, sans laquelle il vous auroit touts détruits. Car il estoit capable de vous deffaire, sans emprunter de moy que ma volonté et mon consentement. Au contraire, pour vous soustenir, je vous ay non-seulement fourny le secours de mes armes, mais encore ma jeunesse qui a esté entièrement [tüée] à cause de vous. Je vous ay mesme soustenu contre le Renard qui ne m'en a jamais tüé.

Je veux mes enfans que cette guerre finisse; et si quelqu'un ne m'obéit pas, je me déclare contre luy et pour le Renard [5]).

Touttes les nations auroient consenties à la paix. C'est pourquoy on ne doit pas craindre de leur reprocher leurs vices, non plus que les services qu'on leur a rendus; car le caractère du sauvage est de ne point oublier le bien qu'on luy a fait, dans les occasions qui sont survenues.

Voilà, Monseigñeur, mes petites pensées, qui auroient eües leurs succès, si j'avois accompagné Mr.

de Louvigny. Quant aux Renards, j'en serois bien venu à bout.

La disette de papier ne me permet pas de m'estendre sur ces sortes de harangues, comme j'aurois eü lieu de le faire, si je n'en avois pas esté dépourveü [6]).

Notes.

Les remarques critiques et les corrections de l'annotateur anonyme, dont il est question dans la préface, sont suivies de la lettre majuscule (A).

Les chiffres romains et arabes placés après un nom d'auteur indiquent le tome et la page de l'ouvrage cité.

Pour les seules *Relations de. la Nouvelle-France* le chiffre romain désignera le chapitre, quand il s'en trouve, et non le volume; parce que, dans l'édition dont je me sers (Québec 1858, 3 vols. in-8°), la pagination change avec chacune des relations réunies en grand nombre dans un même volume.

Chapitre I.

Note 1. *Cajeux*, radeau ou train de bois. —
„Notre canot … nous ayant été enlevé par un coup
„de vent.… nous fut ramené par un autre … lors-
„qu'éveillez par le bruit… nous pensions à faire un
„cajeux pour l'aller quérir." (Relation de ce qui s'est
passé de plus remarquable … en la Nouvelle-France
ès années 1669, 1670, XII, 93, col. 2).

On trouve ailleurs *cayeux* (Relat. de 1653, IV,
16, col. 1), et *caieul* (Relat. de 1648, II, 8), à moins
toutefois que cette dernière forme ne soit une simple
faute d'impression.

Cajeux se dit encore au Canada; il figurait dans
les documents officiels de la colonie au siècle dernier: „Lesquels bois il fera conduire en *cajeux* jus-
„ques dans la rivière Saint-Charles." (Ordonnance de
l'Intendant Hocquart du 5 X^bre 1731, rapportée dans
les Edits, Ordonnances… relatifs à la Tenure Seigneuriale, p. 149, Québec 1852, in-8⁰).

Note 2. Les traditions recueillies par Perrot,
dans ce chapitre et le suivant, étaient communes à
la plus grande partie des nations de la Nouvelle-
France. On les retrouvait avec des variantes plus
ou moins importantes, chez les Algonquins inférieurs
des environs de Québec, appellés aussi Montagnais;
chez les Outaouais ou Algonquins Supérieurs; enfin
chez les tribus de race Huronne-Iroquoise. Cf. Relation de 1633 (16), de 1634 (IV, 12, 13), de 1636
(2⁰ part. I, 102); — Lettres Edifiantes (IV, 168, 169,
Paris 1781); — Charlevoix, *Hist. de la Nouvelle-
France* (III, 344, Paris 1744, in-4⁰).

C'est surtout aux traditions et aux croyances des Outaouais ou *Nations d'en haut*, comme il les appelle parfois, que Perrot s'est attaché. Seuls, en effet, de tous les peuples énumérés ci-dessus, les Outaouais attribuaient au Grand-Lièvre la formation de la terre. Suivant eux, ce Grand-Lièvre (Michabou, Ouisaketchak) était un homme d'une taille gigantesque, né dans l'île de Michillimakinak (aujourd'hui Makinac dans le lac Huron), et qui fabriqua les premiers rets à prendre le poisson, sur le modèle de la toile tissée par l'araignée. (Relat. de 1670, XII, 93; — Lettres Édif. IV, 168, 169).

Chez les Hurons, au contraire, qu'il s'agisse de la création de la terre ou de celle de l'homme, il n'est jamais question du Grand-Lièvre. Quant aux Montagnais, ils en font le frère cadet du Messou ou Créateur, et, par une juste compensation, le frère aîné des animaux de son espèce, c'est-à-dire un lièvre merveilleusement grand et puissant: le même très vraisemblablement qui fut un beau jour mis à mort par un certain Tchakabesch, dont il avait, par distraction sans aucun doute, dévoré la mère (Relat. de 1637, XI, 54; et de 1634, 13 col. 1).

Puisque j'ai parlé des Outaouais, je ferai observer que ce nom appartenait en propre à la nation des *Cheveux-Relevés* (Ondataouaouat); plus tard, les Français s'en servirent pour désigner toutes les autres tribus d'Algonquins supérieurs (Relat. de 1670, X, 78).

Chapitre II.

Note 1. Les Montagnais assignaient au genre humain une tout autre origine. L'homme, disaient-ils, était né du Messou et d'une ratte musquée (Relation de 1633, 16, et de 1634, IV, 13, col. 1).

Les Hurons ne supposaient pas que notre espèce sublunaire eût été l'objet d'une création proprement dite. Ils croyaient qu'au-dessus du ciel avait existé de tout temps un monde semblable au nôtre, peuplé d'hommes tels que nous. Un jour, une femme, nommée Ataentsic, en tomba ou s'en précipita par un trou qui s'était creusé sous ses pas. A cette époque, notre terre n'existait point encore, et partout, à sa place, s'étendait un océan sans limites. La tortue, voyant tomber Ataentsic, invita tous les autres animaux aquatiques à construire une île pour la recevoir ; elle s'offrit même à porter sur son dos cette île qu'on allait former. Ataentsic ne se blessa point dans sa chute, et mit au jour, dans l'asile qu'on lui avait préparé, deux jumeaux qu'elle appella Tamiscaron et Jouskeha. Le premier fut plus tard tué par le second, à la suite d'une querelle qui s'était élevée entre eux (Relation de 1635, 34, et de 1636, 2º part. I, 101).

Les Iroquois ajoutaient à ceci que la postérité de Jouskeha n'avait pas dépassé la troisième génération ; un déluge l'ayant engloutie tout entière. Pour repeupler la terre, il fallut changer les bêtes en hommes (Charlevoix III, 345).

Maintenant, que faut-il penser de l'antiquité ou de l'authenticité de ces traditions ? Remontent-elles réellement aux temps qui précédèrent la venue des Européens en Amérique ? Et, ceci admis, n'ont-elles pas dû subir bien des transformations depuis cette époque jusqu'à celle où on les recueillit pour la première fois ? Il est très permis de le supposer ; et très sage par conséquent de n'accepter ces traditions que sous toutes reserves. Ainsi pensait Charlevoix (III, 199), dont cependant la critique ne fut jamais que je sache, taxée de témérité. Voici très brièvement les motifs à l'appui de mon opinion.

1º. Lorsque Perrot, et, avant lui, les missionnaires Récollets ou Jésuites étudiaient les anciennes traditions des sauvages, ceux-ci, depuis plus d'un siècle, entretenaient des relations médiates ou immédiates avec les Européens (de 1500 à 1615).

2⁰. Ces traditions ne furent jamais confiées à des monuments écrits ou figurés. L'unique moyen en usage chez quelques-unes des peuplades de la Nouvelle-France pour conserver le souvenir du passé, n'offrait aucune garantie sérieuse de fidélité; il se prétait donc aussi aisément à la transmission du faux qu'à celle du vrai. On lit à ce sujet dans la relation de 1646 (V, 71, 72): „Les anciens du pays [des „Hurons] estoient assemblez cet hyver pour l'élection „d'un capitaine fort célèbre. Ils ont coustume en „semblables rencontres de raconter les histoires qu'ils „ont appris de leurs ancestres, et les plus éloignées; „afin que les jeunes gens qui sont présens et les en- „tendent en puissent conserver la mémoire, et les „raconter à leur tour lorsqu'ils seront devenus vieux; „pour ainsy transmettre à la postérité l'histoire et „les annales du pays; taschans par ce moyen de „suppléer au défaut de l'escriture et des livres qui leur „manquent.“ Or, précisément dans un de ces grands conseils des Hurons, un capitaine s'étant mis à raconter l'histoire de la tortue et d'Ataentsic, un chrétien prit la parole: „Où sont, lui dit-il, les escritures „qui nous fassent foy de ce que tu dis? Estant per- „mis à un chacun de controuver ce qu'il voudra; „est-ce merveille que nous ne sachions rien de véri- „table; puisque nous devons avoüer que les Hurons „ont esté menteurs de tout temps.“

3⁰. Ce qu'on vient de lire des Hurons, est vrai de tous ou de presque tous les sauvages. Dans leurs rapports avec les étrangers, le mensonge leur est aussi naturel que la parole (Relat. de 1634, VI, 31, col. 1); „ils ont une meschanceté en eux, qui est... d'estre „grands menteurs“ (Champlain, *Voyages de la Nou- velle-France*, 1re partie, 125, Paris, 1632, in-4⁰); ils sont, en un mot, „trop menteurs pour être crus“ (Relat. de 1673, dans le tome I des Relations inédites p. 119,

Paris, 1861, in-12º). Oviedo (Historia General y Natu-ral de las Indias, I, 499, et II, 244, Madrid, 1852, in-fol.), et le P. Cassani (Hist. de la Provincia de la Compañia de Jesus en el Nuevo-Reyno, 53, Madrid, 1741, in-fol.) ne parlent pas autrement des indiens de l'Amérique Espagnole.

4º. Les sauvages sont incapables de calculs chronologiques quelque peu étendus. Trente ou quarante ans écoulés constituent pour eux une très haute antiquité, au sein de laquelle tous les événements, quelque soit d'ailleurs l'époque où ils se sont accomplis, se perdent dans un même éloignement. Vingt-huit ans après la découverte du Mississipi par Jolliet et le P. Marquette, le P. Gravier demandait au chef des Akanseas: „S'il se souvenoit d'avoir autrefois „vû un François vêtu de noir (le P. Marquette) dans „leur village; il lui répondit qu'il s'en souvenoit bien, „mais qu'il y avoit si longtemps, qu'il ne pouvoit pas „compter les années" (Relation ou Journal du Voyage du P. Gravier ... jusqu'à l'embouchure du Mississipi, p. 20, 21, New-York 1859, in-8º).

Les choses étant ainsi, qui peut nous assurer qu'au contact des idées Européennes, prolongé pendant plus d'un siècle, les traditions cosmogoniques et religieuses des sauvages ne se sont pas plus ou moins modifiées? Sommes-nous même bien certains qu'elles ne se soient pas constituées de toutes pièces, à une époque relativement récente, et postérieurement à l'arrivée des Français au Canada? Ce ne serait pas la première fois, peut-être, que des sauvages auraient transformé quelques lambeaux de l'enseignement chrétien nouvellement reçu et mal compris, en croyances antiques de leurs ancêtres. C'était là du moins ce que craignait Burriel, au moment même où, sur la foi de quelques missionnaires, il insérait dans son histoire de la Californie l'exposé des traditions qu'on lui disait être en vigueur chez les nations barbares de cette contrée (Noticia de la California, I, 107 et suiv., Madrid, 1757, in-4°). Qu'aurait-il donc pensé s'il eût lu dans les relations qu'on lui transmettait, ce que nous lisons dans les nôtres: „Ils [les sauvages] varient si fort en leur créance, „qu'on ne peut rien avoir de certain de ce qu'ils „croient“ (Relat. de 1637, XI, 54)?

Il est au reste un moyen facile de savoir à quoi s'en tenir sur ce sujet. Si, comme je le prétends, les traditions des peuples sauvages se sont enrichies d'élémens étrangers, et profondément modifiées, du 16e au 17e siècle, sous l'influence de rapports multipliés entre les naturels du pays et les Européens; cette transformation aura dû, pour la même cause, se continuer et se développer graduellement du 17e au 19e. Or c'est là précisément ce qui est arrivé. Aujourd'hui, les Outaouais et les autres nations de l'ouest (Maloumines, Sakis, Renards et Ouinipegs ou Puans) citent, comme appartenant à leurs croyances primitives, certains faits, dont il n'y pas encore cent cinquante ans, ni Perrot, ni les missionnaires Jésuites ne trouvaient la plus légère trace dans les traditions de ces peuples. Tels sont, par exemple, la formation de la femme d'une côte enlevé au premier homme; le genre humain englouti dans un déluge universel, à l'exception d'un seul couple porté sain et sauf au sommet d'une haute montagne; les eaux, jaillissant du rocher frappé par la verge d'un prophète etc. etc. (Annales de la Propag. de la Foi, IV, 495 et 537).

Chapitre III.

Note 1. *Assassin*, pour *assassinat*, revient assez souvent sous la plume de Perrot. Cette expression était encore en usage chez les Canadiens Français, en plein dix-huitième siècle. „Il est ordonné au sieur

„de Villiers, écrivait, en 1754, Contrecoeur comman-
„dant du fort Duquesne, de partir incessamment
„avec le détachement François et sauvage que nous
„lui confions pour aller à la rencontre de l'armée
„Angloise... pour les châtier de *l'assassin* qu'ils nous
„ont fait en violant les lois les plus sacrées des na-
„tions policées." — „Comme notre intention, „lisons
nous encore dans la capitulation accordée à Washington
et à ses Anglais par le capitaine Villiers, „n'a jamais
„été de troubler la paix... mais seulement de ven-
„ger *l'assassin* qui a été fait sur un de nos officiers
„(de Jumonville) porteur d'une sommation...." (Dus-
sieux, *le Canada sous la domination Française* p. 124,
126, 2. édit. Paris 1862, in-18°. C'est dans cet ouvrage que ces deux pièces ont été publiées pour la
première fois.)

Chapitre IV.

Note 1. „Faux: ils n'ont jamais été si proches
voisins qu'à présent" (A). Bacqueville de La Potherie (Histoire de l'Amérique septentrionale, I, 292,
Paris 1753), parle comme Perrot: „Les Iroquois ron-
„gèrent leur frein, et... retournèrent, au printemps
„suivant, dans leurs premières terres qui étoient aux
„environs de Montréal et le long du fleuve, en mon-
„tant au lac Frontenac."
Le témoignage de La Potherie n'est pas à dé-
daigner: nous savons, par un de ses contemporains,
qu'il avait puisé ses renseignemens aux meilleures
sources. Il s'adressait de préférence aux chefs sauvages alliés de la France, à Jolliet qui découvrit le
Mississipi, aux pères Jésuites, et surtout à Nicolas
Perrot, dont il a presque textuellement inséré les
divers mémoires dans son second volume. Cf. La
Potherie, IV, 268, 269. Ici, cependant, La Potherie,

après notre auteur, n'aurait-il pas confondu les *Iroquets* anciens habitans de l'île de Montréal, avec les Iroquois, changés en *Iroqoués* par la prononciation alors usitée de la diphtongue *oi*, dont on trouve de fréquents exemples dans Perrot (*Illinoetz* pour Illinois, *Amicoués* pour Amicouas ou Amiquois)? C'est une question que je soumets à de plus compétens que moi.

Note 2. „Depuis qu'ils [les Iroquois] se sont approchés du lac Ontario, ils n'ont pas retourné au Sud" (A). — Cette critique est parfaitement fondée; ce sont, en effet, les Chaouanons qui, vaincus par les Iroquois, se réfugièrent dans la Caroline, ainsi que Perrot lui-même l'affirme un peu plus loin.

Note 3. Charlevoix et La Potherie reproduisent en l'abrégeant le récit de Perrot. Le premier remarque avec raison que de toute l'histoire primitive des Iroquois et des Algonquins, cet événement est le seul dont le récit nous soit parvenu revêtu de quelque vraisemblance; ajoutons, et le seul que nous connaissions. Charlevoix n'ose en fixer l'époque; mais il ne la suppose pas très éloignée. Un passage de la relation de 1660 (II, 6, col. 2) me porterait à croire 1°. que cette lutte éclata dans la seconde moitié du 16° siècle; 2°. qu'elle eut lieu principalement entre les Agniers et les Algonquins.

Tout le monde sait que la confédération Iroquoise était composée des cinq nations suivantes, les Agniers (*Mohawks* des Anglais), les Onneyouts (*Oneidas*), les Onontagués (*Onondagas*), les Goyogouins (*Cayugas*), et les Tsonnontouans (*Senecas*). Cf. Charlevoix, III, 199; — La Potherie, I, 289; — Ferland, *cours d'Histoire du Canada*, I, 94. Québec 1861; in-8°.

Chapitre V.

Note 1. Les écrivains les plus anciens et les plus accredités de la Nouvelle-France sont, en ce qui concerne l'absence de toute religion proprement dite chez les diverses nations de cette contrée, parfaitement d'accord avec notre auteur: „Il n'y a aucune „loi parmi eux, et ne sçavent ce que c'est que d'ado- „rer et prier Dieu, vivant comme des bestes brutes" (Champlain, 126).

„Ils croyent un Dieu, ce disent-ils, mais ils ne „savent le nommer que du nom de soleil Niscami- „nou, ny ne savent aucune prière, ny façon de l'ado- „rer" (Biard, Relat. de la Nouvelle-France, VIII, 20, col. 1, 2e édit. Québec, 1858; dans le tome 1. de la collection des relations de la Nouvelle-France publiée en cette ville.)

„Ils n'ont aucun culte divin, ny aucunes sortes „de prières. Ils croyent néantmoins qu'il y en a un „qui a tout faict; mais pourtant ils ne luy rendent „aucun honneur" (Relat. de 1626, 4, col. 1).

„Mais après tout, lors mesme que ces peuples „barbares invoquent le créateur du monde, ils avoüent „ne sçavoir qui il est; ils n'ont ny crainte aucune „de sa justice, ny de l'amour pour sa bonté, et tout „ce qu'ils l'invoquent est sans aucun respect et „sans culte de religion" (Relat. de 1648, XVI, 77, col. 2).

„Il seroit difficile de dire quelle est la religion „de nos sauvages: elle consiste uniquement dans „quelques superstitions dont on amuse leur crédulité. „Comme toute leur connoissance se borne à celle des „bêtes et aux besoins de la vie, c'est aussi à ces „choses que se borne tout leur culte." (Marest, *Lettres Edif*. VI, 330). Dans la lettre qui ouvre le volume suivant, le P. Le Petit assure que, de tous les peuples de cette partie du continent Américain, les Natchez seuls paraissaient avoir un culte réglé (Lettres Edif. VII, 6).

Chez les sauvages qui en avaient une, la religion n'était qu'un grossier fétichisme, dont les pratiques se réduisaient le plus ordinairement à des danses, des jeûnes et des festins; et dont le régulateur a peu près unique était le songe interprété par les sorciers de la tribu.

Le lecteur dont la curiosité aurait été plutôt excitée que satisfaite par les détails que donne Perrot sur les superstitions des sauvages, trouvera sur le même sujet les renseignements les plus étendus dans les anciennes relations des missionnaires. Ainsi, la religion des naturels de l'Acadie est exposée dans la relation du P. Biard que nous avons cité plus haut: celle des Algonquins inférieurs dans la relation de 1634 (IV, 12—27); celle des Outaouais, dans la relation de 1667 (V, 11—13), et dans une lettre du P. Rasles (Lettres Edif. VI, 173); celle des Hurons et des Iroquois, dans les relations de 1636 (III, 107), de 1648 (XII—XVI, 70—78), et de 1670 (IX, 72, col 2); celle des Kilistinons et des Sauteurs, dans les relations de 1667 (XIII, 24) et de 1670 (X, 81); celle des Maloumines ou nation de la Folle-avoine, dans la relation de 1674 (Relations inédites de la Nouvelle-France, I, 224); celle des peuplades qui habitaient au fond de la Baie-Verte, ou baie des Puants, dans la relation de 1672 (II, 38); celle des Illinois, dans la relation de 1671 (IV, 48, col. 2), et dans le P. Marest (Lettre Edif. VI, 330); celle des Miamis enfin, dans une lettre du P. Beschefer. Cette lettre étant inédite, j'en donne ici un court extrait. Le Père écrivait le 21 8bre 1683: „Pour ce qui est des su-„perstitions des Miamis, il n'a pas eu beaucoup de „peine à les en désabuser, parce que, comme elles „consistent presque toutes dans une observation très „rigoureuse de certains jeûnes de plusieurs jours, „que les vieillards faisoient garder aux jeunes gens „pour pouvoir découvrir en dormant la chose à la-„quelle estoit attachée leur heureuse destinée; le „Père ne leur a pas plutost fait voir la vanité de „leurs songes, que les jeunes gens, ravis de se voir „delivrés de cette obligation qui leur paroissoit bien

„rude, les ont abandonnés; et les vieillards ont été
„obligés d'avouer que leur unique motif, qu'ils avoient
„cependant couvert d'un spécieux prétexte de reli-
„gion, estoit pour accoustumer leur jeunesse à la fa-
„tigue, et pour les empescher de devenir trop pe-
„sants" (Relat. de 1682, p. 60 du ms. orig.).

Si quelque lecteur s'étonnait du silence gardè
par Perrot sur la croyance des sauvages en un Dieu
suprême ou Grand-Esprit, je lui rappellerais que les
Outaouais, au témoignage du P. Allouez qui les avait
longtemps pratiqués, „ne reconnaissoient aucun souverain maistre du ciel et de la terre" (Relat. de
1667, V, 11). Or, c'est des Outaouais que Perrot
s'occupe tout spécialement dans cette partie de son
mémoire.

Ces peuples d'ailleurs n'étaient pas les seuls
étrangers à cette connaissance, parmi les nations du
Nouveau-Monde. Le P. Ribas, qui, pendant quarante
années, évangélisa les indiens de Sonora et de Cinaloa, rencontrait à côté de nations idolâtres des
tribus qui n'avaient aucune notion de la Divinité
(Historia de los triunfos de nuestra santa Fè... en
las misiones de la provincia de Nueva-España, I, 16,
Madrid, 1645, in-fol.). Il en était de même des Chiquitos et des Abipons. „En materia de religion,
lisons-nous des premiers dans leur historien le P.
Juan Patr. Fernandez (Relacion historial de las misiones de los indios, que llaman Chiquitos, p. 39,
Madrid, 1726, in-4º), son brutales totalmente... no
dan culto à causa ninguna visible ni invisible...
aqui paran sin pasar adelante à investigar... quien
es el artifice... que les diò el ser é les sacò de la
nada." Le P. Dobrizhofer n'est pas moins explicite
en ce qui concerne les Abipons (Historia de Abiponibus, II, 69, Viennae, 1784, in-8º): „In omni istorum
barbarorum lingua, caeterum minime sterili, vocem
penitus desiderari intellexeram, qua Deus vel Divi-
nitas quoquo demum modo significaretur. Ad illos

religione imbuendos ex Hispanica mutuari oportebat Dei nomen."

Il est inutile de multiplier les exemples: ceux-ci suffisent. Cette ignorance, en effet, paraîtra toute naturelle, si l'on veut bien réfléchir à la vie inquiète et agitée de ces pauvres gens; ainsi qu'aux préoccupations brutales et matérielles qui en absorbent tous les moments. Loin d'en être surpris, peut-être faudrait-il plutôt s'étonner qu'elle n'ait été ni plus profonde ni plus répandue. Qu'on en juge par le trait suivant.

Le Père Dobrizhofer campait un soir avec quelques Abipons sur les bords de la Plata. S'adressant à leur chef assis avec lui près du feu qu'ils venaient d'allumer, et lui montrant le ciel resplendissant d'étoiles: „Vois-tu, lui disait-il, cette voûte majestueuse? Quel plus sublime spectacle que celui de ces astres sans nombre semés dans le firmament, où ils se meuvent avec tant d'ordre et d'harmonie? Qui pourrait ne voir là qu'une oeuvre du hasard? La pirogue livrée à elle-même s'écarte de sa voie, ou périt dans les flots; comment donc serions-nous assez fous pour ne pas reconnaître, dans la marche si savamment combinée des globes célestes, l'action d'une souveraine sagesse? Quel est à ton avis l'auteur de ces merveilles? Quelles étaient là-dessus les croyances de vos ancêtres?" — „Père, répondit le cacique, nos ancêtres ne regardaient jamais que la terre pour y chercher l'eau et les paturages dont leurs chevaux avaient besoin. Du ciel et de ce qui s'y passe; de celui qui crée et régit les astres, ils ne se souciaient en aucune façon" (Historia de Abiponibus, II, 70, 71).

On trouvera un exposé très bien fait de la religion des sauvages du Canada, dans Charlevoix (III, 343 et suiv.), et dans Mr. Ferland (I, 97 et suiv.).

Note 2. Sur ces coutumes soi-disant Judaïques, V. Charlevoix, Hist. de la Nouvelle-France, III, 349.

Note 3. „C'est qu'ils sont si gras, qu'ils n'ont

„pas besoin de manger; les marmottes et les siffleurs
„ne mangent non plus que les ours" (A).

Note 4. Ce que Perrot dit ici de l'influence des
rêves sur les déterminations à prendre par les sauvages, qu'il fût question de guerre, de chasse ou de
maladie, ne peut donner au lecteur une idée suffisante de la puissance et de l'étendue de cette superstition. Tout était permis dès qu'il s'agissait de donner aux songes leur accomplissement. Un Iroquois,
par exemple, avait-il rêvé qu'il était pris par les ennemis et attaché au poteau pour y être brulé vif;
il se hâtait à son réveil de convoquer ses meilleurs
amis et se faisait tourmenter cruellement, afin que le
songe étant partiellement vérifié en temps de paix,
il n'eût plus à craindre son entière réalisation en
temps de guerre. Sur les songes, leur origine d'après
les sauvages, et les superstitions auxquelles ils donnaient lieu, on peut consulter Champlain (liv. III, V,
126); — les relations de 1648 (XII, 70, 71), de 1633
(17, col. 2), de 1636 (II, 10, col. 2; et III, 109, col. 2),
de 1642 (X, 86, col. 2), de 1662 (IV, 9), de 1670
(VII, 66, 72, 73), de 1656 (IX, 26, 27), de 1671 (III,
17), de 1672 (II, 38).

Quant aux jeûnes des sauvages, aux circonstances particulières dans lesquelles ils se les imposaient,
et aux cérémonies dont ils étaient accompagnés, cf.
relations de 1634 (III, 23, col. 2), de 1667 (V, 12,
col 2, XI, 22), de 1672 (II, 38, col. 2), de 1673 (Relations inédites, I, 107, 108).

Note 5. *Mattachez*, peints ou bariolés d'une ou
de plusieurs couleurs. On trouve aussi *Matachez* et
Matachiez. „Ma quatorzième [parole] fut pour lui
„matachier le visage; car c'est ici la coustume de ja-
„mais n'aller au combat qu'ils n'ayent le visage peint
„qui de noir, qui de rouge, qui de diverses autres
„couleurs, chacun ayant en cela comme des livrées
„particulières, auxquelles ils s'attachent jusques à la
mort" (Relat. de 1634, 15). — „Une peau matachée

„est une peau peinte par les sauvages de différentes
„couleurs, et sur laquelle ils peignent des calumets,
„des oiseaux, des animaux“ (Lettre du P. Poisson,
„dans les Lettres Edif. VI, 384). — „Son visage est
„tout mataché de noir“ (La Potherie, II, 12, et III,
26, 45).

Note 6. Si le chien était le plus estimé de tous
les mets chez les Algonquins supérieurs et les Hurons, il passait en revanche pour le plus vil de tous
chez les Montagnais. C'est au moins ce que je trouve
consigné dans mes notes, comme extrait des anciennes relations, mais sans autre indication qui puisse
me faire retrouver aujourd'hui le passage que j'ai
certainement eu naguères sous les yeux.

Note 7. „Faux; il est assis“ (A). — Chez les
Iroquois l'orateur prononçait debout ou en se promenant le discours qui précédait certains repas solennels: „Le plus ancien ou le plus éloquent de cette
„famille, écrivait en 1674 le P. Millet missionnaire
„des Oneiouths (Relat. de 1674 p. 32 du ms. origi-
„nal), fait une harangue, soit en se tenant debout,
„soit le plus souvent en se promenant, tantost d'un
„ton lugubre et avec des mots traisnez, tantost d'un
„accent vif et capable d'exhorter, quelque fois d'une
„voix gaye et entremeslée de chansons que les au-
„tres anciens répètent harmonieusement..... tout
„se termine par un festin de viandes, ou d'autres
„ mets du pays.“

C'était peut-être dans les conseils de la tribu,
que l'orateur, par respect sans doute pour son audi-
toire (Biard, VIII, 19), parlait assis. Celui qui, chez
les Hurons, prenait la parole en cette circonstance,
recevait „un petit faisceau de pailles d'un pied de
„long, qui luy servoient comme de jetons, pour sup-
„puter les nombres et pour ayder la mémoire des
„assistans, les distribuant en divers lots, suyvant la
„diversité des choses“ (Relat. de 1646, V, 71). Dans
l'Amérique du sud, les Galibis de la rivière d'Ama-

courou et de l'Orénoque usaient du même procédé
mnémotechnique, mais perfectiunné. „Le capitaine
„[Galibis] et moy, écrit le P. La Pierre (Voyage en
„terre-ferme et à la coste de Paria, p. 15 du ms.
„orig.), eusmes un grand discours ... luy ayant de-
„mandé ce qu'il alloit faire à Barime, il me respon-
„dit qu'il alloit avertir tous les capitaines des aultres
„rivières, du jour qu'il en faudroit sortir pour aller
„donner l'attaque à leurs ennemis. Et, pour me faire
„comprendre la façon dont il s'y prenoit, il me mon-
„tra vingt petites buches liées ensemble qui se plient
„à la façon d'un rouleau. Les six premières estoient
„d'une couleur particulière; elles signifioient que, les
„six premiers jours, il falloit préparer du magnoc
„[manioc] pour faire des vivres. Les quatre suivan-
„tes estoient d'une aultre couleur pour marque qu'il
„falloit avertir les hommes. Les six d'aultre cou-
„leur et ainsi du reste, marquant par leurs petites
„buches, faites en façon de paille, l'ordre que cha-
„que capitaine doit faire observer à ses gens pour
„estre prest tous en mesme temps. La sortie de-
„vroit se faire dans vingt jours; car il n'y avoit que
„ces [vingt] petites buches."
Note 8. „Je t'adore, dit-il, et t'invoque"... L'annotateur anonyme corrige ainsi ce passage: „Mau-
„noré, ou je te salüe, dit-il, et t'invoque."
Il se pratiquait chez les Hurons quelque chose
de semblable. Voir la relation de 1636 (III, 107).
Note 9. „Chacun a sa chanson, qu'un autre
„n'oseroit chanter et il s'en offenseroit. C'est pour
„ce mesme sujet que pour déplaire à leurs ennemis,
„ils entonnent quelque fois celles du party contraire"
(Relat. de 1636, VII, 36). — „Chacun chantant sa chan-
„son, sans que qui que ce soit osât répéter celle d'un
„autre, à moins que de vouloir choquer d'un propos
„délibéré celui qui l'avoit composée, ou que celui de
„la façon de qui elle étoit, ne fût mort, comme pour
„en relever le nom en s'apropriant sa chanson"

(La Potherie, II, 116, 117). — On peut voir sur les chants des sauvages, les relations de 1634 (18—20), de 1642 (X, 41), de 1656 (VII, 18 et suiv.).

Note 10. „En ce pays, il n'en va pas des noms „affectez aux familles de mesme qu'en Europe: les „enfants ne portent pas le nom du père, et il n'y „en a aucun qui soit commun à toute la famille: „chacun a le sien différent; en telle sorte néantmoins „que s'il se peut faire, jamais aucun nom ne se perd. „Ainsi quand quelqu'un de la famille est mort, tous „les parents s'assemblent et délibèrent ensemble le-„quel d'entr'eux portera le nom du deffunt, donnant „le sien à quelqu'autre parent. Celuy qui prend un „nouveau nom entre aussi dans les charges qui y „sont annexées, et ainsi il est capitaine si le deffunt „l'estoit. Cela fait, ils retiennent leurs larmes, ils „cessent de pleurer le mort, et le mettent en cette „sorte au nombre des vivans, disans qu'il est résus-„cité, et à pris vie en la personne de celuy qui a „reçu son nom et l'a rendu immortel" (Relation de 1642, X, 85). Perrot parle plus loin de cette cu-rieuse coutume, et des cérémonies dont on accom-pagnait cette résurrection des morts.

Note 11. „Faux; car ils ne sont point sur leur „bouche; mais mangent beaucoup quand il le faut, „et jeûnent de mesme" (A). Ce n'était vraiment pas la peine de donner un démenti à Perrot, pour affir-mer ensuite la même chose. Perrot n'a jamais nié que les sauvages ne fussent d'intrépides jeûneurs quand ils n'avaient rien à mettre sous la dent, ou quand la superstition, plus puissante sur eux que la gloutonnerie, leur imposait l'obligation d'une absti-nence momentanée; mais ce qu'il affirme, et ce qui est vrai, c'est qu'en toute autre occasion, ils man-geaient avec un appétit qu'eussent envié les héros d'Homère, et mettaient au service de leurs hôtes une voracité que ne fatiguait pas un jour entier employé à la satisfaire. On trouve, à chaque page des anciennes relations l'équivalent de ce que Perrot avance dans ce passage de son mémoire.

L'auteur anonyme d'une histoire latine et inédite de la Nouvelle-France, écrite vers 1637 (de variis Gallorum ac nominatim religiosorum virorum in Novam-Franciam profectionibus, ac praesertim de jactis christianae Fidei fundamentis, XII, p. 96), parle de la gourmandise des sauvages dans les mêmes termes que notre auteur: Il faut, dit-il, se concilier ces peuples *crebris muneribus praesertim gulae, cui sunt addictissimi.*

„Il est du manger parmy eux, écrit un vieux mis-„sionnaire, comme du boire parmy les ivrognes d'Eu-„rope. Ces âmes seiches et toujours altérées expire-„roient volontiers dans une cuve de malvoisie, et les „sauvages dans une marmite pleine de viande; ceux-„là ne parlent que de boire et ceux-cy que de man-„ger . . . . . ils croyent que c'est bestise et stupidité „que de refuser le plus grand contentement qu'ils „puissent avoir en leur paradis qui est le ventre . . . . „La première action qu'ils font le matin à leur res-„veil, c'est d'estendre les bras à leur escuelle d'écorce „garnie de chair et puis de manger . . . Ils finissent „le jour comme ils le commencent; ils ont encore le „morceau à la bouche, ou le calumet pour pétuner, „quand ils mettent la tête sur le chevet pour repo-„ser. . . . Les sauvages ont tousjours esté gourmands.“

Et un peu plus loin: „Ils voudroient que nous „allassions avec eux manger de leurs vivres tant „qu'ils en auroient, et ils viendroient aussi manger „les nostres tant qu'ils dureroient, et quand il n'y „en auroit plus, nous nous metterions tous à en „chercher d'autres. Voilà leur vie qu'ils passent en „festins pendant qu'ils ont de quoy“ (Relat. de 1634, VI, 31, 32, 34). Voir encore sur le même sujet la relation de 1635 (IV, 15, col. 2, et 17, col. 2); — La Potherie (II, 184).

Note 12. Il y avait chez les sauvages deux

sortes de festins: 1°. Les festins ordinaires, dans lesquels chaque convive pouvait manger ce qui lui plaisait de la portion servie devant lui, et laisser, à son gré, ou emporter le reste. 2°. Les festins *à tout manger*, qu'il fallait entièrement consommer sur place et séance tenante. Dans cette dernière sorte de repas, chacun des conviés devait manger sa part sans en rien laisser. Si ses forces venaient à trahir son courage, il était obligé de chercher chez quelqu'un des autres convives un estomac assez complaisant pour engloutir ce que refusait le sien.

Sur les festins des sauvages, et l'étiquette qu'on y gardait, cf. relations de 1634 (VIII, 37, XIII, 64 et 77, col. 2), de 1637 (II, 113, col. 2), de 1642 (X, 84, col. 2), de 1648 (XIV, 75, col. 1); — et aussi, en ce qui concerne les festins des Illinois, le P. Rasles dans les Lettres Edifiantes (VI, 175 et suiv.). Le P. Gravier dans une relation dont j'ai sous les yeux une copie, et dont l'original doit se trouver à la Bibliothèque impériale de Paris (Lettre... en forme de journal de la mission de l'Immaculée Conception de Notre-Dame aux Illinois) nous fait connaître une singulière coutume de ce peuple: celui qui donnait le festin avait le droit de dire tout ce qu'il voulait à ses convives, sans que ceux-ci pussent le trouver mauvais.

Chapitre VI.

Note 1. Le Michipissy ou le Grand-Tigre, appellé ailleurs Michibissy et Missibizi, était invoqué par les Outaouais ou nations d'en haut, pour en obtenir une bonne pêche d'esturgeons (Relat. de 1667, V, 12, col. 2); — Lettre du P. Rasles (Lettres Edif., VI, 173). Il était aussi l'objet de la vénération des nations sauvages voisines de la baie des Puans

(Relat. de 1673, IV, 116, dans le tome 1 des Relat. inédites).

Note 2. Cette superstition était en vigueur chez les Illinois, comme le prouve le passage suivant de la relation déjà citée du Père Gravier: „Peu „de jours après, je vis un petit chien pendu au bout „d'une perche piquée en terre. Je n'avois rien veu „de pareil depuis que je suis chez les Illinois. J'en „fus surpris, n'ayant encore été convaincu par au-„cune expérience qu'ils fissent des sacrifices à leurs „manitous, ou qu'ils leur pendent ainsi des chiens „ou autres bestes pour faire cesser les maladies. „Tout ce qu'ils ont coustume de faire, est que dans „leurs festins ils disent: „Mon manitou, je prépare „ou je donne à manger." Mais les cuisiniers mangent „tout, et l'on ne présente rien, ni l'on ne met rien à „part pour le manitou. Je demandai ce que signi-„fioit ce petit chien qu'on avoit pendu à cette per-„che; l'on me dit qu'il étoit mort de maladie, et que „pour empêcher que les enfants ne le touchassent „ils l'avoient mis en un lieu qu'ils ne pussent y at-„teindre; un vieillard qui vit bien que je ne me con-„tentois pas de cela, me dit que c'étoit pour appaiser „le tonnerre, parce qu'un de ses enfants avoit été „malade le jour qu'il avoit beaucoup tonné!"

Les Kilistinons qui vivaient sur les bords du lac Alimibegong, entre le lac Supérieur et la baie d'Hudson, étaient aussi „idolâtres du soleil, à qui ils pré-„sentent ordinairement des sacrifices, attachant un „chien au haut d'une perche, qu'ils laissent ainsi „pendu jusques à ce qu'il soit corrompu" (Relat. de 1667, XIII, 24). Il en était de même des Amikonés (Relat. de 1673—79, I, 33, 39, Albany, 1860, in-12°). Chez les Maloumines on plaçait au haut de la perche l'image du soleil, et plus bas, ce qu'on lui offrait en sacrifice (Relat de 1674, V, 224, dans le tome I des Relations inédites). Enfin, nous savons par le P. Al-louez (Relat. de 1667, V, 12), que, chez tous les peuples connus sous le nom d'Outaouais, le chien était une des victimes le plus fréquemment offertes aux manitous.

Note 3. Cette tradition des Amikouas, ou, comme Perrot les appelle ailleurs, des Amikoués, est rapportée, d'après notre auteur, par Charlevoix (III, 283). On lit aussi quelque chose de semblable dans la relation de 1670 (XII, 93).

Chapitre VII.

Note 1. „Faux; les plus durs sur ce fait sont „les Miamis. Mais il ne font que couper le nez à „ces libertines‟ (A).

Ce démenti est lancé un peu trop légérement; car parmi les tribus que Perrot visita, il en était au moins une où l'épouse infidèle était punie de mort. „Un homme (chez les Illinois) tue hardiment sa „femme, s'il apprend qu'elle n'ait pas été fidèle‟ (Relat. de 1670, XI, 90, col. 2).

D'autres nations sauvages sans aller aussi loin, châtiaient l'adultère plus sévèrement que les Miamis. Ainsi, chez les Sioux, on coupait le nez à la femme coupable de ce crime, et on lui arrachait au haut de la tête un lambeau de peau taillée en rond (Relat. de 1660, III, 13, col. 1). Il est bon toutefois d'ajouter que la mutilation du nez était, même chez les Illinois, la peine la plus ordinairement infligêe: „Les femmes, dit un vieil auteur (Relat. de 1673, p. 2 du ms. orig.), y sont fort retenues; aussy leur coupe-t-on le nez quand elles font mal.‟

Note 2. „Touts les Sauvages prennent des fem-„mes de campagne, et en ont d'autres qui restent „avec les enfants à la maison‟ (A).

La polygamie simultanée était en effet pratiquée par le plus grand nombre des nations de la Nouvelle-France. Elle était en vigueur dans le bassin du Saint-Laurent (Biard., Relat. de la Nouvelle-France, VI, 13; — Relat. de 1644, VIII, 51; — Perrot p. 27; — La Potherie, II, 31; — Charlevoix, III, 283); et, dans la grande vallée du Mississipi, chez les Illinois entre autres et chez les Sioux (Lettres Edif. VII, 21 et 22; — Relat. de 1660, III, 13, col. 1).

Note 3. „Contes" (A). Ce démenti n'est pas plus mérité que celui dont il est question dans la première note de ce chapitre. Un Illinois ne pouvait se séparer de sa femme, quand il en avait eu des enfants (Lettr. Edif. VII, 21, 22). — Quant aux enfants prenant le parti de leur mère contre leur père qui l'aurait abandonnée, je lis qnelque chose de semblable dans le P. Lafitau (Moeurs. des Sauvages Amériquains, I, 189, 190. Paris, 1724, in-4°).

Note 4. „Ces amours sont fort amplifiés" (A). — Pas du moins quant à ce que dit Perrot de l'usage universellement reçu chez ces peuples, en vertu duquel les jeunes gens allaient la nuit visiter les jeunes filles dont ils recherchaient la main. Les anciens missionnaires en font fréquemment mention et ne cessent de gémir sur les désordres qu'une telle coutume entraînait à sa suite. On peut voir entre autres sur ce sujet les relations de 1639 (IV, 17, col. 1), de 1640 (VIII, 30, col. 1), de 1642 (II, 9, col. 2), de 1643 (IV, 15, col. 1), de 1670 (XI, 89, 90).

Chez quelques unes des nations du Canada ces visites nocturnes avaient lieu par forme de passe-temps, sans aucune pensée de mariage (Relat. de 1642, X, 42, col. 1).

Note 5. „Contes: cela n'arrive que quand il y „a seulement promesse entre des jeunes gens" (A).

Voici cependant ce que je lis dans la relation de 1652 (II, 5): „Ces peuples se comportent ordi-

„nairement les deux, trois et quatre premiers mois
„de leur mariage comme s'ils estaient frères et soeurs,
„donnans pour raison de leur façon de faire qu'ils
„s'entrayment d'un amour de proches parents qui ont
„horreur des actions de la chair. Cet amour de pa-
„renté est plus grand et plus fort parmy les payens
„que l'amour du mariage, dans lequel il dégénère.
„Que si dans ces premiers mois ils viennent à se
„desgouter l'un de l'autre, ils s'éloignent sans bruit,
„demeurans comme ils estoient auparavant." Cf. La
Potherie (II, 20); — Lafitau (I, 514); — et Gravier
(Relat. de la mission N. D. p. 5 de mon ms.).

Note 6. L'annotateur anonyme a corrigé tout
ce passage de la manière suivante: „Quand il re-
„vient de la chasse ou de la pêche, sa mère luy
„donne une partie de ce qu'il a apporté pour sa belle-
„mère; s'il vient de traitte pareillement, et sa femme
„est obligée" etc. Mais cette correction ne peut, ni
ne doit être adoptée. Elle est contraire à la véritable pensée de l'auteur, clairement exprimée dans
le texte original. La Potherie (II, 30, 31) est d'accord avec Perrot. On retrouve au reste quelque
chose de semblable chez certains peuples de la Floride (Oviedo, III, 616).

Note 7. „Faux" (A). — Vrai, d'après Charlevoix (III, 376), et Lafitau (II, 439, 440). „Dès que
„l'un des deux époux, lisons-nous dans ce dernier
„écrivain, a payé son tribut à la nature, la cabane
„du défunt acquiert un droit sur celui qui reste....
„Il seroit honteux à un homme veuf, encore plus à
„une femme veuve de se remarier avant le temps
„prescrit au deuil ordinaire, et si ils le faisoient l'un
„ou l'autre avant que les parents du mort leur en
„eussent donné la liberté, ils s'exposeroient eux et
„les époux ou épouses qu'ils prendroient à toutes
„sortes d'outrages."

Note 8. De ce qui a été dit par Perrot dans
le paragraphe précédent, on doit conclure qu'ici le

pronom *elle* se rapporte, non à la veuve, mais à sa belle-mère.

Note 9. Les relations de la Nouvelle-France, La Potherie, Lafitau et Charlevoix auraient pu, en dehors des emprunts que je leur ai faits dans les notes précédentes, fournir encore de nouvelles et nombreuses preuves à l'appui de la véracité de Perrot, et de la sûreté de ses renseignements sur tout ce qui concerne le mariage chez les sauvages du Canada; mais il faut savoir se borner. Je me contenterai donc de placer sous les yeux du lecteur les quelques indications suivantes: Champlain (293, 294); Relations de 1639 (X, 45, 46), de 1642 (XI, 89, col. 2, 90), de 1646 (X, 48, col. 2, et 2e partie, II, 61, col. 2, 62), de 1657 (XII, 34, col. 2, 35), de 1670 (XI, 89, col. 1); — La Potherie (III, 13 et suiv.); — Charlevoix (III, 284 et suiv.).

Note 10. Tout ce que dit ici Perrot des occupations et des travaux réciproques de l'homme et de la femme dans le ménage a été reproduit par Charlevoix (III, 331—334) et se trouve parfaitement d'accord avec les détails donnés sur le même sujet, tant par Champlain (292, 293), que par les relations des anciens missionnaires. Voir en particulier celles de 1633 (11, col. 2 et 12), et de 1634 (V, 28, col. 2); et aussi Charlevoix (ubi supra); — le P. Lafitau (II, 3, 63 et suiv., 106 et suivantes).

Chez les Illinois, il en était à peu près de même, sauf que les femmes y travaillaient encore plus (Lettres Édif. VI, 179, 329). Nous verrons plus loin que les Hurons, par une exception à la coutume en vigueur dans toutes les autres tribus sauvages du Canada, partageaient avec leurs femmes les travaux des champs. Les Tounika de la Louisiane prenaient pour eux tous les travaux pénibles et ne laissaient à leurs femmes que le soin du ménage (Gravier, Voyage, 30).

Chapitre VIII.

Note 1. A la description donnée par Perrot de la sépulture et du deuil chez les sauvages, on peut comparer ce que disent sur le même sujet Biard (VIII, 17—20); — Champlain (303); et, parmi les relations de la Nouvelle-France, celles de 1636 (VIII, 128—131) et de 1639 (X, 46, col. 1).

C'est à ces sources qu'ont puisé tous les historiens du Canada, La Potherie (II, 43—45), Lafitau (II, 388 et suiv.), Charlevoix (III, 371—376), et Mr. Ferland (I, 101, 102).

Les Illinois n'enterraient pas leurs morts. Le cadavre, soigneusement enveloppé de peaux, était attaché par les pieds et par la tête au haut des arbres (Lettres Edif. VI, 178, 179).

Note 2. „Ce tambour est de la grandeur d'un „tambour de basque; il est composé d'un cercle large „de trois ou quatre doigts et de deux peaux roide„ment estendues de part et d'autre, ils mettent de„dans des petites pierres ou petits cailloux pour faire „plus de bruit: le diamètre des plus grands tambours „est de deux palmes ou environ; ils le nomment „*Chichigouan;* et le verbe *Nipagahiman* signifie, je „fais jouer ce tambour. Ils ne le battent pas comme „font nos Européens, mais ils le tournent et remuent „pour faire bruire les cailloux qui sont dedans; ils „en frappent la terre tantost du bord, tantost quasi „du plat, pendant que le sorcier fait mille singeries „avec cet instrument (Relation de 1634, IV, 19, col. 1).

Note 3. Cette adoption d'un vivant destiné à remplacer, ou, suivant le langage de ces peuples, à ressusciter un mort en relevant son nom, se faisait pour plusieurs raisons: 1° „Pour ressusciter la mé„moire d'un vaillant homme et pour exciter celuy qui „portera son nom à imiter sa générosité; pour tirer

„vengeance des ennemis; car celuy qui prend le nom
„d'un homme tué en guerre s'oblige de venger sa
„mort; 2° pour secourir la famille d'un homme mort;
„d'autant que celui qui le fait revivre et qui le re-
„présente porte toutes les charges du déffunct, nour-
„rissant ses enfants comme s'il estoit *leur* propre
„père, en effect ils l'appellent *leur* père, et luy ses
„enfants; 3° vne mère ou vn parent qui ayme ten-
„drement son fils ou sa fille ou quelqu'un de ses pro-
„ches, le fait ressusciter par une affection de le voir
„auprès de soy; transportant l'amour quelle portoit
„au deffunct à celuy ou à celle qui se charge de son
„nom. Cette cérémonie se fait en un festin solennel
„en présence de plusieurs conviez. Celuy qui fait
„revivre le trépassé, fait vn présent à celuy qui doit
„prendre sa place: il luy met parfois vn collier de
„porcelaine au col; s'il l'accepte, il prend le nom
„du trépassé, et se met à danser le beau premier
„pour marque de resjouissance" (Relation de 1642,
XII, 53, col. 1).

Voir aussi les relations de 1636 (VIII, 131), et
de 1646 (X, 48), mais surtout celles de 1644 (XIV,
66 et suiv.), et de 1669 (VII, 23).

Note 4. Il y a évidemment ici une lacune de
quelques mots. Comme, dans ce passage, il est question de présents dont la provenance Européenne ne
saurait faire doute, je restituerais ainsi la phrase mu-
tilée: „S'ils reviennent *de la traitte*, ce sont" etc., etc.

Note 5. Sur la grande fête des morts tant chez
les Hurons que chez les Algonquins supérieurs, cf.
Champlain (303, 304); — les relations de 1636 (IX,
131—138), et de 1642 (XII, 94—97); — La Potherie
(II, 47); — Lafitau (II, 446—457); — Charlevoix (III,
377, 378).

Chapitre IX.

Note 1. Rien de mieux constaté que cette assertion. Dès les premiers jours de la découverte du
Canada par les Français, Jacques Quartier trouva
les naturels du pays fermement convaincus de l'immortalité de l'âme : „Le dit peuple, écrit-il dans sa
„relation, n'a aucune créance de Dieu qui vaille....
„Ils croyent aussy quand ils trépassent qu'ils vont
„ès étoiles; puis vont en beaux champs verds, pleins
„de beaux arbres et fruits somptueux" (Seconde
navigation faite par Jacques Quartier, natif de Saint-
Malo de l'Ile en Bretagne, chap. X, 50, Québec,
1843).

Moins d'un siècle après Quartier, Champlain et
Biard retrouvaient la même croyance plus vivante
que jamais chez les sauvages des environs de Québec, et de l'Acadie. „Ils croyent l'immortalité des
„âmes, lisons-nous dans le premier (chap. V, p. 127),
„et disent qu'ils vont se resjoüir en d'autres pays
„avec leurs parents et amis qui sont morts." — „Ils
„tiennent, dit le P. Biard (VIII, 20), l'immortalité
„de l'âme et la récompense des bons et des mauvais
„confusément et en général; mais ils ne passent pas
„plus avant en recherches ny souci, comme cela doibt
„estre; occupez tousjours ou préoccupez ou des né-
„cessitez de la vie ou de leurs us et coustumes."

Du vivant même de Champlain, et avant que
celui-ci eût publié la dernière édition de ses voyages, le P. Charles Lallemand (Relat. de 1626, 3 et 4)
complétait en ces termes les renseignements fournis
par l'illustre fondateur de Québec: „Ils enterrent les
„morts et avec eux tout ce qu'ils avoient.... Et
„comme je demanday un jour à un vieillard pour-
„quoy ils mettoient tout ce bagage dans les fosses,
„il me répondit qu'ils le mettoient afin que le mort

„s'en servît dans l'autre monde . . . . . qu'à la vérité,
„le corps des chaudières, peaux, cousteaux etc. de-
„meuroît dans les fosses; mais que l'âme des chau-
„dières, cousteaux etc. etc. s'en alloit dans l'autre
„monde avec le mort, et que là il s'en servoit. Ainsy
„ils croyent . . . l'immortalité de nos âmes; et de
„faict ils asseurent qu'après la mort elles vont au ciel,
„où elles mangent des champignons et se communi-
„quent les unes avec les autres."

Dans le cours des années suivantes, chaque découverte de peuplades nouvelles ne fit que rendre cette vérité plus incontestable, en multipliant les preuves à l'appui. Cf. relations de 1634 (IV, 16, col. 2), de 1636 (II, 104—107), de 1637 (XI, 53), de 1639 (X, 43); — Lettres Edif. (VII, 11 et 12). Ce qu'il y de remarquable, c'est qu'à l'autre extrémité de l'Amérique, les Chiquitos croyaient, comme les sauvages de Jacques Quartier, au séjour des morts dans les étoiles: „Quando truena y caen rayos, créen que algun difunto que vive allà con las estrellas es enojado con ellos." (Fernandez supr. cit.). — Les Diaguites du Tucuman plaçaient dans les étoiles le séjour préparé aux âmes du commun, tandis que les planètes étaient reservées à celles des nobles et des caciques. (P. Nic. del Techo, *Historia Paraqueriae*, 48, Leodii, 1673, in-fol.).

Je ne connais qu'une seule exception à ce consentement général. Les Illinois Péouaroua déclaraient au P. Gravier que l'homme mourait tout entier, et que si l'âme survivait, on verrait des morts revenir sur la terre (Relation de la mission N. D. p. 4 de la copie ms.).

Note 2. „Plusieurs parmi les Hurons s'imagi-
„noient que chaque homme a deux âmes, toutes deux
„divisibles et matérielles, et cependant toutes deux
„raisonnables. L'une se sépare du corps à la mort,
„et demeure néantmoins dans le cimetière jusques à
„la feste des morts, après laquelle, ou elle se change

„en tourterelle, ou, selon la plus commune opinion,
„elle s'en va droit au village des âmes. L'autre est
„comme attachée au corps, et informe pour ainsy
„dire le cadavre, et demeure en la fosse des morts
„après la feste, et n'en sort jamais si ce n'est que
„quelqu'un l'enfante de rechef" (Relat. de 1636, IX,
133, col. 2).

Donc, après la grande fête des morts, la première de ces deux âmes, qui jusqu'alors demeurait
le jour dans le cimetière de son village, et se pro-
menait la nuit dans les cabanes, où elle prenait sa
part des festins, se met en route couverte des belles
robes et des colliers qu'on a mis dans la fosse, et
s'en va vers un grand village situé à l'Occident
(Ibid. II, 104, col. 2).

Sur sa route elle rencontre une cabane, où
loge un certain Oscotarach, c'est-à-dire Perce-tête,
ainsi appellé parce qu'il ouvre la tête des ames et
en retire la cervelle qu'il garde (Ibid. 105, col. 1).

Il lui faut ensuite passer une rivière sur un tronc
d'arbre couché en travers, et éviter les assauts d'un
chien furieux qui cherche à la faire tomber dans le
torrent, où elle serait étouffé dans les eaux (Ibid.).

Le village des âmes est en tout semblable à
celui des vivans, sauf que jour et nuit les habitans
du premier ne sont gémir et pleurer (Ibid.).

Les vieillards et les petits enfants, qui ne pour-
raient faire un si long voyage, demeurent dans le
pays, où ils ont leurs villages particuliers (Ibid. 104,
col. 2).

Note 3. „Contradiction: car si l'âme est immortelle, elle ne peut être tuée ny par l'eau ny par le
pillon" (A).

Assurément. Mais il ne s'agit pas de trouver un
procédé logique dans les assertions des sauvages.
La véritable question se réduit au fait de savoir si
cette croyance a vraiment existé chez eux, et non
si elle est raisonnable ou absurde.

Note 4. Cf. La Potherie (II, 45), — Charlevoix (III, 351—353), — Lafitau (I, 401—404, 409 et 410). Dans le second de ces passages, Lafitau reproduit presque textuellement ce que dit Perrot à la page 42 de son mémoire.

Chapitre X.

Note 1. „Faux; jamais ni bras, ni jambes cassées, encore moins tués" (A).

Entre l'anonyme et Perrot qui passa quarante années de sa vie au milieu des sauvages, le lecteur prononcera. J'ajoute seulement que Charlevoix (III, 319) donne à ce jeu l'épithète de *dangereux*; et que La Potherie (II, 126, 127), quand il veut en décrire les suites funestes, emprunte à Perrot ses propres expressions: „Ces sortes de jeu, dit-il, sont ordinai„rement suivis de têtes, bras et jambes cassées, et „souvent des gens y sont tuéz."

Note 2. „Faux; il est aisé de connoitre qu'ils jouent" (A).

Note 3. „Le sieur Perrot, qui étoit un voya„geur célèbre, et l'un des Européans que les Sauva„ges de la Nouvelle-France ayent le plus honoré, a „laissé une description de ce jeu dans ses mémoires „manuscrits. Je l'aurois insérée ici volontiers; mais „elle est si obscure qu'elle est presque inintelligible. „Personne des autres François Canadiens, que j'ai „vû, n'a sçu m'en rendre raison; tout ce qui j'ai pu „en apprendre, c'est qu'après avoir divisé ces pailles, „ils les font passer dans leurs mains avec une dex„térité inconcevable: que le nombre impair est tou„jours heureux, et le nombre de neuf supérieur à „tous les autres: que la division des pailles fait „hausser ou baisser le jeu et redoubler les paris,

„selon les différents nombres jusqu'au gain de la
„partie; la quelle est quelque fois si animée, lorsque
„les villages jouent les uns contre les autres, qu'elle
„dure des deux et trois jours. Quoique tout s'y
„passe tranquillement et avec une bonne foy appa-
„rente, il y a cependant bien de la friponnerie et
„des tours d'adresse" (Lafitau, II, 351).

Charlevoix (III, 318) avoue, lui aussi, n'avoir
rien compris à toutes les explications de ce jeu; et
La Potherie (III, 23) reconnait que le mécanisme ne
s'en conçoit pas facilement. Je n'ai pas été plus
heureux que mes devanciers, et le jeu des pailles
reste pour moi une énigme indéchiffrable.

Note 4. *Momon*, ou *Mommon*, défi fait sur un
coup de dé.

Sur le jeu de dés ou du plat, cf. relat. de 1636
(IX, 113), de 1639 (VIII, 95, col. 2), — La Potherie
(III, 22), — Lafitau (II, 339—342), — Charlevoix (III,
260 et 261). Il existait chez les Indiens de Cinaloa
un jeu à peu près semblable (Ribas, 14).

Si ce que dit Perrot de la passion du jeu chez
ces mêmes sauvages, et des désordres qu'elle entraîne
avec elle, avait besoin de confirmation, il suffirait
de lire ce qu'en racontent les relations de 1636 (II,
92, col. 1, et IX, 113), et de 1639 (X, 45).

Chapitre XI.

Note 1. La *Tripe de roche* est une espèce de
lichen dont il est souvent parlé dans les anciennes
relations du Canada. C'est un triste et misérable
aliment, autant qu'on en peut juger par la description qu'en donnent les voyageurs et les missionnaires. „Ces rochers .... sont couverts d'une espèce
„de plante qui ressemble à la crouste d'un marécage
„seché par l'ardeur du soleil. Les uns l'appellent

„mousse, bien qu'elle n'en ait aucunement la figure;
„d'autres l'appellent tripe de rocher .... Il y en a
„de deux sortes: la petite est facile à cuire et bien
„meilleure que la grande..... il ne faut qu'un bouil-
„lon à la première pour bouillir; et, après, la lais-
„sant un peu auprès du feu et la remuant de temps
„en temps avec un baston, on la rend semblable à
„de la colle noire. Il faut fermer les yeux quand
„on commence à en gouster (Relat. de 1671, IV, 35).
Cf. Relat. de 1663 (VIII, 18, col. 2), de 1667 (II, 6,
col. 1), — La Potherie (II, 57).

Note 2. „En esté les bluets y sont fort com-
„muns: c'est un petit fruit gros comme des pois,
„bleu et très agréable au goût" (Relat. de 1671,
IV,.35, col. 2). — „Toutes les montagnes sont rem-
„plies de bluets, qui sont une manière de groseille
„qu'ils font sécher pour manger au besoin" (La Potherie, II, 57).

Note 3. Dans ce passage de notre manuscrit
on a effacé les mots *Chiripinons ou*, pour leur substituer ceux de *Cristinaux, nation différente des Assi-
niboils*. En outre, on lit en marge l'annotation suivante: „La folle-avoine vient sans semer."

Comme la manière dont ces nations récoltent la
folle-avoine n'est pas très clairement décrite dans
Perrot, je citerai ce qu'en dit le P. Marquette dans
la relation de ses voyages et découvertes (I, 9):
„La folle-avoine dont ils [les Maloumines] portent
„le nom, parce qu'elle se trouve sur leur terre, est
„une sorte d'herbe qui croist naturellement dans les
„petites rivières dont le fond est de vase, et dans
„les lieux marescageux. Elle est semblable à la
„folle-avoine qui croist parmy nos bleds .... Les espies
„sont sur des tuyaux noués d'espace en espace; ils sor-
„tent de l'eau vers le mois de juin et vont toujours
„montant, jusqu'à ce qu'elles surnagent de deux pieds
„environ. Le grain n'est pas plus gros que celuy
„de nos avoines, mais il est une fois plus long; aussi

„la farine en est-elle plus abondante. Voicy comme
„les sauvages la cueillent..... dans le mois de Sep-
„tembre qui est le mois de cette récolte. Ils vont
„en canot au travers de ces champs de la folle-
„avoine, ils en secouent les espies de part et d'autre
„dans le canot à mesure qu'ils avancent. Le grain
„tombe aisément s'il est mur; en peu de temps ils
„en font leur provision.“

Note 4. „Rompent la cabane et non pas l'écluse,
„pour le filet, mais bien lorsqu'ils le veulent attra-
„per dans les lieux où il a coutume d'aller“ (A).

Note 5. „Faux: on ne tend pas ce filet au pas-
„sage de l'eau, mais où il faut que le castor passe
„pour venir à sa cabane, lorsqu'il est chassé aux
„autres endroits. On le tend encore à l'entrée d'un
„lieu où l'on a connu qu'il s'est allé cacher, et où
„l'on a fait une barrière avec des piquets plantés
„dans la glace, et on laisse une porte à cette bar-
„rière, où on tend le filet“ (A)

Note 6. „Faux“ (A). — C'est aux chasseurs en
effet, et non aux castors, que le retentissement du
manche de la tranche sur la glace, indique les ca-
vités où ceux-ci ont été chercher un refuge. Aussi,
suis-je très porté à croire que le copiste a par erreur
substitué ici le mot *castors* à celui de *chasseurs* qu'on
lisait dans l'original.

Note 7. „On ne darde jamais le castor l'hyver;
„on les prend avec la main par un trou qu'on à fait
„à la glace; par où l'on connoit qu'il est proche, au
„mouvement qu'il cause à l'eau“ (A).

J'extrais de la relation de 1634 (IX, 42) une
description plus complète et surtout plus intelligible
de la chasse au castor. „Pendant l'hyver, y est-il
„dit, ils le prennent à la retz et soubs la glace.
„Voicy comment: on fend la glace en long proche
„de la cabane du castor, on met par la fente vn
„rets et du bois qui sert d'amorce; ce pauvre animal
„venant chercher à manger, s'enlace dans ces filets

„faicts de bonne et forte ficelle double, et encore
„ne faut-il pas tarder à les tirer, car ils seroient
„bientost en pièces. Estant sorty de l'eau par l'ou-
„verture faite en la glace, ils l'assomment avec vn
„gros baston.

L'autre façon de le prendre sous la glace est
„plus noble, tous les sauvages n'en ont pas l'vsage,
„mais seulement les plus habiles. Ils brisent à coups
„de haches la maison du castor....... Or les sau-
„vages ayant brisé cette maison, ces pauvres ani-
„maux qui sont parfois en grand nombre sous vn
„mesme toict, s'en vont sous les glaces, qui d'vn
„costé, qui d'vn autre, cherchant des lieux vuides et
„creux entre l'eau et la glace, pour pouvoir respirer:
„ce que sçachans leurs ennemis, ils se vont pour-
„menans sur l'estang ou sur le fleuve glacé, portans
„vn long baston en main, armé d'vn costé d'vne
„tranche de fer, faite comme vn ciseau de menuisier,
„et de l'autre d'vn os de baleine comme je croy;
„ils sondent la glace avec cet os, frappans dessus
„et prenant garde si elle sonne creux et si elle donne
„quelque indice de sa concavité, alors ils couppent
„la glace avec la tranche de fer, regardans si l'eau
„n'est point agitée par le mouvement où par la res-
„piration du castor: si l'eau remue, ils ont vn baston
„recourbé qu'ils fourrent dans le trou qu'ils viennent
„de faire; s'ils sentent le castor, ils le tuent avec
„leur grand baston qu'ils appellent *Ouikachit*, et le
„tirans de l'eau en vont faire curée tout aussitost,
„si ce n'est qu'ils ayent grande espérance d'en pren-
„dre d'autres. Lorsqu'il y a quelque fleuve voisin, ou
„quelque bras d'eau conjoinct à l'estang, où ils [les
„castors] sont, ils se coulent la dedans; mais les Sau-
„vages barrent ces fleuves quand ils les découvrent,
„ils cassent la glace et fichent quantité de pieux les
„vns auprès des autres en sorte que le castor ne peut
„évader par là. J'ay veu de grands lacs qui sau-
„voient la vie aux castors, car nos gens ne pouvant

„casser tous les endroicts où ils pouvoient respirer,
„aussi ne pouvoient-ils attraper leur proye.“ Cf. La
Potherie, I, 134.

Note 8. „Tous ces sauvages.... sont connus
„dans les relations Françoises sous le nom générique
„de *Savanois*, parce que le pays qu'ils habitent est
„bas, marécageux, mal boisé et qu'en Canada on
„appelle *Savanes* ces terrains mouillés qui ne sont
„bons à rien“ (Charlevoix, III, 181).

Note 9. Champlain (p. 266) nous a laissé de
cette chasse, une description qui se rapproche
beaucoup de celle qu'on vient de lire. Je n'en citerai
qu'un fragment assez court, destiné à faire mieux
comprendre un passage où notre auteur s'est ex-
primé très confusément.

„Toutes choses estans faites, ils partirent demie
„heure devant le jour pour aller dans le bois à quel-
„que demie lieue de leur dit clos, s'esloignant les
„uns des autres de quatre vingt pas, ayant chacun
„deux bastons desquels ils frappent l'un sur l'autre,
„marchant au petit pas en cet ordre jusqu'à ce qu'ils
„arrivent à leur clos. Les cerfs [caribous] oyant ce
„bruit s'enfuyent devant eux jusqu'à ce qu'ils arrivent
„au clos, où les sauvages les pressent d'aller, et se
„joignent peu à peu vers l'ouverture“.... etc. — Charlevoix (III, 128, 129) a fondu en un seul tableau ce que
Perrot et Champlain avaient dit sur cette chasse du
caribou ou renne d'Amérique; il donne le tout comme
tiré de Champlain.

Note 10. J'emprunte à la relation de 1634 (IX,
41) la peinture de la chasse de l'élan ou de l'orignal par les sauvages. „Quand il y a peu de neige,
„les sauvages le tuent à coups de flèches; le pre-
„mier que nous mangeames fut ainsi mis à mort.
„Mais c'est un grand hazard quand ils peuvent ap-
„procher de ces animaux à la portée de leurs arcs,
„car ils sentent les sauvages de fort loing et cou-
„rent aussi vite que les cerfs. Quand les neiges

„sont profondes, ils poursuivent l'élan à la course et
„le tuent à coups d'espées qu'ils emmanchent à de
„longs bastons pour cet effect; ils dardent ces espées
„quand ils n'osent ou ne peuvent aborder la beste;
„ils poursuivent parfois deux et trois jours un de
„ces animaux, les neiges n'estant ni assez dures ni
„assez profondes; d'autresfois un enfant les tueroit
„quasi, car la neige venant à se glacer après quel-
„que petit dégel ou quelque pluye, elle blesse ces
„pauvres orignaux qui ne vont pas loing sans estre
„massacrez."

Note 11. „Les premiers et les naturels habitans
„de ce lieu sont ceux qui s'appellent Pahouitingo-
„nach .... que les François nomment Saulteurs, parce
„que ce sont eux qui demeurent au Sault comme
„dans leur pays; les autres n'y étant que comme par
„emprunt" (Relat. de 1670, X, 79, col. 2).

„Ce qu'on appelle communément le Sault n'est
„pas à proprement parler un sault ou une cheute
„d'eau bien élevée, mais un courant très violent des
„eaux du lac Supérieur, qui se trouvant arrêtées
„par un grand nombre de rochers qui leur dispu-
„tent le passage, font une dangereuse cascade, large
„de demie lieue, toutes ces eaux descendans et se
„précipitans les unes sur les autres comme par de-
„grez sur de gros rochers qui barrent la rivière.
„C'est à trois lieues au-dessous du lac Supérieur et
„douze lieues au-dessus du lac des Hurons; tout cet
„espace faisant une belle rivière, couppée de plu-
„sieurs isles" etc. (Ibid. 78, col. 2).

Les Sauteurs d'aujourd'hui ne se donnent pas
d'autre nom que celui d'Odgiboweke (Otjibwek, Od-
jibewais), d'où les Anglais les ont appellés *Chippewais*. Ces peuples de race Algonquine ont presqu'entièrement abandonné leur ancienne demeure du Saut-
Sainte-Marie. Ils forment la portion la plus nombreuse de la population sauvage répandue dans les
vastes possessions Britanniques du nord-ouest, et ha-

bitent non loin de la ligne qui sépare ces possessions, du territoire Américain. Leur vie se passe à guerroyer contre les Sioux leurs voisins du sud, à chasser le bison, et surtout à exploiter la libéralité des *Bois-Brulés* de la Rivière-Rouge (métis Canadiens-Sauteurs). La nation des Sauteurs, écrivait en 1851 un missionnaire de ces contrées (Rapport sur les missions du diocèse de Québec, n° 9, p. 111, Québec, 1851) „est en général le peuple le plus fainéant et „le plus mendiant que je connaisse. Il est le fleau „des métis, qui sont industrieux à la chasse, et cou-„rageux à en soutenir les fatigues; aussi les Sauteurs „les poursuivent-ils pour vivre presque exclusivement „à leurs dépens.“

Note 12. Tout ce passage n'est pas très clair. Perrot, je crois, a voulu dire que les sauvages du lac Huron et de celui des Illinois [lac Michigan], ne chassent pas seulement le castor, mais aussi „toutes „les autres bestes“... parce que „dans les chasses „éloignées où ils ont coustume d'aller, il y a des ours, „des cerfs“, etc. etc.

Note 13. Il existe au Canada et dans les Etats-Unis deux espèces de corbigeaux ou courlis: le courlis au long bec [Numenius longirostris d[Audubon], et le courlis du nord [Numenius Hudsonicus du même]. Ce que dit Perrot du corbijeux des prairies, peut s'entendre de l'un aussi bien que de l'autre. Cf. Ornithologie du Canada par Mr. J.-M. Lemoine (p. 356, 357, 2° Edit., Québec 1861, in-18°).

Note 14. „Le *Pokékoretch* de Perrot est sans „aucun doute le *Nelumbium luteum*, plante aquatique „à racine cylindrique et charnue, dont la fleur me-„sure de 6 à 20 pouces de diamètre, et flotte à la „surface de l'eau. On en mange les racines et les „graines. Celles-ci sont de la grosseur d'une noisette. „Elles ont le goût de la châtaigne, et sont fort re-„cherchées des sauvages.“ — Je dois cette note et les deux suivantes à l'obligeance de Mr. Brunet, professeur de botanique à l'Université-Laval de Québec.

J'ajoute qu'il n'est pas absolument impossible de reconnaître le Pokékoretch de Perrot dans la plante que le P. Marquette décrit en ces termes (Récit des voyages et des découvertes, sect. VII, 64): „Il se trouve aussi dans les prairies un fruit „semblable à des noisettes, mais plus tendre. Les „feuilles sont fort grandes, et viennent d'une tige „au bout de laquelle est une teste semblable à un „tournesol, dans laquelle toutes ces noisettes sont „proprement arrangées: elles sont fort bonnes cuites „et crües."

Note 15. „La *pomme de terre* dont il est ici „parlé n'est pas autre chose que la *Psoralea escu-* „*lenta*, plante de la famille des légumineuses, qui „abonde dans les plaines élevées du Missouri, et sur „les collines des environs de Saint-Louis. Les voya- „geurs Canadiens l'appellaient *pomme* ou *navet de* „*prairie*. Les sauvages la font toujours bouillir avant „de la manger, quoique, même crue, cette racine „n'ait point nn goût désagréable" (B).

Note 16. „Les trop rares données que renfer- „ment les deux paragraphes précédens sur les ca- „ractères spécifiques de l'*ognon* de Perrot, me por- „tent à croire qu'il s'agit d'une espèce d'*allium*, l'*al-* „*lium Canadense* probablement. Les Chérokées, voi- „sins des Illinois, s'en nourrissaient assez volon- „tiers" (B).

Pour compléter les détails, parfois trop écourtés, que donne Perrot sur les productions naturelles des Prairies, je citerai l'extrait suivant du P. Marquette (Recit des voyages .... sect. VII, 47, 48): „Nous „trouvasmes quantités de meures aussi grosses que „celles de France; et un petit fruit que nous pris- „mes d'abord pour des olives, mais il avoit le goust „d'orange; et un autre fruit, gros comme un oeuf „de poule. Nous le fendismes en deux parties, et

„parurent deux séparations dans chacune desquelles „il y a huit ou dix fruicts enchassez. Ils ont la „figure d'amande, et sont fort bons quand ils sont „meurs. L'arbre néantmoins qui les porte a très „mauvaise odeur, et sa feuille ressemble à celle du „noyer." — Ne sont-ce pas là les noix de Perrot? Et, par conséquent, dans la texte de ce dernier, au lieu de: *à l'égard des noix, il s'en trouve de la grosseur d'une poule*, ne faut-il pas lire: *il s'en trouve de la grosseur d'un oeuf de poule?* La seule chose qui m'embarrasse c'est de voir dans Perrot que ces noix ne *valent rien à manger*, tandis que le P. Marquette les déclare *fort bonnes*. Mais ce n'est là que pure affaire de goût, en laquelle il est très permis de ne pas s'entendre.

On trouvera sur le sujet traité par Perrot à la fin de ce chapitre d'autres renseignements dans une lettre du Père Gabriel Marest (Lettres Edif. VI, 327).

Note 17. Les *Panys* de Perrot, *Panis* de Charlevoix (III, 212), *Panismaha* des Lettres Edifiantes (VII, 103) et *Pawnees* des historiens et des géographes Anglo-Américains erraient sur les bords et au sud-ouest du Missouri. Ils s'étendaient très loin vers le Nouveau-Mexique (Charlevoix, supr. cit.). Le P. Vivier (Lettr. Edif., ubi supra) les range aussi parmi les tribus Missouriennes. Aujourd'hui encore leur territoire de chasse s'étend au nord de la rivière Platte dans le Nebraska. En 1837 leur population atteignait le chiffre de dix mille âmes (Annales de la Propagation de la Foi, XI, 394).

Les Ayoës, voisins et alliés des Sioux, demeuraient entre le 44° et le 45° de latitude nord, à douze journées au-delà du Mississipi. Ils figurent dans une des relations de la Nouvelle-France, sous le nom de Aiaoua ou Mascouteins Nadouessi (Relat. de 1673—1679, III, 86, Albany, 1860). Charlevoix (III, 396) les appelle Aiouez.

Lorsque Perrot, chargé par Mr. de La Barre

gouverneur de la Nouvelle-France de faire la découverte des peuples de l'ouest, eut, en 1685, établi
sa résidence sur les bords du Mississipi, il entretint avec les Ayoës les relations les plus amicales.
Le récit suivant de La Potherie (II, 182—184) mettra le lecteur au courant de certains usages en vigueur chez ce peuple fort peu connu d'ailleurs. „Il
„arriva au bout de onze jours de ce signal des dé-
„putez de la part des Ayoës, qui donnèrent avis que
„leur village approchoit dans le dessein de s'établir
„avec eux [avec les François]. L'entrevûe de ces
„nouveaux venus se fit d'une manière si particulière
„qu'il y avoit sujet de rire; ils abordèrent le Fran-
„çois [Perrot] en pleurant à chaudes larmes qu'ils
„faisoient couler dans leurs mains avec de la salive
„et autre saleté qui leur sortoit du nez, dont ils leur
„frottoient la tête, le visage et les habits. Toutes
„ces caresses lui faisoient bondir le coeur; ce n'étoit
„que cris et hurlements de la part de ces sauvages,
„que l'on appaisa en leur donnant quelque couteau
„et des alênes; enfin, après beaucoup de mouvement
„qu'ils firent pour se faire entendre, ce que ne pou-
„vant n'ayant pas d'interprête, ils s'en retournèrent.
„Il en vint quatre autres au bout de quelques jours,
„dont il y en avoit un qui parlait Illinois, qui dit
„que leur village étoit à neuf lieues au-dessus, sur
„le bord du fleuve. Les François les y allèrent trou-
„ver; les femmes s'enfuirent à leur arrivée; les unes
„gagnoient les montagnes, les autres se jetoient dans
„les bois en courant le long du fleuve, pleurant et
„levant les mains au soleil. Vingt considérables pré-
„sentèrent à Perrot le calumet et le portèrent sur
„une peau de boeuf dans la cabane du chef qui
„marchoit à la tête de ce cortège. Quand ils se
„furent mis sur la natte, ce chef se mit à pleurer
„sur sa tête en la mouillant de ses larmes et des
„eaux, qui distilloient de sa bouche et du nez. Ceux
„qui l'avoient porté en firent de même. Ces pleurs

„finis, on lui présenta de rechef ce calumet. Le
„chef fit mettre un grand pot de terre sur le feu
„que l'on remplit de langues de boeuf, qui furent
„tirées au premier boüillon, on les coupa en petits
„morceaux; le chef en prit un qu'il lui mit dans la
„bouche; Perrot l'ayant voulu prendre lui-même, ce
„que le chef ne voulut pas, jusqu'à ce qu'il lui [en]
„eut mis [trois], la coutume étant de mettre les mor-
„ceaux dans la bouche jusqu'à trois fois, quand c'est
„un capitaine, avant que de présenter le plat. Il ne
„put s'empêcher de rejeter ce morceau qui étoit en-
„core tout sanglant ..... ils prirent leur calumet et
„le parfumèrent de la fumée du tabac. On n'a ja-
„mais vu au monde de plus grands pleureurs que
„ces peuples; leur abord est accompagné de larmes,
„et leur adieu en est de même. Ils ont l'air fort
„simple et une grosse poitrine, un bon fonds de voix,
„ils sont extrêmement courageux et bon coeur, ils
„prennent souvent les boeufs et les cerfs à la course,
„ils mangent la viande cruë, ou la font seulement
„un peu chauffer; ils ne sont jamais rassasiez, car
„quand ils ont de quoi ils mangent nuit et jour;
„lorsqu'ils n'ont rien, ils jeûnent avec beaucoup de
„tranquillité. Ils sont fort hospitaliers, et ils n'ont
„pas de plus grande joie que de régaler les étran-
„gers.“

En 1836 l'antique alliance des Ayoës et des
Sioux n'existait plus. Je lis ce qui suit dans une
lettre du P. Van Quickemborne de la Compagnie de
Jésus, missionnaire chez les Poutéouatomis et les
Kickabous (Annales de la Propagation de la Foi,
X, 130): „Des bruits de guerre nous ont inquiétés
„pendant plusieurs jours. On annonçait une irrup-
„tion des Sioux septentrionaux; on les disait déjà
„vainqueurs des Sacks (Sakis, Ousakis) et des
„Aiouais.“

Ces derniers et les Sakis vivaient réunis, en
1836, à 30 milles au nord de Leavenworth, dans le

Kansas. Cf. Annales de la Propagation de la Foi, X, 132.

Note 18. *Ceux du festin*, c'est-à-dire le chef qui donne le festin, car lui seul, parmi les convives, s'abstenait de prendre part au repas; c'est du moins ce qu'affirme Charlevoix (III, 116). Cet usage est encore en vigueur chez quelques-unes des nations de l'amérique Anglaise: „Quand les provisions de bouche sont abondantes ils [les sauvages du lac Abbitibbi] font quelquefois des festins en l'honneur du grand Manito..., celui qui donne le festin a droit de chanter pendant tout le temps que dure le repas; mais il ne lui est pas permis de manger" (Rapport sur les missions de Québec, n° 2, p. 52).

Note 19. Les *empescheroit de sortir de leur giste*. C'était en effet au sortir du gîte que les sauvages tuaient l'ours. „Ils le trouvent dans des arbres „creux où il se retire, passant plusieurs mois sans „manger.... Ils coupent l'arbre pour faire sortir „la proye qu'ils assomment sur la neige; ou bien à „la sortie de son giste." (Relat. de 1634, IX, 43). — „Ils se cachent dans des creux d'arbres, raconte le „P. Allouez (Relation de 1676, III, 61, du ms. orig.), „surtout les femelles pour y faire leurs petits; ou „bien ils se couchent sur des branches de sapin, „qu'ils coupent exprès pour s'en faire un lit sur la „neige, d'où ils ne sortent point tout l'hyver, sinon „lorsque les chasseurs les découvrent par le moyen „de leurs chiens qu'ils façonnent à cette chasse."

Ces animaux étaient extraordinairement nombreux à l'ouest de la Baie-Verte et du lac Michigan. En une seule campagne, un village de Poutéouatomis en tua plus de cinq cents (id. ibid. 63).

Note 20. Des cérémonies toutes particulières précédaient, accompagnaient et suivaient le festin où les Montagnais [Algonquins inférieurs] mangeaient l'ours tué à la chasse.

1°. „L'ours estant tué, celuy qui l'a mis à mort

„ne l'apporte point, mais il s'en revient à la cabane
„en donner la nouvelle. afin que quelqu'un aille voir
„la prise comme chose précieuse."

2º. „L'ours apporté, toutes les filles nubiles et
„les jeunes femmes mariées qui n'ont point encore
„eu d'enfants, tant celles de la cabane où l'ours
„doit être mangé, que des autres voisines, s'en vont
„dehors, et ne rentrent point tant qu'il y reste au-
„cun morceau de cet animal dont elles ne goustent
„point."

3º. Il faut bien esloigner les chiens de peur qu'ils
„ne leschent le sang ou ne mangent les os, voire
„les excréments de cette beste, tant elle est chérie.
„On enterre ceux-cy sous le foyer, et on jette ceux-
„là au feu."

4º. „On fait deux banquets de cet ours, l'ayant
„fait cuire en deux chaudières, quoyqu'en mesme
„temps. On invite les hommes et les femmes âgées
„au premier festin, lequel achevé, les femmes sortent,
„puis on dépend l'autre chaudière, dont on fait festin
„à manger tout, entre les hommes seulement. Cela
„se fait le soir de sa prise."

5º. „Le lendemain sur la nuict ou le second
„jour .... l'ours estant entièrement mangé, les jeu-
„nes femmes et les filles retournent" (Relation de
1635, IV, 25, 26).

6º. Pour connaître d'avance le succès heureux ou
malheureux de leur chasse, les Montagnais faisaient
griller sur des charbons ardens non le filet de la
langue des ours déjà tués, comme les Outaouais, mais
leur fiel (Relat. de 1637, XI, col. 2, 51).

Les Montagnais, convertis au Catholicisme, ont
depuis longtemps déjà renoncé à toutes ces pratiques
superstitieuses. Aujourd'hui, lorsqu'ils ont tué un
ours, ils en font un festin auquel ils invitent tous
leurs amis, et dont la graisse de cet animal constitue
la mets le plus recherché. La tête de l'ours est exposée au haut d'une perche à l'endroit même où il

a été tué. C'est un trophée érigé par les chasseurs
pour faire connaître à tous les passants leur heureux succès. Cf. missions de Québec, 11° rapp. p. 94.

Les Nascapis, voisins des Montagnais, croiraient
encore, comme autrefois ceux-ci „se rendre hostiles
„les mânes de certains animaux, s'ils donnaient leurs
„ossements aux chiens. Aussi en suspendent-ils les
„têtes aux arbres de leurs forets, enfouissant en terre
„ou jetant à la rivière les autres ossements" (ibid.
p. 63).

Chez les peuples de la baie des Puans, la tête
de l'ours tué recevait les adorations des convives
occupés à manger le corps. „Quand ils en ont tué
„quelqu'un à la chasse, ils en font d'ordinaire un
„festin solennel, avec des cérémonies fort particuliè-
„res. Ils conservent précieusement la teste de cet
„animal; ils la peignent des plus belles couleurs
„qu'ils peuvent trouver, et, pendant le festin, ils la
„placent dans un lieu éminent, afin qu'elle reçoive
„les adorations de tous les conviez, et les louanges
„qu'ils luy donnent les uns après les autres par leurs
„plus belles chansons (Relat. de 1672, II, 38).

Les Miamis mangeaient d'abord l'ours dont ensuite ils adoraient la dépouille. „Il y a en ce pays,
écrit le P. Allouez (Relat. de 1674, XII, p. 74 du
ms. orig.), quelque espèce d'idolâtrie, car, outre la
teste du boeuf sauvage avec ses cornes, qu'ils tiennent dans la cabane pour l'invoquer, ils ont des
peaux d'ours escorchez par la teste qui ne sont point
fendues par le milieu. Ils y laissent la teste, les
yeux, le museau qu'ils peignent ordinairement de
verd. Ils élèvent la teste sur un potteau, au milieu
de leur cabane, le reste de la peau pend le long du
potteau jusques à terre. Ils l'invoquent dans leurs
maladies, guerres et autres nécessitez."

Les coutumes Finlandaises constatent aussi de
grands honneurs rendus à l'ours tué par les chasseurs: usage né sans doute en divers pays de la

terreur qu'inspire ce vigoureux animal, et du profit qu'apporte sa chasse dans la famille.

Chapitre XII.

Note 1. „Ils chantent encore et font ces bruits „en leurs sueries; ils croiroient que cette médecine, „qui est la meilleure de toutes celles qu'ils ont, ne „leur serviroit de rien, s'ils ne chantoient en suant. „Ils plantent des bastons en terre, faisant une espèce „de petit tabernacle fort bas: car vn grand homme „estant assis là dedans, toucheroit de sa teste le „hault de ce taudis, qu'ils entourent et couvrent de „peaux, de robes et de couvertures. Ils mettent dans „ce four quantité de grosses pierres qu'ils ont faites „chauffer et rougir dans vn bon feu, puis se glissent „tous nuds dans ces estuves; les femmes suent parfois „aussi bien que les hommes; d'autres fois ils suent „tous ensemble hommes et femmes pesle et mesle, „ils chantent, ils crient, ils hurlent dans ce four, ils „haranguent; par fois le sorcier y bat son tambour.... „Bref, quand ils ont crié trois heures ou environ „dans ces estuves, ils en sortent tout mouillez et „trempés de sueur" (Relat. de 1634, VI, 19). Autre similitude avec les peuples septentrionaux de l'Europe orientale.

Note 2. La plupart des relations, celles par exemple de 1634 (V, 29, et XIII, 8), de 1635 (36, col. 2), de 1636 (VI, 118, col. 1), et enfin de 1673 (II, 8, du ms. original) font de l'hospitalité des sauvages le même éloge que Perrot. „L'hospitalité," dit-on dans la dernière de celles que je viens de citer, „est une vertu morale qui est fort commune chez les „sauvages." Si donc on venait à tomber sur certains passages (Relat. de 1634, VI, 33), où l'on semble af-

firmer le contraire, il faudrait l'entendre des sauva
ges gâtés par le voisinage des Européens, et initiés
par eux aux plus vils calculs de la cupidité. Il faut
bien pourtant avouer que l'hospitalité sauvage semble
avoir été assez fréquemment un gaspillage aveugle
dont on espérait prendre sa revanche sur autrui;
c'était tout autant camaraderie folle, et insouciance
de l'avenir, que libéralité cordiale. „Un sauvage
„verra que la chaudière est sur le feu chez son voisin,
„ou bien que celui-ci est occupé à prendre son re-
„pas; il ira sans cérémonie et sans être invité se
„mettre à manger comme s'il était chez lui; et ....
„s'en retourne chez lui, ne tenant aucun compte de
„la faveur qu'il vient de recevoir; parceque, à ses
„yeux, ce n'en est point une. Demain un autre lui en
„fera autant" (Missions de Québec, 12e Rapport, p. 66).

Note 3. L'union entre les membres d'une même
tribu et surtout d'une même famille était et est encore
véritablement admirable chez les sauvages. Perrot,
dans la peinture qu'il nous en fait, reste au-dessous
de la réalité. „Ostez quelques mauvais esprits qui se
„rencontrent quasi partout," écrivait le P. Le Jeune
(Relat de 1636, 2e partie, VI, 118), „ils ont une dou-
„ceur et une affabilité quasi incroyable pour des
„sauvages; ils ne se picquent pas aisément, et en-
„core s'ils croyent avoir receu quelque tort de quel-
„qu'un, ils dissimulent souvent le ressentiment qu'ils
„en ont; au moins en trouve-t-on icy [chez les Hu-
„rons] fort peu qui s'échappent en public pour la
„colère et la vengeance. Ils se maintiennent dans
„cette si parfaite intelligence par les fréquentes vi-
„sites, les secours qu'ils se donnent mutuellement
„dans leurs maladies, par les festins et les alliances.
„Si leurs champs, la pesche, la chasse ou la traitte
„ne les occupe, ils sont moins en leurs cabanes, que
„chez leurs amis. S'ils tombent malades, et qu'ils
„désirent quelque chose pour leur santé, c'est à qui
„se monstrera le plus obligeant."

Mais un exemple prouvera mieux que toutes ces généralités à quel degré d'héroïsme peuvent s'élever chez un sauvage ces affections de famille. Voici ce qu'on lit dans la relation de 1648 (X, 42): „Un jeune Irroquois, âgé de dix-neuf à vingt ans s'estant sauvé dans la défaite de ces gens dont nous avons parlé cy-devant, mais en sorte qu'il estoit entièrement hors de tout danger, voyant que son frère aisné, auquel il avoit donné parole qu'il ne l'abandonneroit jamais, ne paroissoit point, il s'en retourne froidement sur ses pas, et se doutant bien que son frère estoit pris, il le vient chercher entre les mains de ses ennemis. Il aborde les Trois Rivières, il passe devant plusieurs François qui ne luy disent aucun mot, ne le distinguant pas des Hurons; il monte sur un petit tertre, sur lequel le fort est basty, et se va froidement asseoir au pied d'une croix plantée à la porte du fort. Un Huron l'ayant apperceu.... le reconnut aussi-tost, le dépoüillant, et le garrotant, et le faisant monter sur un échaffaud où estoient tous les captifs, le pauvre garçon, interrogé pourquoy il se venoit jetter dans le feu, dans les marmites et dans les estomachs des Hurons ses ennemis, répondit qu'il vouloit courir la mesme fortune que son frère, et qu'il avoit plus d'amour pour luy, que de crainte des tourmens, qu'il n'auroit peu souffrir en son pays le reproche de l'avoir laschement abandonné." Cf. Relat. de 1634 (V, 28, 29).

Note 4. „Pour les larrons, quoyque le païs „des Hurons en soit rempli, ils ne sont pas pourtant „tolérez; si vous trouvez quelqu'un saisi de quelque „chose qui vous appartienne, vous pouvez en bonne „conscience jouer au roy dépouillé, et prendre tout „ce qui est vostre, et avec cela le mettre nud comme „la main. Si c'est à la pesche, luy enlever son ca- „not, ses rets, son poisson, sa robe, tout ce qu'il a: „il est vray qu'en cette occasion le plus fort l'em- „porte. Tant y a que voilà la coustume du païs,

„qui ne laisse pas d'en tenir plusieurs en leur de-
„voir" (Relat. de 1636, VI, 120, col. 2).

Le bourg près duquel un vol a été commis en
est responsable, si l'on n'en peut découvrir le véritable auteur (Relat. de 1637, 2e partie, I, 104, 105).

Note 5. „Il n'est plus question de présents lors-
„qu'on a coupé la teste du coupable; mais c'est ce
„qui arrive si rarement qu'on pourroit dire point du
„tout" (A).

Les empoisonneurs pris sur le fait, ou ceux qu'on
soupçonnait d'avoir par leurs sorcelleries causé la
mort de quelqu'un étaient tués sans forme de procès
(Relat. de 1635, 35, col. 1).

Quant aux autres meurtriers, ils n'étaient ordinairement obligés qu'à payer le prix du sang aux
parens de la victime. Et encore n'étaient-ce pas
eux, mais leur village ou leur nation qui devait
le fournir. Ce prix n'était presque jamais refusé.
„Pour les meurtriers, lisons-nous dans la relation
„de 1636 (VI, 118—120), quoyqu'ils [les Hurons]
„ne tiennent pas la sévérité que faisoient jadis
„leurs ancestres, néantmoins le peu de désordre
„qu'il y a en ce point, me fait juger que leur
„procédure n'est guéres moins efficace qu'est ailleurs
„le supplice de la mort: car les parents du deffunct
„ne poursuivent pas seulement celui qui a fait le
„meurtre, mais s'adressent à tout le village qui en
„doit faire raison et fournir au plustost pour cet
„effet jusques à soixante présens, dont les moindres
„doivent estre de la valeur d'une robbe neufve de
„castor."

Le père Paul Ragueneau, supérieur de la mission des Hurons, confirme et complète ainsi ce
qu'on vient de lire. „Ce seroit, dit-il (Relat. de
„1648, XVII, 78, col. 2 et 79), tenter l'impossible et
„mesme empirer les affaires plustost que d'y appor-
„ter remède, qui voudroit procéder avec les sauva-
„ges selon la justice de France qui condamne à la

„mort celuy qui est convaincu de meurtre. Chaque
„pays a ses coustumes conformes aux divers natu-
„rels de chaque nation. Or, veu le génie des sau-
„vages, leur justice est sans doute très efficace pour
„empescher le mal, quoyqu'en France elle parust une
„injustice: car c'est le public qui satisfait pour les
„fautes des particuliers, soit que le criminel soit re-
„connu, soit qu'il demeure caché. En un mot, c'est
„le crime qui est puny.“

Note 6. „C'est de quoy ils ne manquent jamais“ (A). — „Ils [les Outaouais] portent toujours
„le miroir à la main, et très souvent ils se regar-
„dent pour admirer leurs grotesques ornemens“ (Ann.
de la Propag. de la Foi, IV, 543). Pour être témoin
de pareils ridicules, il n'est pas absolument nécessaire
d'aller jusque chez les sauvages.

Note 7. Perrot me semble ici beaucoup trop
sévère, ses préjugés d'Européen ne lui permettant
pas de rendre à la valeur du sauvage la justice qui
lui est due. De ce que ces peuples n'entendent pas
le courage à notre façon, il ne s'ensuit pas qu'on
puisse les accuser de lâcheté. Ils sont braves à peu
près comme les héros d'Homère. C'est le succès
qu'ils recherchent avant tout; aussi, quand ils voient
la chance tourner contre eux, et qu'une voie est encore
ouverte à la fuite, ils n'hésitent pas à la prendre;
non pas tant par crainte de la mort, que parcequ'ils
sont partis en guerre pour enlever la chevelure de
leur ennemi et non pour lui laisser la leur. Ils
tiennent donc en médiocre estime ces trépas glorieux (à la façon moderne) qu'une précaution prise
à propos eût pu faire éviter.

Supposez-les au contraire animés par l'espoir de
vaincre, ou placés en face d'une mort désormais in-
évitable, vous les verrez braver tous les dangers
avec un courage qui ne le cède en rien à celui de
nos plus intrépides soldats; ou défier du regard et
de la voix cette mort, rendue cependant si affreuse

par les abominables supplices dont la haine d'un ennemi sans pitié se plait à l'accompagner. Comme les histoires et les relations de la Nouvelle-France sont remplies de traits en ce dernier genre, je ne citerai qu'un exemple de ce courage qui consiste à marcher en ligne contre un ennemi, et à se faire vaillamment tuer sur la brèche. Il s'agit de l'assaut donné par les Iroquois au fort Richelieu: „Ces bar-„bares se divisèrent en trois bandes: et nonobstant „qu'ils vissent trois barques à l'ancre, ils se jettèrent „sur nous auec vne fureur si étrange, qü'il sembloit „qu'ils deussent tout enlever d'vn premier coup. „Aussitost chacun court aux armes; vn caporal, „nommé Du Rocher estant en garde voyant qu'ils „mettoient desjà le pied dans le retranchement, „s'avance la teste baissée auec quelques soldats, et „les repousse courageusement. Les balles de mous-„quets et d'arquebuses sifflent de tous costez. Mon-„sieur le Gouverneur estant sur l'eau dedans son „brigantin se fait porter au plustost à terre sur vn „batteau; il entre dans le réduit qui n'estoit pas en-„core en estat de se bien défendre. Nos François „sont bien étonnez de voir le courage et la résolu-„tion d'vn ennemy qui passe, dans l'esprit de ceux „qui ne le connoissent pas, pour timide, et qui fait „des actions d'vne très grande hardiesse: bien atta-„qué, bien défendu. Vn grand Iroquois portant vn „pennache, ou vne espèce de couronne de poil de „cerf, teint en écarlate, enrichy d'vn collier de pour-„celaine, s'avançant trop, est couché par terre tout „roide mort d'vne mousquetade. Vn autre receut sept „postes dans son bouclier et bien autant dans son „corps. Nos François estant animez, se rüent auec „vn tel carnage, qu'ils font lascher prise à ces bar-„bares .... Ils firent néantmoins leur retraite auec „conduite, se retranchans dans vn fort qu'ils avoient „secrètement dressé à vne lieue ou environ au dessus „de nous. On trouva par après des haches et d'au-

„tres armes, que les blessez auoient laissées auec du
„sang qui rougissoit leur trace. Nos soldats les
„loüoient de leur générosité, ne pensans pas que des
„gens qui portent le nom de sauvages, eussent les
„armes si bien en la main: tel s'auança pour mettre
„le pied dans vne barque, d'autres tirerent dans la
„redoute par les meurtrières mesmes..... Cet as-
„saut qui dura assez longtemps eut deux bons effets:
„l'vn fut d'arrester ces barbares et de les empescher
„non seulement de venir chercher nos sauvages
„chrestiens jusques auprès de nos portes, mais encor
„de venir surprendre les Hurons et les Algonquins
„qui passent tous les jours dans ce grand fleuve
„pour nous venir visiter; de plus nos soldats appri-
„rent qu'il se falloit défier d'vn ennemy qui fond
„comme vn oiseau sur sa proye, qui fait la guerre
„en larron, et qui attaque en vaillant homme" (Relation de 1642, XI, 51).

Que le courage de ses peuples ait eu besoin
d'être excité par des motifs de vengeance, d'honneur ou d'intérêt, je l'admets volontiers sur la foi
de Perrot; mais quel civilisé n'est sauvage en ce
point?

Ces motifs ne leur manquaient point, la bravoure étant tenue en très haute estime chez nos Indiens, et, unie à la libéralité, pouvant seule donner
quelque influence parmi eux. Le cas extraordinaire
qu'ils en faisaient, peut même nous fournir une explication assez plausible des horribles tourmens qu'ils
infligeaient à leurs prisonniers de guerre. Chez quelques-unes de ces nations, on parait, en effet s'être surtout proposé de forcer le captif à se deshonorer lui et
sa tribu en cédant à la violence des tortures et en
trahissant sa faiblesse par des pleurs ou des gémis-
semens indignes d'un brave. Mais ce raffinement de
vengeance n'atteignait presque jamais son but. Alors,
c'est-à-dire quand la victime avait par son inébranlable fermeté trompé l'espérance de ses bour-

reaux; ceux-ci s'en consolaient en dévorant son coeur et en buvant son sang, afin de s'approprier ainsi ce courage invincible qu'ils étaient forcés d'admirer. Ailleurs, c'était ce dernier résultat qu'on recherchait à peu près exclusivement. Aussi ne faisait-on subir ces tourmens qu'aux prisonniers de marque, dont l'intrépidité connue dissipait jusqu'à l'ombre du doute à cet égard. Cf. Simon, *Noticias Historiales de la Conquista de Tierra-Firme*, Not. II, p. 82, et IV, 315, 322.

Note 8. „Faux, point de témérité chez eux" (A). — On a pu voir par la note précédente que la valeur du sauvage est parfois accompagnée d'une hardiesse qui frise la témérité. On en verra plus loin, dans Perrot lui-même (ch. XVI, p. 107), de nouveaux exemples. Au reste, le témoignage des anciennes relations est formel là-dessus. Voici ce que le P. Bruyas missionnaire chez les Iroquois Onneiouths écrit à ce sujet (Relat. de 1670, VI, 45, col. 2): „Ils sont si „ardents à faire quelque meurtre dans le païs en- „nemi, que quelquefois mesme un seul homme ira „faire un coup de proüesse, entrant de nuit dans „une bourgade ennemye, et y massacrant un ou plu- „sieurs de ceux qu'il y trouvera endormis; se sau- „vant après à la fuite, quoyqu'il soit poursuivy de „trente et quarante ennemys qui se seront reveillez „au bruit du meurtre . . . . . Souvent ils y sont pris „et brulez cruellement."

Note 9. „Faux" (A). — Je serais assez porté à croire que cette fois le critique a raison.

Note 10. „A la faveur de la nuit et de quelque bois" (A).

Note 11. „Exagération" (A). — Nous voyons cependant, ici même (p. 102), les Outaouais violer pour un misérable lucre les droits les plus sacrés de l'hospitalité, en livrant à la fureur des Hurons, un chef Sioux qu'unissait à leur propre chef l'alliance la plus intime qui puisse exister entre deux Indiens de nation différente.

Il me parait à peu près certain, que, en traçant dans ses mémoires ce portrait assurément très peu flatté des sauvages en général, Perrot avait surtout en vue la grande famille des Illinois. On n'a, pour s'en convaincre, qu'à rapprocher du texte de notre auteur, ce qu'écrivait de ce même peuple, à la même époque, le P. Marest (Lettr. Edif. VI, 322): „Ils „sont, dit-il, lâches, traitres, légers, et inconstans, „fourbes, naturellement voleurs, jusqu'à se faire gloire „de leur adresse à dérober; brutaux, sans honneur, „sans parole, *capables de tout faire quand on est li-* „*béral à leur égard*, mais en même temps ingrats et „sans reconnaissance. C'est même les entretenir dans „leur fierté naturelle que de leur faire gratuitement „du bien; ils en deviennent plus insolents. On me „craint, disent-ils, on me recherche. Ainsi quelque „bonne volonté qu'on ait de les obliger, on est con-„traint de leur faire valoir les petits services qu'on „leur rend.“ — On voit, en somme, que, généralement parlant, les sauvages ne sont ni des brutes, ni des héros, ni tout-à-fait des hommes, mais de grands enfants; qui se laissent le plus souvent entrainer à la première impression bonne ou mauvaise, quand l'intérêt ne les fixe point.

Note 12. „Quelques-uns sont capables de ces sortes de lâchetés, mais peu“ (A).

Note 13. L'indépendance chez les sauvages de la Nouvelle-France était absolue en principes. Elle ne reconnaissait à aucune autorité le droit de lui assigner des limites. Chaque nation, et dans chaque nation, chaque bourgade, et dans chaque bourgade, chaque famille, et dans chaque famille, chaque individu se considérait comme libre d'agir à sa guise, sans avoir jamais de compte à rendre à personne. Aussi est-il vrai de dire que les Hurons, les Iroquois et les Algonquins n'avaient pas de gouvernement. Leurs chefs ne jouissaient de quelque pouvoir qu'à la guerre et à la chasse, où d'ailleurs ils n'étaient

suivis que par ceux qui le voulaient bien. En toute
autre circonstance, leur seul moyen de se faire obéir
était la persuasion; et ce moyen ne réussissait pas
toujours. „Les sauvages, dit un vieux missionnaire
„(Relation de 1648, X, 43, 44), depuis le commence-
„ment du monde jusques à la venüe des François
„en leur pays, n'ont jamais sceu que c'estoit de def-
„fendre solemnellement quelque chose à leurs gens,
„sous aucune peine pour petite qu'elle soit; ce sont
„peuples libres, qui se croyent tous aussy grands
„seigneurs les uns que les autres, et qui ne dépen-
„dent de leurs chefs qu'autant qu'il leur plaist.“
Un assassinat était-il commis, une paix solennellement jurée avec une autre peuplade était-elle violée
par le caprice d'un seul individu: il ne falloit pas
songer à punir directement le coupable; c'eût été
s'attribuer sur lui une juridiction qu'on ne songeait
pas même à réclamer. On offrait à la partie lésée
des présents destinés à *couvrir le mort*, ou à ramener la paix, et tout était dit. Coutume que nous re-
trouvons dans les nations qui envahirent l'empire
romain au cinquième siècle. Le plus grand châtiment qu'on pût infliger au coupable était de ne pas
le défendre, et de laisser à ceux qu'il avait offensés
la liberté d'en tirer vengeance à leurs risques et
périls. C'est ce que nous apprend la relation citée
plus haut (44, col. 1): „Cependant, y est-il dit,
„le capitaine .... pour autant qu'il connaissoit bien
„que les sauvages ne reconnoistroient pas les def-
„fenses faites par un François, il répéta plusieurs
„fois ces paroles: Ce n'est pas seulement le capitaine
„des François qui vous parle, ce sont tels et tels
„capitaines, dont il prononça les noms, c'est moy
„avec eux qui vous asseure que si quelqu'un tombe
„dans les fautes deffendües, *nous l'abandonnerons* aux
„lois et aux façons de faire des François. Voilà le
„plus bel acte de jurisdiction qu'on ait exercé parmy
„les sauvages depuis que je suis en ce Nouveau-
14 *

„Monde." On peut voir sur ce même sujet les relations de 1634 (30, col. 1), et de 1637 (XIII, 59, col. 2).

Il n'en était pas tout à fait ainsi des nations dispersées dans la vallée du Mississipi. Chez quelques-unes d'entre elles (les Miamis, par exemple, et les Natchez), les chefs possédaient un pouvoir beaucoup plus étendu, et parfois même illimité; mais ce n'était là qu'une exception. Cf. Perrot (infr. ch. XX); — Relation de 1671 (IV, 47, col. 2); — et Lettres Édif. VII, 9 et suiv.

Chapitre XIII.

Note 1. Ce passage de Perrot est fort obscur. Les phrases dont il se compose pouvant s'appliquer indifféremment aux Iroquois ou aux Algonquins, n'offrent qu'un sens équivoque et embarrassé. Entre toutes les explications qu'on peut en donner, celle-ci me parait la plus vraisemblable : les Algonquins marchèrent contre les partis Iroquois qui s'étaient mis en course pour venger le meurtre de leurs compatriotes; ils en défirent plusieurs. Mais les Iroquois ne tardèrent pas à prendre leur revanche. N'ayant, en effet, été attaqués dans les premières rencontres que par de petites bandes d'Algonquins, leurs défaites ne purent être bien sanglantes, ni par conséquent les affaiblir beaucoup. Cf. La Potherie (I, 293).

Note 2. „Dont le courage avoit épouvanté les Iroquois." Grammaticalement, ces mots ne peuvent s'entendre que des Agniers, une des cinq tribus Iroquoises confédérées. Mais alors comment le courage des Agniers pouvait-il *épouvanter* les amis et les alliés de cette belliqueuse peuplade? Parce que leur courage, c'est-à-dire leur audace présomptueuse et leur violence, en imposait au reste de la confédération et empêchait la conclusion de la paix avec les Français. Ceci serait assez d'accord avec ce que la relation de 1648 (VII, 57, col. 1) rapporte de la crainte inspirée par les Agniers à leurs propres compatriotes: „Ce qui, dit-on, a fait entrer l'Onnontae-„ronnon (l'Iroquois d'Onnontagué) dans ces pensées „de paix, est..... secondement, la crainte qu'il a „que l'Iroquois Annieronnon (Agnier), qui devient „insolent en ses victoires, et *qui se rend insupporta-*„*ble mesme à ses alliez, ne devienne trop fort, et ne* „*les tyrannise avec le temps.*"

Peut-être aussi faudrait-il rapporter ce membre de phrase à MM. de Tracy et de Courcelles, dont le courage épouvanta les Iroquois et les contraignit à demander la paix. Ce ne serait pas la première fois que, dans ce mémoire, la construction grammaticale et le sens de l'auteur se contrediraient ouvertement. Perrot, on le sait, ne se piquait point de littérature; il était plus rompu aux affaires qu'aux règles de la syntaxe. Il faut d'ailleurs tenir compte de l'incertitude où nous sommes sur la vraie leçon d'un texte dont l'original est perdu, et dont il ne nous reste qu'une seule copie.

Note 3. „Mr. de La Barre a fait son expédi-„tion devant que Mr. Denonville fut venu en ce „pays; et c'est Mr. de Callières qui a conclu la paix „que Mr. Denonville avoit rompue" (A). — Dans la narration détaillée de ces événements qu'on lira plus loin, Perrot a rétabli l'ordre des faits, brouillé ici par distraction.

Chapitre XIV.

Note 1. „Dans les Trois Rivières et au Mont-„réal" (A).

Note 2. „Entre le lac Huron et le lac Onta-
„rio“ (A).

Note 3. „La défaite des Hurons se répandit
„chez tous les peuples voisins, l'effroi s'empara de
„la plupart.... les Nipiciriniens s'enfuirent au nord;
„les Sauteurs et les Missisakis avançèrent dans la
„profondeur des terres. Les Outaouacs et ceux qui
„habitoient le lac Huron se retirèrent dans le sud,
„et s'étant tous réunis, habitèrent une isle qui porte
„encore le nom de l'isle Huronne...... Quelque
„temps après un de leurs canots donna avis d'une
„armée d'Iroquois qui étoit fort proche. L'allarme
„se répandit bien vite dans tous les lieux circon-
„voisins. Toutes se réfugièrent chez les Poutéoua-
„témis qui étoient à une journée plus loin. Ils n'eu-
„rent pas de peine à faire un grand fort, où elles
„se trouvèrent à l'abri des Iroquois.....“ etc. La
Potherie II, 51—53.

L'île Huronne, placée à l'entrée de la baie des
Puans, dans le lac Michigan, figure aujourd'hui, sur
les cartes américaines, sous le nom d'île Pottowato-
mie; et à bon droit, puisque les Poutéouatamis en
furent les premiers habitans. Mais à l'époque où les
Algonquins Outaouais de Sankinon et de l'Anse-au-
tonnerre (Saginam Bay et Thunder Bay sur la rive
occidentale du lac Huron), de Michillimakinak et de
Manitoaletz (Mackinaw et Manitouline, deux îles du
même lac) s'y réfugièrent, les Poutéouatamis l'avaient
déjà quittée. On voit, en effet, par la comparaison
du récit de Perrot avec celui de La Potherie, qu'au
sortir de l'île Huronne, les Algonquins et leurs alliés
se retirèrent dans le Michingan (état actuel du Wisconsin et section nord-ouest du Michigan) et s'arrêtèrent chez les Poutéouatamis, à une journée (sept
ou huit lieues) de l'habitation que la peur des Iroquois les forçait d'abandonner.

Les Poutéouatamis accueillirent les fugitifs avec
d'autant plus de faveur qu'ils appartenaient à la

même race, parlaient la même langue, et étaient animés de la même haine contre les Iroquois, qui les avaient eux aussi chassés anciennement de leur pays natal, c'est-à-dire de l'immense péninsule qui forme aujourd'hui la section orientale du Michigan (Relat. de 1667, IX, 18; de 1671, 3° partie, 25, col. 2, et V, 42, col. 1). Cette première migration des Poutéouatamis dut s'accomplir vers 1636 au plus tard, car dès 1637 ou 1638, nous les trouvons établis dans la voisinage des Puans et par conséquent près de la baie à laquelle ceux-ci donnaient leur nom (Relation de 1640, X, 35). Dans le cours des années suivantes, ils se répandirent le long des rivages de cette même baie, dont, en 1671, ils occupaient le fond (Relat. de 1671, ubi supr.), tout en ayant repris possession de l'île Huronne, et dispersé quelques-unes de leurs bandes sur le continent voisin, à l'entrée de la baie. C'est au moins ce que semble indiquer le P. Allouez, quand, d'une part, il place le pays des Poutéouatamis dans le lac des Illinois ou lac Michigan (Relat. de 1667, IX, 18), ce qui n'est vrai à la lettre que de l'île Huronne; et que, de l'autre, il parle d'un village de cette même nation, situé sur une des rives de la baie, à huit lieues d'un village Ousaki construit sur la rive opposée (Relat. de 1670, XII, 95). Or la baie n'a cette largeur qu'à son orifice (Récits des voyages du P. Marquette, I, 15). Belliqueux, chasseurs et pêcheurs, les Poutéouatamis étaient de tous les sauvages de l'ouest les plus dociles et les plus affectionnés aux Français. Leur politesse naturelle et leurs prévenances s'étendaient aux étrangers, ce qui est très rare chez ces peuples (Relat. de 1667, ubi supra). Enfin, et ceci fait l'éloge le plus complet de leur énergique vitalité, ils ont resisté jusqu'ici à la méthode aussi efficace qu'hypocrite dont la race Anglo-Saxonne s'est si avantageusement servie pour se débarrasser de tant d'autres tribus. On les a empoisonnés de rhum et d'eau-de-vie; on leur a imposé, par menace ou par séduction, de frauduleux traités qui les dépouillaient presque sans compensation de leur territoire. On les a refoulés ainsi, de contrées en contrées, bien au-delà du Mississipi, dans un coin du Kansas: d'où le flot envahisseur va sans doute les chasser encore; tout a été inutile: ils s'obstinent à vivre. Un jour viendra cependant où, lassés de tant d'injustices et d'outrages, ils essaieront de prendre à leur manière une revanche trop méritée: tout alors sera fini. Sur ces incorrigibles Peaux-rouges, assez osés pour scalper quelques-uns de ces Visages-pâles qui les ont si long-temps opprimés, volés ou même assassinés, on lâchera cinq ou six mille hommes de milices et un *héroïque* général ayant sa réputation à refaire: on les mitraillera sans pitié, et l'on pendra, pour l'exemple, ceux que la mitraille aura épargnés. Demandez plutôt aux tribus de l'Orégon et aux Sioux du Minnesota.

Un mot maintenant sur cette baie des Puans (Grande baie, Green-Bay, Baie-Verte) dont il est fait si souvent mention dans les relations et dans Perrot. J'emprunte au P. Marquette (ubi supra) les détails qui suivent sur l'étendue de cette baie, la vraie signification du nom qu'elle porte, et le remarquable phénomène physique qui s'y produit. „Cette baye,“ dit-il, „porte un nom qui n'a pas une si mauvaise „signification en la langue des sauvages; car ils l'ap-„pellent plustost la *baye salée* que la *baye des Puans* „quoyque parmy eux ce soit presque le mesme, c'est „aussy le nom qu'ils donnent à la mer . . . . la baye „a environ trente lieues de profondeur et huit de „large en son commencement. Elle va tousjours en „estroississant jusque dans le fond, où il est aisé de „remarquer la marée qui a son flux et son reflux „réglé presque comme celuy de la mer. Ce n'est „pas icy le lieu d'examiner si ce sont de vrayes

„marées, si elles sont causées par des vents ou par
„quelque autre principe."

Deux ans plus tard, ces mêmes marées furent
attentivement observées, et leur existence constatée
par un des successeurs du P. Marquette. „Le mesme
„père André," lisons-nous dans la Relation de 1676
(p. 8 du ms. original), „a fait quelques remarques
„assez curieuses sur les marées de la baye des Puans,
„où elles se reconnaissent sensiblement. Cette baye
„a plus de trente lieües (le ms. porte 300) de long
„sur sept ou huit de large en quelques endroits. Elle
„reçoit toutes les eaux du grand lac des Illinois, ou
„bien elle les luy envoye, les recevant de plusieurs
„rivières qui s'y deschargent. Il a dressé une table
„très exacte des marées d'hyver soubs les glaces, et
„une autre des marées d'esté. Il a trouvé quelles
„sont très déreiglées; que dans l'espace de 24 heures,
„il y a tantost 2 marées pleines, tantost 3, tantost
„4; que quand il n'y en a que 2, tantost elles retar-
„dent, tantost elles advancent. Il a remarqué les
„rapports qu'elles ont avec les jours de la lune; il
„n'a pas cependant encore pu, quelque soin qu'il y
„ait apporté, dire justement à quel rumb de vent
„est la lune lorsque la marée est pleine, à cause des
„inconstances. Il s'est estudié avec beaucoup de peine
„à rechercher quelles pouvoient estre les causes de
„ces marées. Il estime qu'elles peuvent estre du lac
„des Illinois plustost que des vents, qui peuvent de
„vray contribuer à l'inconstance de ces marées estant
„d'eux mêmes extraordinairement inconstans dans
„cette baye. Il y a de plus remarqué qu'il n'est
„point de vent si violent qui empesche la marée de
„monter et de descendre pendant tout le temps qu'il
„règne. Il est vray qu'il l'altère et est cause qu'elle
„est basse quand elle devroit estre haute, et qu'elle
„recule ou advance extraordinairement; mais il ne
„faict qu'elle descende tousjours sans jamais monter,
„ni qu'elle monte tousjours sans jamais descendre,

„quoyqu'il règne plusieurs jours de suite de la mesme „force. Enfin son journal comprend tout ce que les „curieux peuvent souhaitter en ces matières." Des observations récentes ont confirmé la vérité de tout ce qui précède. Voici en effet ce que je lis dans le *Correspondant* d'Octobre 1862 (tom. LVII de la collection p. 257, note 2): „Mr. Graham vient de con„stater le fait de marées lunaires dans le lac Michi„gan d'Amérique."

Note 4. Notre manuscrit offre ici une lacune que je renonce à combler. J'avais cru d'abord pouvoir le faire en lisant ainsi ce passage: „*Dont l'un relascha de l'a*[utre côté du lac]"; mais le peu d'espace laissé en blanc par le copiste, enlève toute vraisemblance à cet essai de restitution.

Ce qui est certain, c'est que, des deux partis Iroquois, l'un revint sur ses pas, et traversant la baie des Puans et le lac des Illinois, se dirigea vers son pays, en cotoyant les bords du lac Huron; où il fut surpris et battu par les Saulteurs, Mississakis et Mikikouets: l'autre poussa plus loin vers le sud-ouest, et pénétra jusqu'au territoire des Illinois, où il fut, lui aussi complétement défait. C'est ce qui ressort des récits comparés de Perrot et de La Potherie (II, 54). Observons toutefois que ce dernier, par un quiproquo évident, fait aller aux Illinois ceux des Iroquois, dont, après leur départ du pays des Poutéouatamis, la marche suivit les bords du lac Huron, ce qui est absurde; car pour se rendre du Michingan au lac Huron, il leur fallait de toute nécessité tourner le dos aux Illinois, et aux vastes prairies où l'on prétend qu'ils les auraient rencontrés.

Note 5. On a vu plus haut (ch. XI, note 11) que les Sauteurs, ou Chippewais, qui habitaient anciennement la portion du Michigan occidental baignée par les eaux des trois lacs Michigan, Supérieur et Huron, l'ont presque entièrement abandonnée. Une partie d'entre eux, a dû, il y a déjà plusieurs années, émigrer bon gré mal gré au-delà du Mississipi; d'autres résident aujourd'hui dans la grande île Manitouline; quelques-uns enfin n'ont pu se résigner encore à quitter leur ancien territoire (Annal. de la Prop. de la Foi VI, 69).

Les Mississakis (Mississagués, Missagués, Michissagués) avaient leurs établissements sur la côte septentrionale du lac Huron, non loin de l'île Manitouline (Relat. de 1648, X, 62; de 1671, 3° partie 25, col. 1, et II, 31; — La Potherie II, 60). Vers 1720, quelques-unes de leurs familles résidaient au fort Frontenac; on voyait aussi de leurs villages sur la rive occidentale du lac Ontario, à Niagara, et au Détroit (Charlevoix, III, 195). Je n'ai plus rien autre chose à dire des Mississakis, sinon que „ce peuple, „outre la pluralité des femmes et les superstitions qui „luy sont communes avec les autres, est le plus fier „et le plus superbe de tous ceux d'alentour" (Relat. de 1673, II, 28 du ms. original).

Des Mikikoués (ou gens de la Loutre), il n'est plus fait mention ni dans Perrot ni nulle part ailleurs. Les anciennes relations en particulier ne disent mot de cette nation. Peut-être s'est-il glissé quelque erreur dans notre manuscrit; et le copiste aura-t-il écrit Mikikoués, au lieu de Nikikoués, nation Algonquine, qui demeurait sur la rive nord du lac Huron, entre les Mississakis et les Amikoués (Relat. de 1648, X, 62, col. 1; et de 1658, V, 22). Le P. Beschefer associe lui aussi les Nikikoués aux deux autres peuplades que je viens de nommer (Relation inéd. de 1682, p. 59).

Il est assez surprenant que, dans le récit de Perrot, il ne soit point parlé des Amikoués; puisque, d'après la relation de 1671 (II, 32), c'est à leur chef que reviendrait la principale part dans la victoire remportée par les Sauteurs, les Mississakis et les gens de la Loutre sur les Iroquois retournant dans leur pays, après leur malheureuse expédition chez les Poutéouatamis. Nous y lisons également que ces Iroquois furent battus sur le territoire même des Amikoués, et que, sur cent vingt, il ne s'en échappa qu'un seul. Cet exploit acquit à ce chef une telle gloire, que, trois ans après sa mort, son fils ayant voulu honorer sa mémoire en ressuscitant son nom, plus de seize cents guerriers de toutes les nations voisines répondirent à son appel, et assistèrent aux fêtes célébrées à cette occasion (Relat. de 1671, ibid.).

Note 6. „Un Iroquois ..... aperçut ... de la „fumée, il en donna aussitôt avis aux autres, qui „reconnurent un petit *village* d'Illinois. Ils donnè- „rent dessus sans trouver de résistance, n'y ayant „que des femmes et des vieillards, le reste du vil- „lage étant dispersé à la chasse" (La Potherie II, 55). C'est sur l'autorité de ce passage que je propose de lire dans le texte de Perrot *bourgade*, au lieu de *brigade* que porte le manuscrit.

Les Illinois (Erinouai, Erinouek, Alimouek, Ilimouek, Liniouek, Illinoets, *les Hommes*) étaient encore à cette époque l'une des plus puissantes nations de la Nouvelle-France. Leurs soixante bourgades renfermaient vingt mille guerriers et de cent à cent vingt mille habitans; non compris les Miamis, qui pouvaient fournir un contingent de huit mille guerriers (Relation de 1658, V, 21; et de 1660, III, 12, col. 2). Mais dès 1667, tout était bien changé: ces nombreux et florissans villages, dépeuplés par la guerre avaient été réduits à dix d'abord, puis à deux (Relat. de 1667, XI, 21; et de 1670, XI, 90, col. 2), ou à huit, suivant une autre relation (Relat. de 1671, 3e part. 24, col. 2), qui ne comptaient plus que huit ou neuf mille habitans (Relat. de 1670, supr. cit.).

Ils parlaient un dialecte de la langue Algonquine très différent de la langue mère; pas assez cependant pour que, avec un peu d'habitude, les Illinois et les Algonquins ne pussent s'entendre les uns les autres (Relat. de 1667, XI, 21; — Voyage du P. Marquette, 48).

Cette grande et puissante nation se subdivisait en un certain nombre de tribus. Voici les noms de quelques unes d'entre elles: 1º les Kikabous ou Kikapous („les Kikabous pareillement Illinois." Lettre inédite du P. Binneteau, p. 1 du ms. orig.); 2º les Kaskaskias (Marquette, X, 91; Gravier, Voyage, 6); 3º les Kaokia („les Tamaroha et . . . . . . les Kaokia qui sont Illinois." Lettre du P. Gravier sur la Mission . . . . . Notre-Dame des Illinois); 4º les Tamarois ou Tamarohas (Gravier, ubi supra: Charlevoix, III, 392; et le P. Binneteau, 10); 5º les Kouivakouintanouas (Gravier, Mission Notre-Dame, 1); 6º les Negaouichirinouek (les Illinois Negaouich?) voisins des Poutéouatamis (Relat. de 1658, V, 21, col. 1); 7º les Peorias, Peouarouas, Peoualeas, Peouris („Les autres Ilinois Peoulea, Moüingoüena viennent ici" Relat. de 1674, XII, 76 du ms.; Binneteau, 9; Gravier, Voyage, 6; Marquette, 48); 8º les Moüingoüena (Relat. de 1674; et Gravier, Voyage, ubi supra); 9º les Mitchigamias qui étaient de tous les Illinois, les plus éloignés vers le sud (Marquette, 77; Charlevoix, II, 484; Bancroft, II, 811); 10º les Kitchigamich ou Ketchegamins parlaient la même langue que les Illinois Kikapous (Relat. de 1670, XI, 90, col. 2; XII, 100, col. 1; Relat. inéd. du P. Beschefer, p. 56 de mon ms.); on peut donc avec assez de vraisemblance les regarder comme appartenant à la même race; 11º les Maskoutens, ou nation du Feu, classés parmi les Illinois pour la même raison que les précédens (Relat. de 1670, 100, col. 1); 12º les Miamis, appellés parfois Miamiak et Miamioüek, parfois aussi Oumiamis et Oumamis, par l'addition à leur nom de la préfixe algonquine *ou*, qui équivant à notre article (Relat. de 1670, XI, 90, col. 2; de 1671, 3º part. 25, col. 2; de 1673, V, 41, 42, 44 du ms.; Beschefer, 56, „les Oumiamis, les Kitchigamins, le long du lac des Illinois", et enfin Charle-

voix, III, 188). Les Miamis étaient composés de plusieurs peuplades, ayant chacune son nom particulier:
1° les Atchatchakangouen (Tchidüakouingoues de La
Potherie?); 2° les Mengakoukia (Mangakekis); 3° les
Kilatika; 4° les Ouaouiatanoukak (Oüaoüartanons,
Oüeas); 5° les Pepikoukia (Pepikokis), les Poüanki-
kias ou Piankaskouas. Cf. Relat. de 1673 (Ms. Rom.
p. 41 et 45); La Potherie (II, 261); Annales de la
Propag. de la Foi (X, 137, 138).

Les Illinois étendaient leurs courses et leurs chasses
sur un immense territoire, dont l'état actuel de l'Illinois
ne représente qu'une partie. Il était borné au nord par
la Rivière-aux-Renards, le Wisconsin, le lac Michigan
et la rivière Saint-Joseph; à l'est et au sud, par la rivière des Miamis et l'Ohio; à l'ouest par la rive occidentale du Mississipi que les Illinois occupaient depuis
le 40° de latitude nord jusqu'au 33°(Marquette, 34, 77).
Mais ces délimitations n'eurent jamais rien de bien fixe;
elles flottaient, à l'est et à l'ouest surtout, au gré des
événements. On lit, à ce sujet, dans la relation de 1671
(3° part., 25, col. 1): „De là on entre dans le lac Mit-
„chiganons, à qui les Illinois ont laissé leur nom. De-
„puis que ces peuples qui ont autrefois habité proche
„de la mer de l'oüest, en ont été chassez par leurs en-
„nemis, ils se vinrent réfugier sur les rivages de ce lac,
„d'où les Iroquois les ayant aussy dépossédez, ils se
„sont enfin retirez à sept journées au-delà de la grande
„rivière“, c'est-à-dire, le Mississipi, ainsi que l'auteur
l'affirme un peu plus haut (ibid. 24, col. 2): „C'est,
„dit-il, vers le midy que coule la grande rivière qu'ils
„appellent Mississipi, laquelle ne peut avoir sa dé-
„charge que vers la mer de la Floride, à plus de
„quatre cents lieües d'icy.... Au-delà de cette grande
„rivière sont placées les huit bourgades des Illinois,
„à cent lieües de la pointe du Saint-Esprit (sur le
„lac Supérieur). Et, à quarante ou cinquante lieües
„du mesme endroit tirant au couchant, on découvre
„la nation des Nadouessi (Sioux) fort nombreuse et

belliqueuse, qui passent pour les Iroquois de ces contrées."

C'est cette dernière nation, dont les hostilités continuelles paraissent avoir forcé les Illinois à leur première migration vers le lac Michigan; ainsi que semble l'indiquer le P. Allouez dans le passage suivant de la relation de 1667 (XI, 21): „Les Illimoüec ne demeurent pas en ces quartiers; leur païs est à plus de soixante lieües d'icy, du costé du midy, audelà d'une grande rivière.... c'estoit une nation nombreuse distribuée en dix grands bourgs; mais à présent, ils sont réduits à deux. Les guerres continuelles avec les Nadouessi d'un costé, et les Iroquois de l'autre, les ont presque exterminez."

Ces extraits d'anciennes relations demandent quelques éclaircissements. 1° Qu'est-ce d'abord que cette *mer de l'ouest*, sur les bords de laquelle les Illinois auraient eu leurs premiers établissements, et d'où ils auraient été chassés par leurs ennemis (Relat. de 1671, 25)? Je n'ose trop interpréter à la lettre cet ancien témoignage, et croire que ce soit l'Océan Pacifique, seule véritable mer de l'ouest. J'aimerais mieux supposer que, dans le récit de leurs migrations donné par les Illinois à nos missionnaires, ceux-ci auront entendu de cette mer lointaine l'expression de *grandes eaux*, usitée chez les sauvages pour désigner le Mississipi. Déjà, trente ans auparavant, Jean Nicolet, premier explorateur du Wisconsin et du Michigan occidental, s'y était trompé. Parvenu à trente ou quarante lieues du Mississipi, il s'arrêta, s'imaginant n'être plus qu'à trois journées de la mer (Relat. de 1640, X, 36; — Shea, *Discovery* ... *of the Mississippi Valley*, p. XXI, New-York, 1852; — Ferland, I, 325).

Mes doutes n'enlèvent pas cependant sa probabilité à la tradition dont il s'agit; j'ajoute même que, en 1721, on en retrouvait des traces chez les peuplades du Missouri et chez les Miamis. Charlevoix apprit d'une Missourite que les Illinois et les Miamis venaient des bords d'une mer fort éloignée à l'ouest; et une Miamise esclave des Sioux racontait, vers le même temps au P. de Saint-Pé, que ses maîtres l'avaient conduite dans un village de sa propre nation situé fort près de la mer (Charlevoix III, 398). Il serait trop long d'expliquer pourquoi ce double témoignage joint au précédent ne réussit pas à dissiper toutes mes incertitudes. Il reste donc au lecteur le droit très légitime de ne pas les partager, et d'adopter un autre avis.

2º Nous avons vu plus haut, que, d'après les relations de 1667 et de 1670, les Illinois presque entièrement exterminés par les Iroquois leurs ennemis, ne formaient plus que deux bourgades; comment se fait-il donc que, dès l'année suivante (Relat. de 1671, 3º part. 24, col. 2), le P. Dablon en comptât huit au-delà du Mississipi seulement? C'est ce que je ne me charge pas d'expliquer.

3º La guerre entre les Iroquois et les Illinois, commencée vers 1656, avait, dès 1667, amené la ruine de cette dernière nation et l'émigration de ses tristes débris au-delà du grand fleuve; c'est donc par distraction que Charlevoix (I, 446), recule jusqu'en 1673 les premières incursions des Iroquois dans le pays des Illinois.

4º On s'étonnera peut-être de voir les Illinois vaincus se refugier auprès des Sioux leurs premiers ennemis; mais il est assez vraisemblable qu'à l'époque de leur retour forcé au Mississipi (entre 1661 et 1666), les Illinois n'avaient plus rien à redouter d'un tel voisinage. On peut, en effet, supposer que la paix, raffermie en 1669 par les soins du P. Marquette, existait déjà entre les Sioux et les Illinois, lorsque ces derniers accomplirent leur seconde migration. Cf. Relat. de 1670 (XI, 91, col. 2).

Plus tard (1665), la paix imposée aux Iroquois par les armes de la France rouvrit aux Illinois les portes de leur pays. Beaucoup d'entre eux ne profitèrent pas de l'occasion qui leur était offerte, ou n'en profitèrent qu'assez tard. Il n'y avait encore, en 1674, que la seule tribu des Kaskaskias sur les bords de la rivière des Illinois; elle comptait soixante-quatorze loges et près de trois mille âmes (Voyages du P. Marquette, 91 et 98). Sept autres tribus rejoignirent la première en 1676, et formèrent avec elle une bourgade de trois cents cinquante loges, qui comptait au moins onze mille habitans (ibid. 136). Car, chez les Illinois, quatre ou cinq feux étaient réunis dans chaque loge et chaque feu était toujours pour deux familles (Lettres Edif. VI, 175). Vers 1693 ou 1694, la nation Illinoise était répartie dans onze villages, dont un seul renfermait trois cents cabanes ou douze cents feux (ibid.); mais, dès 1712, ces villages étaient réduits à trois, jettés à d'immenses distances l'un de l'autre, sur un territoire de deux mille lieues carrées (ibid. 328 et 325).

On chercherait vainement aujourd'hui un seul Illinois dans la plus grande partie de ces vastes contrées. Par un mélange habilement combiné de violence et de fraude, les Etats-Unis ses ont emparés de ce territoire et en ont brutalement expulsé les anciens possesseurs (Lettre du P. Thébaud, Propag. de la Foi, XVI, 450). Ici encore, les Anglo-Américains ont fait ce que, au témoignage des missionnaires, ils font partout ailleurs: après avoir démoralisé le sauvage, et l'avoir dépossédé, ils l'ont chassé de sa terre natale comme une bête fauve (Rapport sur les missions du diocèse de Québec, n° XII, p. 70, Québec, 1859).

J'ai cité précédemment (ch. XII, not. 11) le jugement peu favorable porté sur nos sauvages par un de leurs plus zélés missionnaires; c'est donc pour moi un devoir de stricte justice de reconnaître ici que leurs premiers apôtres les peignent sous des couleurs plus flatteuses. „Les Illinois, disent-ils, sont

affables et humains" (Relat. de 1667, XII, 21, col 2);
— „leur physionomie est la plus douce et la plus
„attrayante qu'on puisse voir .... le dedans ne dé-
„ment pas l'extérieur" (Relat. de 1671, IV, 48). —
„Ils ont un air d'humanité qu'on ne remarque point
„dans les autres nations ... leur naturel est doux et
„traitable . ·. ils sont belliqueux et se rendent redou-
„tables aux peuples esloignez du sud et de l'ouest"
(Voyages du P. Marquette, 48, 49, 51). Entre ces
deux jugemens, l'opposition n'est peut-être pas en
somme aussi tranchée qu'on serait d'abord tenté de
le croire. Il serait même possible de les concilier à
peu près sur tous les points, mais à deux conditions:
la première de tenir compte de la démoralisation
produite chez ces Indiens, en un demi siècle, par
leurs rapports avec les Européens et par la traite
de l'eau-de-vie; la seconde, de faire dans les éloges
prodigués aux Illinois par les pères Allouez et Marquette, la part des illusions de cette charité, qui
croit tout, espère tout et ne songe au mal qu'à la
dernière extrémité. On trouve toutefois, dans la relation du second de ces deux missionnaires, un indice malheureusement trop clair de l'immoralité
qu'on a plus tard reprochée à nos Illinois. Il suffit
pour s'en convaincre de comparer le *mystère* signalé
par le P. Marquette (Voyages 52, 53), avec ce que
racontent d'une coutume identique, en viguenr chez
d'autres nations sauvages, bon nombre d'historiens
Espagnols ou Français (Oviedo, I, lib. V, 133, et III,
lib. XXIX, 134; — Simon, *Noticias Historiales de
Tierra-Firme,* not. 2ª. II, 56, Cuenca, 1636, in-fol.; —
Piedrahita, *Conquista del Nuevo-Reyno de Granada,*
lib. I, c. I, 13, 14, s. l. 1688, in-fol.: — Rapport sur les
missions ... de Québec, n° XI, p. 126, Québec, 1825).

Mais si grandes qu'on les suppose, ces infirmités
morales des Illinois ne doivent pas nous faire oublier,
à nous Français, l'invariable fidélité de ces sauvages
à notre patrie. Entré dans leur coeur en même

temps que la foi catholique, ce dévouement à la France ne se démentit pas une seule fois, de la fin du XVIIᵉ siècle au traité de Paris (1763), qui livra nos colonies de l'Amérique du nord à l'Angleterre. Lorsque notre cause fut perdue sans retour et qu'en exécution de ce traité honteux, le commissaire Anglais se présenta (1765) pour prendre possession du fort de Chartres et du pays des Illinois, ceux-ci ne purent se résigner à cette paix et à ce changement. Le chef des Kaskaskias, parlant en son nom et en celui des Missourites et des Osages ses alliés, déclara au commandant Français, que, dans toutes leurs tribus, il n'était pas un seul homme qui consentit à s'y soumettre. Puis, s'adressant à l'officier Anglais: „Pars, lui dit-il, pars d'ici au plutôt. Va dire à ton „chef que nous et nos frères sommes décidés à „vous combattre si vous essayez de pénétrer en ce „pays .... ces terres sont à nous .... Pourquoi vou- „lez-vous venir ici? Vous ne nous connaissez pas, „et nous ne vous avons jamais vus. Dis à ton chef „de rester sur ses terres, comme nous sur les nôtres „... nous ne voulons pas d'Anglais parmi nous; telle „est l'inébranlable résolution des hommes rouges." — „Nous pensons comme nos frères les Illinois, répon- „dirent à leur tour les chefs des Osages et des Mis- „sourites, et nous les aiderons à conserver leur ter- „ritoire .... Pars donc, va-t'en, va-t'en, et dis à ton „chef que l'homme rouge ne veut point d'Anglais ici. „Va-t'en, et ne reviens jamais. Le Français est le „seul que nous voulions au milieu de nous" (Bancroft, *History of the United States*, vol. IV, ch. XVIII). C'étaient bien là ces alliés fidèles et dévoués qui, deux ans auparavant, répétaient avec angoisse au commandant de fort de Chartres: „Père, n'aban- „donne pas tes enfans; pas un Anglais ne pénétrera „jusqu'ici du vivant de l'homme rouge .... nos coeurs „sont avec le Français; nous détestons l'Anglais et „nous voudrions les tuer tous" (id. ibid. ch. VII). Ne dirait-on pas qu'un pressentiment secret leur faisait reconnaitre dans ces nouveaux-venus, les auteurs prochains de leur dernière et irréparable ruine?

Chapitre XV.

Note 1. Perrot se trompe: le P. Mesnard ne monta chez les Outaouais qu'en 1660. Le P. Garreau eut pour compagnon en 1656 le P. Dreuillette; et celui-ci, après la catastrophe du lac des Deux-Montagnes, se voyant abandonné par les sauvages Outaouais, rentra dans la colonie avec les quelques Français qui l'avaient suivi (Relat. de 1656, XV. 40, 41). — „Le P. Garot, qui fut tué par la bande du „Bâtard Flammand, qui s'estoit embarqué avec les „Hurons..... et en prirent plusieurs." — Cette phrase du texte n'exprime dans sa construction présente, aucun sens raisonnable. L'ordre naturel en aura vraisemblablement été bouleversé par suite de quelque distraction du copiste. Je crois qu'on peut le rétablir en cette façon: „Le P. Garot, qui s'estoit „embarqué avec les Hurons, fut tué par la bande du „Bâtard Flammand sur le lac des Deux-Montagnes, „où il [le Bâtard] avoit fait construire un fort" etc. etc.

Le Bâtard Flamand, dont il sera parlé plusieurs fois encore, était fils d'un Hollandais et d'une Iroquoise. La nation des Agniers, auquel il appartenait par sa mère, le choisit pour un de ses chefs.

Le lac des Deux-Montagnes est formé par une expansion de l'Outaouais, près de son embouchure dans le Saint-Laurent. Au nord de ce lac s'étend la seigneurie du même nom appartenant au séminaire de Montréal. C'est dans cette seigneurie que messieurs de Saint-Sulpice ont établi vers le commencement du siècle dernier deux villages d'Algonquins et d'Iroquois chrétiens, qui subsistent encore aujourd'hui et comptent un millier d'habitans.

Note 2. Une lettre en partie inédite du P. Pijart, qui assista le P. Garreau à ses derniers moments, nous fait connaître une circonstance qu'on chercherait vainement dans la relation de 1656, dans Perrot et dans Charlevoix. „Sur la fin du mois d'août „1656, environ trois cents sauvages estant venus de „leur pays .... firent plusieurs présents .... pour „obtenir quelques Robbes noires ... Ils demandèrent „entr'autres nommément le P. Léonard Garreau, „comme celuy qui desjà autrefois les avoit instruits. „....... Le Père donc part avec un autre de nos Pères „et trois ou quatre autres François. Les Iroquois, „qui infestent continuellement la rivière, les ayant „apperceus, les poursuivent à dessein de leur dresser „embusche.... En les poursuivant, ils arrivèrent en „une des habitations des François, nommée les Trois „Rivières. Les habitans de ce lieu prient les Iro„quois, avec lesquels pour le présent nous avons paix, „de ne pas poursuivre ces estrangers nos alliez; ils „refusent...... On leur dit qu'il y a des François „parmy eux, qui s'en vont avec eux pour les en„seigner. Ils répondent que si les balles de leurs ar„quebuses ont assez d'esprit pour discerner un François „d'avec un sauvage, ils en seront extrêmement aises; „sinon qu'il faudroit attribuer cela au malheur de „la guerre, et que cela ensuitte ne seroit pas suffisant „pour rompre la paix qu'ils vouloient garder avec „nous." (Relation particulière de la mort du P. L. „Garreau.... extraicte d'une lettre du P. Cl. Pijart... in „4⁰. ms.).

De tons les anciens historiens ou chroniqueurs du Canada, Perrot est, à ma connaissance, le seul qui rejette sur un François l'assassinat du P. Garreau.

Les relations des Jesuites, tant manuscrites qu'imprimées, se taisent sur cette circonstance assez peu flat-
teuse pour l'amour-propre national, et que, à ce titre,
leurs auteurs auront supprimée. Toutefois, il me
semble en retrouver quelques traces dans le passage
suivant de la relation de 1656 (XVI, 43, 43): „A
„mesme temps que les Iroquois l'eurent blessé et
„traisné dans leur fort, s'oubliant dans sa nudité,
„méprisant les playes qui luy causoient la mort, il
„[le .P. Garreau] se traisna vers quelques captifs Hu-
„rons qu'il avoit engendrez à Jesus-Christ .... il leur
„parla d'une voix à la vérité languissante, mais
„pleine de feu, pleine d'amour, pleine de sang. Il
„les anima à souffrir constamment pour Dieu les tour-
„ments qu'il sçavoit bien leur estre préparez, les
„asseurant qu'ils se verroient bientost au ciel s'ils per-
„severoient dans la foy qu'ils avoient embrassé ....
„Puis ayant jetté les yeux *sur un jeune Français qui*
„*par un dépit remply de rage et de trahison, s'estoit*
„*jetté parmy les Iroquois*, il l'appelle, luy gagne le
„coeur, luy fait voir l'énormité de son crime. Il tire
„des regrets et des larmes de ce perfide, luy fait
„confesser tous ses péchez, et, en luy donnant l'ab-
„solution, il le dispose à la mort qu'il ne croyoit pas
„si voisine. Un Iroquois l'ayant découvert aux François,
„il fut pris et mené à Québec, et condamné au dernier
„supplice, qu'il supporta avec une résignation qui ravit
„tout le monde.“

Quand bien même on supposerait que courir les
bois en compagnie de sauvages alors en paix avec
la France, pût être considéré comme un crime capital,
on n'en comprendrait pas mieux que les Iroquois aient
trahi et livré aux autorités de la colonie un Français
devenu leur allié, s'il n'avait été coupable que de
les avoir suivis. Tout s'explique au contraire, sans
difficulté, dès qu'on admet la circonstance mentionnée
par Perrot: les Iroquois auront abandonné au châtiment qu'il avait si justement mérité l'auteur d'un

assassinat, dont, pour le moment, ils ne se souciaient point d'accepter la responsabilité.

On se rend aussi très aisément raison de l'absence d'un bourreau au sein d'une population profondément chrétienne et si morale, que, en soixante neuf ans (de 1621 à 1690), on n'y peut signaler que deux naissances illégitimes (Ferland, *Notes sur les registres de Notre-Dame de Québec*, p. 30, Québec, 1854, in-12°.). L'inutilité d'un tel fonctionnaire dans la Nouvelle-France de ce temps-là n'est pas au reste une vaine conjecture; elle est démontrée par les faits. „Je sçay „d'asseurance, écrivait l'auteur d'une relation contem-„poraine (Relat. de 1654, XI, 30, col. 2), que dixhuit „ans se sont écoulés sans que le maitre des hautes-„oeuvres qui estoit en ce pays-là ait fait acte de „son mestier.“

Note 3. „De cousteaux de pierre de moulange, „de haches et de cailloux.“ — Ne faudrait-il pas lire: *et de haches de caillou?* cette leçon me parait plus conforme au sens général de tout le passage. Perrot en effet veut moins énumérer ici les armes diverses des Sioux, qu'en indiquer la matière.

Quant à la *pierre de moulange* dont ces sauvages fabriquaient leurs *cousteaux*, ce n'est autre chose que notre pierre de meule, ou meulière. Cette expression est encore en usage au Canada: — „La Grande-Baie „possède un moulin à farine à *trois moulanges*“ (Le Saguenay en 1851, p. 71, Québec 1852, in 12°.). Furetière écrit *moulage*, et donne de ce mot la définition suivante. „La partie du moulin qui sert à faire „tourner la meule.“

Note 4. On a lu plus haut (chap. XI, not. 17) une description détaillée de ce singulier cérémonial, en vigueur chez les Ayoës comme chez les Sioux; il est donc inutile d'en reparler ici. Cf. La Potherie, II, 216.

Les Dacotahs ou Sioux étaient au 17e siècle ce qu'ils sont encore aujourd'hui, l'une des plus puissantes et des plus nombreuses nations sauvages de l'Amérique du nord. Ils se divisaient en deux grandes sections: les Sioux orientaux ou sédentaires, et les Sioux occidentaux ou nomades. Les premiers habitaient, sur les deux rives du haut Mississipi, le territoire dont Perrot nous trace plus loin les limites (p. 88). Les anciennes relations de la Nouvelle-France les désignent sous le nom de *Nadoüessis, Nadoüessiouek* et *Nadoüessioux*. Ce nom, d'origine étrangère, aurait, s'il faut en croire un missionnaire moderne (12° rapport sur les missions.... de Québec, p. 181), été imposé aux Dacotahs par les Cris ou Kilistinons; il seroit formé de *Nattooue*, Iroquois, et de *siou* forme diminutive; et signifierait, par conséquent, *Petits-Iroquois*.

Les Sioux nomades, répandus dans les immenses prairies de l'ouest, au nord du Missouri, étendaient leurs courses et leurs chasses jusqu'aux Montagnes Rocheuses. Leur tribu la plus rapprochée des Nadouessioux figure dans la relation de 1660 (III, 13, col. 1, et 27, col. 2), sous le nom de *Poualaks* ou *guerriers*. Peut-être ce nom, qu'ils devaient à leur bravoure éprouvée (ibid.), servit-il primitivement à désigner toute la nation Siouse? Ce qui me le ferait penser, c'est qu'on le retrouve dans celui des Assinipoualaks ou *Guerriers de la roche* (Relat. de de 1658, V, 21, col. 2, et de 1671, 2° partie, 24, col. 2), aujourd'hui Assiniboines, tribu Siouse, qui, vers le commencement du 17° siècle, s'étant prise de querelle avec le reste de la nation, fut obligée de s'en séparer et de se réfugier dans les rochers (assin) du Lac-des-Bois (Lettr. Edif. VI, 31; — Missions de Québec, 1er rapport p. 4 et 5, Québec, 1839). Ne serait-ce même pas ce nom glorieux de Poualak qui aurait suggéré aux Sauteurs le sobriquet insultant de *Pouanak* (les *impuissants*, de Pouan, *qui ne peut*), par lequel ils désignent les Sioux devenus leurs irréconciliables ennemis? Cf. Missions de Québec, 12° rapport, p. 100.

Perrot ne s'occupe dans son mémoire que des Sioux orientaux (Nadoüessioux des relations) et, par ce qu'il en dit, il est facile de juger que cette nation l'emportait alors de beaucoup, en qualités morales, sur les diverses tribus de race Algonquine ou Huronne-Iroquoise. Aussi braves que pas une d'elles, les Sioux étaient de plus fidèles à leur parole, amis de la paix, bienveillants et hospitaliers pour les étrangers, humains pour leurs ennemis vaincus et prisonniers, auxquels ils rendaient presque toujours la liberté et qu'ils ne commencèrent à torturer que lorsque la loi des représailles, dont un sauvage ne se croit jamais dispensé, leur en fit un devoir sacré.

Les relations de la Nouvelle-France sont, sur le compte des Sioux, d'accord en tout point avec Perrot. Et leur témoignage est ici d'autant moins suspect, qu'il concerne un peuple adversaire acharné des nations qu'évangélisaient les religieux de la Compagnie de Jesus auteurs de ces relations.

Elles rendent d'abord un éclatant hommage à la valeur des ces Indiens: „Les Nadouessis, lisons-„nous dans celle de 1674 (IX, 63 du ms.), nation „extrémement nombreuse, et belliqueuse au possible, „estoient les ennemis communs de tous les sauvages „qui sont compris soubs le nom d'Outaouais ou Al-„gonquins supérieurs. Ils poussoient mesme leurs „armes fort avant vers le nord, et faisoient la guerre „aux Kilistinons qui y habitent. Partout ils se ren-„doient terribles par leur hardiesse, par le nombre, „et par leur adresse dans le combat, où, entre autres „armes, ils se servent de couteaux de pierre. Ils „en portent toujours deux, l'un attaché à la ceinture, „et l'autre pendu à leurs cheveux.“

Le P. Allouez, qui les avait connus et pratiqués à la pointe du Saint-Esprit (Pointe Chagouamigon, à l'extremité sud-ouest du lac Supérieur), n'en parle pas autrement (Relat. de 1667, XII, 23): „Ils ne se „servent point de fusils, mais seulement de l'arc et

„de la flèche, qu'ils tirent avec une grande adresse.
„.... Ces peuples sont, par dessus tous les autres,
„sauvages et farouches. Ils paroissent interdits et
„immobiles en nostre présence comme des statües.
„Ils ne laissent pas d'estre belliqueux, et ont porté
„la guerre sur tous leurs voisins, dont ils sont ex-
„trêmement redoutés.“ — „A quarante ou cinquante
„lieues du mesme endroit, écrit le P. Dablon (Relat.
„de 1671, 3e part. p. 24, col. 2), on découvre la
„nation des Nadoüessi fort nombreuse et belliqueuse,
„qui passent pour les Iroquois de ces contrées, ayant
„guerre eux seuls presque contre tous les autres
„peuples d'icy.“ Et ce n'est point une vaine
exagération: on sait, en effet, que les Sioux n'ont
jamais reculé devant l'Iroquois, et qu'ils ont vaincu
en maintes rencontres la grande nation des Illinois,
toutes les tribus Outaouaises, les Hurons, les Outagamis et les Assiniboines. Cf. relat. de 1671, 3e partie,
IV, 39, col. 2.

A cette bravoure éprouvée, les Sioux, moins perfides que les Iroquois auxquels leur courage les éga-
lait, joignaient une fidélité inviolable à la foi jurée,
une modération qui ne leur permettait d'attaquer
qu'après avoir été attaqués les premiers (Relat. de
1670, XI, 91, 92), et, à la guerre, une générosité
fort au dessus de celle des Hurons et des Algonquins.
Satisfaits d'avoir remporté la victoire, ils rendaient
le plus souvent la liberté aux prisonniers faits dans
le combat (Relat. de 1671, IV, 39, col. 2).

Tout ceci surprendra sans doute les lecteurs ha-
bitués, sur la foi d'écrivains modernes, à se représenter les Sioux sous un autre aspect. Il y a loin,
en effet, de ce peuple, tel que Perrot et les relations
de la Nouvelle-France nous le montrent, aux Sioux
aussi lâches que cruels, aussi perfides que vindicatifs
des journaux Américains. Mais les nations, comme
les individus, étant sujettes à de déplorables transformations, quoi d'étonnant si les Sioux d'aujourd'hui

n'ont plus rien de commun avec ceux d'autrefois? Peut-être aussi, au moment où on les extermine pour les punir de leurs cruautés, et surtout pour faire plus promptement nette la maison qu'on veut occuper, a-t-on, dans le portrait qu'on en trace, grossi ou défiguré les traits et chargé les couleurs. C'est un procédé fort en usage, et dont la sagesse des nations a tenu compte depuis longtemps, témoin le vieux proverbe Espagnol:

> Quien á su perro quiere matar,
> rabia le ha de levantar.

et le dicton Français:

> Qui veut tuer son chien dit qu'il est enragé.

Les Sioux travaillaient la terre à la façon des Hurons; mais ne cultivaient guères que le tabac et quelque peu de maïs (Relat. de 1642, XII, 37). Le P. Allouez (Relat. de 1667, XII, 23), revenant sur ces premiers renseignements pour les compléter, nous apprend que, dans leur pays abondant en toute sorte de chasse, les Nadoüessioux „ont des champs aux-„quels ils ne sèment pas du bled-d'Inde, mais seu-„lement du pétun (tabac). La providence, ajoute-t-il, „les a pourveus d'une espèce de seigle de marais „(folle-avoine), qu'ils vont cueillir, vers la fin de „l'esté, en certains petits lacs qui en sont couverts. „Ils le sçavent si bien préparer, qu'il est fort agréa-„ble au goust et bien nourrissant“. Afin que cha-cun pût faire sa récolte en paix, sans empiéter sur autrui, les Sioux se partageaient entre eux les marais et les lacs où croissait la folle-avoine (Relat. de 1671, IV, 39). Leur pays, étant peu fourni de bois, ni eux, ni les Poualaks ne couvraient leurs loges avec des écorces, comme les sauvages du Saint-Laurent, mais avec des peaux de cerfs très bien passèes, et si adroitement cousues que le froid n'y pénétrait point; quelques-uns plus industrieux se dressaient „des demeures de terre grasse, à peu „près comme les hirondelles bâtissent leur nid.“ Ils brûlaient du charbon de terre (Relat. de 1660, III, 13 et de 1667, ubi supra); gardaient pendant leurs repas un profond silence et, si quelque étranger y prenait part, l'usage voulait qu'on lui portât les morceaux à la bouche, comme on fait aux petits enfants (Relat. de 1670, XI, 92). La polygamie était en grand honneur chez eux, chaque Sioux ayant sept ou huit femmes (Relat. de 1660, III, 13. En 1670). On ne leur connaissait guères d'autre culte que celui du calumet (Relat. de 1670, supr. cit.). Dans leurs combats, ils se servaient presque exclusivement de l'arc et de la flèche. Ils en usaient avec tant d'adresse et de promptitude que, en un moment, l'air était rempli de leurs traits, „surtout quand, „à la façon des Parthes, ils tournoient visage en „fuyant; car c'est pour lors qu'ils décochent leurs „flèches si prestement, qu'ils ne sont pas moins à „craindre dans leur fuite que dans leurs attaques" (Relat. de 1671, IV, 39). Enfin, leur langue différait complétement de celle des Hurons et des Algonquins (Relat. de 1670 et de 1671 supr. cit.). Tout ce qu'on vient de lire est vrai des Poualaks aussi bien que des Nadouessioux ou Sioux sédentaires. Entre ces diverses fractions d'un même peuple, il n'exista jamais que deux différences purement accidentelles: l'une que les Nadouessioux vivaient dans un territoire dont les limites étaient à peu près déterminées (Perrot, 88); l'autre qu'ils avoient quelque connaissance de la navigation, à laquelle les Poualaks et le reste des tribus Siouses étaient étrangers. „Ces Sioux, écri-„vait en 1712 le P. G. Marest (Lettres Edif. VI, 372) „.... sont grands guerriers, mais c'est principale-„ment sur l'eau qu'ils sont redoutables. Ils n'ont que „de petits canots d'écorce faits en forme de gondole „et guères plus larges que le corps d'un homme, où „ils ne peuvent tenir que deux ou trois au plus. „Ils rament à genoux, maniant l'aviron tantôt d'un „côté, et tantôt d'un autre, c'est-à-dire, donnant

„trois ou quatre coups d'aviron du côté droit, et
„puis autant du côté gauche, mais avec tant de dex-
„térité et de vitesse, que leurs canots semblent voler
„sur l'onde." Cf. Relat. de 1660, III, 13, et de
1670, XI, 92; — Perrot, 91.

Rien de plus difficile que de fixer même ap-
proximativement le chiffre de la population Siouse
au 17e siècle. Tout ce qu'on peut en dire c'est
qu'il devait s'élever très haut. Les relations donnent,
en effet, aux Nadouessioux quarante bourgades, aux
Poualaks au moins trente, aux Assinipoualaks, trente
(Relat. de 1656, XIV, 39, de 1658, V, 21, col. 2,
de 1660, III, 13, col. 1, et de 1671, 3e part., 24,
col. 2); sans parler des Ayoës, qui très vraisemblablement appartenaient à la nation Siouse, ainsi
que l'indique le nom de *Nadouessioux Maskoutens*,
ou *Nadouessioux des prairies* que les Algonquins
leur avaient donné. Car *Maskoute*, radical de *Maskoutens*, signifie *terre déchargée d'arbres*, ou *prairie*
(Relat. de 1671, III, 45; — 12e rapport des missions
.... de Québec, p. 100). Ceci admis, il faudrait, par
une conséquence toute naturelle, faire encore entrer
en ligne de compte les Ouinipegous ou Puans, nation
autre fois très nombreuse (Relat. de 1667, X, 21,
col. 1; et de 1640, X, 35, col. 1), mais presque
entièrement exterminée depuis par les Illinois (Relat.
de 1670; XII, 101), et qui parlait la même langue
que les Ayoës ou Aiouas (Relat. ms. de 1676, p. 8).

Même en ce qui concerne les Sioux orientaux
ou Nadouessioux, le chiffre donné par les relations
peut être regardé comme bien inférieur au chiffre
réel. Nous savons, en effet, que deux Français
visitèrent en 1659 les quarante bourgades Siouses
sans traverser ni même voir le Mississipi, dont ils
n'ont parlé que par oui-dire et sur la description
que leur en avaient fait les Hurons de la Rivière-
Noire (Relat. de 1660, III, 12, col. 2 et 13, col. 1).
Ces villages appartenaient donc tous à la portion

orientale du territoire Sioux, située en deçà du fleuve, c'est-à-dire, à la moitié du pays réellement occupé par cette nation. Cf. Perrot, 88. Il se pourrait toutefois toutefois que, dans le Mississipi naissant et déguisé sous un nom Sioux, nos deux voyageurs n'aient pas reconnu le fleuve large et puissant que les Hurons leur désignaient sous son nom Algonquin. Dans ce cas, ils auraient, mais à leur insu, revu les premiers au 17e siècle, le Mississipi découvert au 16e par Ferdinand de Soto.

En 1829, un missionaire évaluait à dix mille le nombre des hommes en état de porter les armes chez les Sioux résidant aux environs du fort Saint-Pierre, sur le haut Mississipi; et à vingt cinq ou trente mille, celui des femmes et des enfans. Ce dernier chiffre est propablement insuffisant: c'est trente ou quarante mille qu'il eût fallu dire (Ann. de la Propag. de la Foi, IV, 536). Un autre missionaire n'accorde en tout aux Sioux que 8000 âmes (ibid. VIII, 311, 312); et un troisième (ibid. XXIV, 423), que trois mille loges et trente mille âmes.

Note 4. L'île *Pelée*, est située dans le Mississipi, à trois lieues au-dessous de l'embouchure de la rivière Sainte-Croix, et à l'entrée du lac de Bon-Secours (aujourd'hui lac Pépin). Son sol entièrement dépouillé d'arbres lui fit autrefois donner le nom sous lequel elle est désignée par Perrot et par Charlevoix (III, 398).

Note 5. Perrot ne joint aucune indication chronologique à son curieux récit des migrations Huronne et Outaouaise. Essayons de combler cette lacune, en nous aidant des relations contemporaines.

Voici d'abord rapidement décrites, dans celle de 1672 (IV, 35, 36), les principales péripéties de cette fuite. Ce court exposé complétera en certains points celui de notre auteur.

„Les Hurons de la nation du Petun, appellez „Tionnotanté, ayant autrefois esté chassez de leur

„païs par les Iroquois, se refugièrent en cette isle
„si célèbre pour la pesche, nommée Missilimakinac.
„Mais ils n'y purent rester que peu d'années, ces
„mesmes ennemis les ayant obligez de quitter ce
„poste si avantageux; ils se retirèrent donc plus loing
„dans les isles qui portent encore leur nom, et qui
„sont à l'entrée de la baye des Puans. Mais ne s'y
„trouvant pas encore en assurance, ils se retirèrent
„bien avant dans les bois, et de là choisirent pour
„dernière demeure l'extrémité du lac Supérieur, dans
„un endroit qu'on a apellé la pointe du Saint-Esprit.
„Ils estoient là assez esloignez des Iroquois pour ne
„les pas craindre, mais ils estoient trop près des
„Nadoüessi, qui sont comme les Iroquois de ces
„quartiers du nord ..... Ces Nadoüessi ayant esté
„irritez par les Hurons et les Outaoüacs, la guerre
„s'alluma entr'eux, et on la commença avec tant de
„chaleur que quelques prisonniers qu'ils firent les
„uns sur les autres ont passé par le feu.... Des
„ennemis si redoutables jettèrent bientost la frayeur
„dans les esprits de nos Hurons et de nos Outaoüacs
„qui prirent la résolution d'abandonner la pointe du
„Saint-Esprit.... Dans cette retraitte, les Hurons se
„souvenant des grandes commoditéz qu'ils avoient
„autrefois trouvées à Missilimakinac, jettèrent les
„yeux sur cet endroit pour s'y réfugier, et c'est ce
„qu'ils ont fait depuis un an."

Ainsi moins de vingt ans (de 1652 ou 1653 à
1671) avaient suffi pour ramener les Hurons et les
Outaouais à leur point de départ; car ces derniers
rentrèrent, eux aussi, en 1671, dans l'île Manitoua-
line, et plus tard au Saguinan, qu'ils avaient quittés
au même temps que les Hurons abandonnaient Missil-
limakinac (Relat. de 1671, 3e part., IV, 39; —
Charlevoix, III, 279).

Le fuite de ces nations aux îles Huronnes ne
peut être retardée au delà de 1653; puisque la
relation de l'année suivante (Relat. de 1654, IV, 9,

col. 1) nous les y montre établies et envoyant, de ces lointaines contrées, un de leurs partis trafiquer à Montréal et aux Trois-Rivières. En 1657 les Hurons et les Outaouais, qui, depuis plusieurs années, avaient abondonné ces îles pour s'enfoncer plus avant dans le *Méchingan* de Perrot (Michigan-ouest et Wisconsin actuels), résidaient, les premiers sur les bords de la baie des Puans, chez les Poutéouatamis, où ils avaient repoussé victorieusement l'attaque des Iroquois (Perrot, 82); les seconds, chez les Ouinipegous ou Puans et chez les Maloumines. C'est ce que nous apprend la relation de 1658 (V, 21): „Le „P. Dreuillettes, y est-il dit, fait porter le nom de „Saint-Michel au premier bourg* dont il fait mention, „ceux qui l'habitent se nomment en Algonquin les „Oupoutéouatamik. On compte dans ce bourg en- „viron cent hommes (ou quatre cents âmes) de la „nation du Petun, qui s'y sont retirez, fuiant la „cruanté des Iroquois. La seconde nation est des „Noukek, des Ouinipegouek et des Maloruminek. „Ces peuples sont peu esloignez.... des Oupoutéoua- „tamik.... C'est icy où environ deux cents Algon- „quins (près de huit cents âmes) qui demeuroient sur „les rives du grand lac.... des Hurons du costé du „nord, se sont retirez."

Dès le commencement de 1660, les Outaouais habitaient la pointe Chagouamigon ainsi que les îles qui en dépendent sur la rive méridionale du lac Supérieur (Relat. de 1661, III, 12, col. 1, et de 1664, I, 3, col. 2). Les Hurons, à la même époque, se tenaient cachés près des sources de la Rivière-Noire, à six journées (40 ou 50 lieues) du même lac, et à sept ou huit de la baie des Puans (Relat. de 1660, III, 12, col. 2, et 27, col. 2). Ces deux peuplades furent visitées en 1659 par deux traiteurs Français, qui, poussant plus avant, firent alliance avec les Sioux (ibid.). C'est donc entre les années 1657 et 1660 qu'ont dû s'accomplir les événements racontés par Perrot, depuis la fuite des Hurons et des Outaouais au Mississipi, jusqu'à leurs premiers dé mélés avec les Sioux, suivis d'une nouvelle migration, qui ne devait pas être la dernière (Perrot, XV, 85—87).

Les Hurons occupaient encore la même station vers la fin de 1661 (Relat. de 1663, VIII, 20 et 21); mais leur séjour ne s'y prolongea pas longtemps. En 1665, le P. Allouez trouva les deux nations réunies à la Pointe (Relat. de 1667, III, 9, VI, 13 et 14, VII, 15 et VIII, 17). Quatre ans plus tard, on comptait à Chagouamigon quinze cents sauvages, dont cinq cents Hurons chrétiens de la nation du Petun. Le reste se composait de Hurons payens et des Algonquins leurs compagnons de fuite, appartenant aux trois tribus des Outaouais Sinagaux, Outaouais Kiskakous, et Outaouais Keinouché (Relat. de 1667, VII, 17, col. 1 et 1670, XI, 86, 87).

En évaluant à quarante ou cinquante lieues, les six journées de marche qui séparaient du lac Supérieur la résidence des Hurons (Relat. de 1660; III, 12), je n'ai fait qu'appliquer la règle tracée à ce sujet, dans la relation de 1658 (V, 19), par le P. Dreuillettes; „Vous verrez aussi, écrit-il, les „nouveaux chemins pour aller à la mer du nord.... „avec la distance des lieux, selon les journées que „les sauvages ont faites, que je mets à quinze lieües „par jour en descendant, à cause de la rapidité des „eaux, et à sept ou huit lieües en montant.“

Note 7. „La méthode qu'ils ont pour naviguer „dans ces sortes de lacs est de couper *devant* leurs „semences avec leur cannots.“ — Il faut, je crois, substituer ici *dedans*, à *devant* qu'on lit dans le texte.

Note 8. Cette désastreuse expédition suivit l'arrivée des Hurons à Chagouamigon (Perrot, 88); elle ne put par conséquent avoir lieu avant 1662; d'un autre côté, elle précéda, de plusieurs années,

peut-être, la visite que le chef des Outaouais Sinagaux
rendit aux Sioux en 1665, ou 1666 (Perrot, 91 et
99); il est donc très vraisemblable que la défaite
des Hurons par les Sioux se rattache à l'une des
deux années 1662 ou 1663. Charlevoix (I, 346) et
La Potherie (II, 217, 218) ont emprunté à Perrot le
récit de cet événement, mais sans chercher à lui
assigner une date précise.

La passage auquel cette note se rapporte (p. 89),
est le seul où je me sois permis de glisser une correction de ma façon. Je lisais dans mon ms., „mais
„ce qui les étonna le plus est qu'ils ne voyoient que
„les vestiges de la *sortie* et non ceux de *l'entrée:*"
j'ai cru à un quiproquo de l'auteur ou du copiste,
et j'ai imprimé:" les vestiges de *l'entrée* et non ceux
de la *sortie.* J'ai eu tort; car, à tout prendre, la
leçon originale offre un sens très clair et très raisonnable: par une ruse familière aux sauvages, et
pour mieux dépister les Sioux qui les poursuivaient,
les Hurons entrèrent à reculons dans les lacs de
folle-avoine, ne laissant ainsi que des *vestiges de leur
sortie.*

Note 9.   Notre ms. porte ici, en surcharge, la
correction suivante: „Il faut remarquer que les Sioux,
„quoyqu'ils ne soient pas si guerriers, *sont plus* rusez
„que les autres nations" etc. etc.   Rien dans Perrot
ne me parait nécessiter ou autoriser ce changement.

Les paroles qui suivent immédiatement ont besoin
de quelque explication.   On se fourvoierait, en effet,
grandement si, de ce que les Sioux *n'étaient pas
anthropophages comme les autres sauvages,* on con-
cluait que les nations du Canada pratiquaient habituellement l'anthropophagie.   En fait, elles ne s'y livraient que très exceptionnellement, et pour des motifs
qui n'avaient rien de commun avec l'abominable
convoitise des Caraibes, et autres anthropophages
proprement dits.   Cette restriction posée, il faut
bien reconnaitre que l'accusation portée par Perrot

contre nos sauvages est parfaitement fondée: Algonquins inférieurs ou supérieurs, Hurons et Iroquois,
quand ils torturaient leurs prisonniers attachés au
poteau, dévoraient avec une joie frénétique des lambeaux de leur chair. Les anciennes relations de la
Nouvelle - France nous fourniraient de nombreux
exemples de ces cruautés, s'il n'était inutile de multiplier les témoignages, à propos d'un fait qui ne peut
être contesté sérieusement.

Ce qui me parait très digne de remarque, c'est
le contraste qui, sous ce rapport, existait *primitivement* entre la presque totalité des nations du Mississipi,
et tous les autres peuples tant sauvages que civilisés
de la Nouvelle-France et du Mexique. On a vu plus
haut quelle était originairement l'humanité des Sioux
envers leurs prisonniers de guerre. Les nombreuses
tribus d'Illinois, qui occupaient sur une si vaste
étendue la vallée du Mississipi au-dessous des Sioux,
réduisaient leurs ennemis en esclavage, et les ven-
daient aux nations voisines; mais on ne voit pas
que, avant leurs guerres avec l'Iroquois, elles les
aient torturés ou mis à mort; on est même certain
du contraire (Relat. de 1670, XI, 91, col. 2; —
Voyages du P. Marquette, I, sect. 6, pag. 50; — Lettres Édif. VI, 182, 183). Si nous continuons à descendre le Mississipi, nous rencontrons, après les
Illinois et les Natchez, les Houmas, plus doux encore et plus bienveillants pour leurs captifs que les
Illinois et les Sioux. Quand, à la suite d'une expédition heureusement terminée, les guerriers Houmas
faisaient leur entrée solemnelle dans leur village,
toutes les femmes de la tribu venaient pleurer sur
les vaincus, les plaignant d'avoir été pris, et les
traitaient ensuite aussi bien, si non mieux, que leurs
propres enfans (Gravier, voyage, 45). Je ne connais,
dans tout le continent Américain, que les Abipons
du Paraguay qui aient surpassé les Houmas en bonté et
en affection pour les esclaves faits à la guerre. Ils

les accablaient de soins et de prévénances, et les servaient beaucoup plus qu'ils n'en étaient servis. Aussi
voyait-on leurs prisonniers, qu'ils fussent Espagnols, Nègres ou Indiens, refuser très souvent la liberté que leurs maitres leur voulaient donner. Je
cite les propres paroles d'un témoin oculaire, afin
d'échapper au soupcon d'exagération ou d'erreur. Voici
donc ce qu'on lit dans le P. Dobrizhofer (Hist. de
Abiponibus, II, 148, 149), „Hispanos, Indos, Æthio-
„pas.... a se bello captos non ut servos vexant, sed,
„prope dicerem, filiorum instar, comiter, indulgen-
„terque habent. Si quid a captivo sibi praestandum
„velit.... supplicantis voce id significat herus. *Si*
„*tibi libuerit*, blande praefatur; vel *miserere mei*,
„*equumque mihi meum adducito....* Quantumvis ter-
„giversantem, oscitantemve in heri obsequio, capti-
„vum nec verbo, minus verbere, plecti unquam vidi.
„Tenerrima est multorum ac incredibilis suos in cap-
„tivos pietas, beneficentia, fiducia. Hos ut vestiant,
„se nudant. Cibum sibi subtractum, esurientes licet,
„esurientibus his. porrigunt.... Novi complures qui,
„dato pretio redempti jam, suamque in patriam re-
„ducti, ad Abipones heros suos sponte revolarent, etc. etc.

Pour en revenir aux peuples du Mississipi, je
dois avouer que les Natchez condamnaient au feu
les ennemis que le sort des armes jetait entre leurs
mains (Lettr. Edif. VII, 26). Mais nous ignorons
si cette coutume, dont l'existence n'a été signalée
pour la première fois qu'en 1712, n'était pas chez
eux d'institution récente, et l'effet de représailles
longtemps provoquées, comme chez les Sioux et les
Illinois.

Quand les Sioux livraient aux flêches de leurs
enfans les captifs condamnés à mort (Perrot 90), ils
se rencontraient, en cet usage, avec les Aréagues
de l'Orénoque, qui, lorsqu'ils font quelque prisonnier
de guerre, „le mettent à la discrétion des enfans,
„donnant des couteaux ou autres ferrements pointus

„pour les tourmenter. Quand les enfans sont las,
„les femmes succèdent, et enfin les hommes viennent
„pour achever" (Voyage inédit du P. La Pierre à la
Côte de Paria, p. 17 du ms.).

Note 10. Le texte de Perrot me parait ici
tellement maltraité que je n'essaierai même pas d'en
découvrir le véritable sens. Tout ce que je crois
y comprendre, c'est que les Sioux, tant ceux qui
vont en canot, que ceux des prairies détruisirent
leurs ennemis, non sans éprouver eux-mêmes des
pertes si considérables, qu'ils se virent réduits presque
à rien.

Note 11. Les débris des missions Huronnes furent conduits à Québec par le P. Paul Raguencau:
aucun P. Lallemand ne figure dans les récits de cette
douloureuse transmigration (Relat. de 1650, 1, et
VIII, IX, 26—28).

Ni la relation de 1650, ni Charlevoix ne font
allusion à la mésavanture du Père chargé de
guider vers Québec les Hurons fugitifs; Perrot seul
nous en a conservé le souvenir. Mais le silence
des uns, et l'erreur où l'autre est tombé quant au
nom du missionnaire maltraité par le borgne de
l'île, ne sont pas une raison suffisante pour rejeter
dans son entier le récit de notre auteur.

La Rivière-Creuse est un des nombreux affluents
de l'Outaouais; un peu au-dessous de son embouchure,
on rencontre l'île des Allumettes, appelée aussi l'île
du Borgne pour la raison assignée par l'auteur, et
plus bas enfin l'île du Grand-Calumet, le rapide et
le portage du même nom.

Note 12. La relation de 1663 (IV, 10) attribue
tout l'honneur de cette victoire aux Sauteurs; elle
nous apprend, en outre, que le parti Iroquois se
composait d'Agniers et d'Onneiouths. Voici en quels
termes elle décrit ce combat: „Ceux-cy (les Sauteurs)
„ayant découvert l'ennemy, firent leurs approches si

„hardiment, sur le point du jour, qu'aprés la dé-
„charge de quelques fusils et ensuite celle de leurs
„flesches, ils sautent la hache à la main sur ceux
„que le feu ou le fer avoient épargnez. Les Iro-
„quois tout orgueilleux qu'ils sont, et qui n'ont pas
„jusqu'à présent appris à fuir, eussent bien voulu
„le faire, si les traits qui leur estoient dardés de
„toutes parts ne les eussent arrestés. De sorte qu'il
„ne s'en est sauvé que fort peu pour porter dans
„leur pays une si triste nouvelle."

Note 13. Le calumet „est composé de deux
„pièces: d'une pierre rouge, polie comme du marbre
„et percée d'une telle façon qu'un bout sert à rece-
„voir le tabac, et l'autre s'enclave dans le manche;
„c'est un baston de deux pieds de long, gros comme
„une canne ordinaire et percé par le milieu. Il est
„embelly de la teste ou du col de divers oyseaux
„dont le plumage est très beau. Ils y adjoustent
„aussy de grandes plumes rouges, vertes et d'autres
„couleurs, dont il est tout empannaché. Ils en font
„estat particuliérement, parcequ'ils le regardent comme
„le calumet du soleil. De fait ils [le] luy présen-
„tent, quand ils veulent obtenir du calme, ou de la
„pluye, ou du beau temps" (Marquette, sect. 6⁰,
„Ms. Rom. p. 39). — „Il n'y a rien parmi eux ny
„de plus mysterieux ny de plus recommandable;
„on ne rend pas tant d'honneur aux couronnes et
„aux sceptres des Roys qu'ils lui en rendent. Il
„semble estre le Dieu de la paix et de la guerre;
„l'arbitre de la vie et de la mort. C'est assez
„de le porter sur soy et de le faire voir pour
„marcher en asseurance au milieu des ennemis, qui,
„dans le fort du combat, mettent bas les armes
„quand on le monstre.... Il y a un calumet pour
„la paix, et un autre pour la guerre, qui ne sont
„distinguez que par la couleur des plumages dont
„ils sont ornez. Le rouge est marque de guerre.
„Ils s'en servent encore pour terminer leurs différens,

„pour affermir les alliances, et pour parler aux
„étrangers“ (Id. ibid.).

Se servir du calumet pour *parler aux étrangers,*
c'était ce que Perrot appelle ici même *leur chanter
le calumet.* Voici comment les Ayoës, alliés des
Sioux, le chantèrent à notre auteur.

„Quarante Ayoës vinrent traiter au fort des
„François, Perrot s'en retourna avec eux à leur
„village, où il fut bien reçu. Le chef le pria de
„vouloir bien accepter le calumet que l'on vouloit
„lui chanter; il y consentit. C'est un honneur que
„l'on n'accorde qu'à ceux qui passent, selon eux,
„pour grands capitaines. Il s'asseoit sur une belle
„peau de boeuf, trois Ayoës étoient derrière lui qui
„lui tenoient le corps, pendant que d'autres chantoient,
„tenant des calumets à leurs mains et les faisant
„aller à la cadence de leurs chansons Celui qui le
„berçoit le faisoit aussi aller de cette manière, et
„passèrent une bonne partie de la nuit à chanter le
„calumet“ (La Potherie II, 185).

Le chant ou la danse du calumet était aussi en
grand honneur chez les Illinois: „Ils pratiquent, dit
„le P. Allouez (Relat. de 1667. XI, 22), une sorte
„de danse qui leur est toute particulière. Ils l'ap-
„pellent la danse de la pipe à prendre tabac. Voicy
„comme ils la font: ils préparent une grande pipe
„qu'ils ornent de panaches, et la posent au milieu
„de la place, avec une espèce de vénération; un de
„la compagnie se lève, se met à danser, et puis cède
„sa place à un second, celuy-cy à un troisième, et
„ainsy consécutivement dansent les uns après les
„autres, et non pas ensemble. On prendroit cette
„danse comme un balet en posture qui se fait au
„son du tambour. Il [le danseur] fait la guerre en
„cadence: il prépare ses armes, il s'habille, il court,
„il fait découverte, puis se retire, il s'approche, il
„fait le cry, il tue l'ennemy, luy enlève la cheve-
„lure, et retourne chantant victoire; mais tout cela

„avec une justesse, une promptitude et une activité
„surprenante. Après qu'ils ont tous dansé l'un après
„l'autre autour de la pipe, on la prend, et on la
„présente au plus considérable de toute l'assemblée
„pour pétuner, puis à un autre, et ainsy consécutive-
„ment à tous, voulans signifier, par cette cérémonie,
„ce qu'en France on veut dire quand on boit dans
„le mesme verre. Mais de plus on laisse la pipe
„entre les mains du plus honorable, comme un dépost
„sacré et un gage asseuré de la paix et de l'union
„qui sera tousjours entre eux, tant qu'elle demeurera
„entre les mains de cette personne." Cette danse
du calumet est décrite beaucoup plus au long par
le P. Marquette (Voyages, I, sect. VI, 56—60), dont
La Potherie (II, 16—20) a reproduit le récit presque
textuellement.

Le P. Ribas (l. I, c. III, 9) nous apprend que, dans
la province de Cinaloa, quand une tribu acceptait
les cigarettes en paille de riz offertes par une des
nations voisines, elle déclarait, par ce seul fait, con-
tracter alliance avec elle en vue d'une guerre commune. „Quando alguna nacion combida à otra à
„hazer liga para alguna guerra, el estilo de com-
„bidarla era embiarle cantidad de cañitas de carrizo
„embutidos de tabaco, en las quales encendidas gozan
„del humo, que tanto ha cundido por el mundo y
„emanado de tales gentes. Y el admitir este pre-
„sente, era darse por coligadas y combidadas para
„la guerra."

Les danses figurées, dont nous venons de voir
un si curieux exemple dans celle du calumet, étaient
en usage chez la plupart des nations américaines.
On les retrouve au sein des sociétés polies de Mexico,
de Bogota et du Perou, comme parmi les tribus les
plus misérables et les plus sauvages de la basse
Californie. Les Mexicains dans les danses, appelées
Mitotes, représentaient les mystères de leur religion,
les événements de leur histoire, les exercices variés

de la guerre ou de la chasse, et les travaux de l'agriculture (Clavijero, *Storia antica del Messico* t. II, lib. VII, p. 181, 182, in 4°., Cesena, 1780). Il en était de même à Bogota, où les rois vainqueurs étaient reçus en triomphe dans leur capitale, au milieu de chants et de danses, célébrant et figurant leurs exploits les plus mémorables (Piedrahita, lib. II, c. III, p. 40, col. 1.) — „Les Californiens, dit Cla„vijero (Storia della California, I, XX, 128, in 8°. „Venezia, 1789), avaient plus de trente espèces de „danses, toutes figuratives, et reproduisant les cir„constances principales de la guerre, de la chasse, „de la pêche, de leurs enterrements et d'une foule „d'autres événements analogues. Ces danses avaient „lieu pour célébrer un mariage, une naissance, un „heureux succès à la chasse ou à la pêche, une ré„colte abondante, ou une victoire remportée sur leurs „ennemis." — „Au Perou, dit le P. de Acosta (Historia „natural y moral de las Indias, lib. VI, c. XXVIII, „p. 446, in 4°., Madrid, 1608) j'ai assisté à une foule „de danses toutes différentes les unes des autres, „dans lesquelles on imite les divers métiers de ber„ger, de laboureur, de pêcheur et de chasseur." Ces danses, connues sous le nom de Taquî, s'exécutaient au son des flûtes et des tambours; elles étaient accompagnées de chants, tantôt superstitieux et tantôt plaisants ou historiques (id. ibid. p. 447). Ceci nous conduit tout naturellement aux *Areytos* des indigènes de Saint-Domingue et de l'Amérique centrale, où le chant se mariait à la danse, comme dans les *Mitotes* du Mexique et du Nicaragua, les *Taquî* du Perou, et la *danse du calumet* de nos Illinois. Dans la plupart de ces Areytos, on chantait les généalogies des rois et des chefs, leurs guerres et les anciennes traditions nationales, ou bien encore on traitait les affaires publiques; mais, tous, quel qu'en fut l'objet, étaient accompagnés d'abondantes libations de chicha ou vin de maïs; aussi se terminaient-ils par l'ivresse

complète des danseurs et des chanteurs, c'est-à-dire de
tous les assistans. Ces Areytos auraient donc été
parfaitement inutiles, tant pour le gouvernement de
la tribu, que pour la conservation des vieux souvenirs de son histoire, puisque décisions prises et traditions chantées étaient finalement noyées et perdues
dans le vin, si l'on n'eût obvié à cet inconvénient
par une invention fort ingénieuse. Quelques vieillards,
auxquels en cette circonstance la boisson était interdite, assistaient à l'Areyto, et répétaient le lendemain aux ivrognes de la veille ce qu'ils avaient
chanté ou réglé dans leur réunion. On trouvera
sur ce sujet de longs et curieux détails dans Oviédo,
auquel j'ai emprunté ceux qui précèdent. Cf. Oviedo,
part. I, lib. V, p. 125—129; part. II, lib. XXIX,
c. XXVIII, p. 137, et enfin part. III, lib. XLII,
c. XI, p. 93—99; — et aussi Simon, notic. IV,
c. XXVI, p. 319, col. 1.

Dans la province de Cumana, en certaines circonstances solennelles, avait lieu une danse mimique,
dans laquelle, en présence du Cacique, de ses femmes
et des principaux chefs, les jeunes gens, conduits
et dirigés par un des leurs, imitaient de la façon
la plus burlesque les occupations ordinaires et même
les infirmités de la vie humaine, les cris des bêtes
féroces et le vol des oiseaux. L'un riait, l'autre
pleurait; celui-ci nageait, celui-là pêchait; un troisième
contrefaisait l'aveugle, un quatrième le boiteux;
l'un battait des ailes, l'autre rugissait comme un tigre
ou grognait comme un pourceau. Lorsqu'ils avaient
ainsi donné longtemps la comédie aux spectateurs,
l'un des danseurs sortait de la foule, et, se plaçant
en un lieu élevé d'où il pût être vû et entendu de
tous, débitait avec le plus grand sang-froid le
panégyrique du Cacique et de tous ses ancêtres. La
cérémonie se terminait par un grand repas. Si un
étranger arrivait sur ces entrefaites, on lui offrait
de l'or et des esclaves, qu'il ne pouvait refuser sans

se déclarer l'ennemi de la nation (Simon, ibid.). Je ne crois pas que des inimitiés aient jamais pris naissance à cette occasion.

Note 14. Deux raisons m'ont engagé à placer en 1665—1666 la venue des Sioux à Chagouamigon, suivie de leur retour en leur pays avec le chef des Sinagaux et les quatre Français dont parle Perrot: la première est que, cette année là, des Sioux visitèrent très certainement la pointe du Saint Esprit (Relat. de 1667, III, 23, col. 2); la seconde, que, d'après le récit des événements, tel qu'il est donné par notre auteur, quatre ou cinq ans au moins se sont écoulés entre cette visite et l'abandon de Chagouamigon, en 1670—71, par les Hurons et les Outaouais.

Les relations de la Nouvelle-France mentionnent en divers endroits les démélés de ces deux dernières nations avec les Sioux, et les désastres qui en furent la suite; mais elles n'entrent dans aucun détail. Cf. Relation de 1667, IV, 10, col. 2; de 1670, XI, 86; de 1671 3ᵉ part., 24, col. 2, et II, 31, col. 2, IV, 39, col. 2; de 1672, IV, 36, col. 1.

Chapitre XVI.

Note 1. Perrot écrit tour-à-tour *Ouabmakis* et *Ouabmachis*, j'ai adopté de préférence *Ouabmachis*, comme se rapprochant davantage de l'*Ouamachis* de Charlevoix. La forme véritable me parait être *Oumachiche*, d'où, par le retranchement de l'article Algonquin *ou*, se sera formé *Machiche*, nom que porte actuellement cette rivière. Le Machiche prend sa source au nord du Saint-Laurent et se jette dans la partie de ce fleuve qu'on appelle le lac Saint-Pierre.

Note 2. Ce Le Moine, dont parle Perrot, doit être le même que Charles Le Moine, sieur de Longueil, chef d'une des plus illustres familles de la Nouvelle-France. J'ai, dans le passage qui le concerne, proposé de substituer le nom des Iroquois à celui des Outaouais que porte le texte. Les Outaouais, amis des Français et leurs alliés dans le guerre qui désolait alors la colonie, ne pouvaient nourrir des desseins hostiles contre un des plus braves défenseurs de leur propre cause, le faire prisonnier, et le condamner au feu. Tout ceci s'explique au contraire fort naturellement chez les Iroquois. C'est sans aucun doute à Charles Le Moine et à sa captivité que se rapporte le passage suivant de la relation de 1666 (II, 3, col. 1):

„Un gentilhomme François qui fut pris cet esté „dernier par les Iroquois et mené à Agnié, et qui „fut mis depuis en liberté, rend des témoignages „illustres de la vertu de ces heureux captifs (Hurons), „qui l'exhortoient par signes à unir ses souffrances „à celles que le Sauveur a endurées sur la croix; „qui lui rendoient tous les bons offices imaginables, „sans craindre de s'exposer à la mort la plus cruelle „pour le secourir."

Note 3. Mr. de Chasy était le neveu et non le cousin de Mr. de Tracy. Perrot a corrigé lui-même cette erreur un peu plus loin.

Note 4. Arendt van Corlaer (Corlar et Corlart des relations et de Perrot) commandait vers 1640 un petit fort construit par les Hollandais à six lieues d'Orange (aujourd'hui Albany). Les sauvages, et les Français à leur exemple, appelèrent de son nom d'abord le poste où il avait résidé, puis les gouverneurs, successivement Hollandais et Anglais, de la Nouvelle-Belgique, devenue plus tard la Nouvelle-York. Un de ces derniers, le Gouverneur Dongan, dans son rapport du 22 Février 1687 au Bureau du commerce (Board of Trade) explique cet usage par l'amour que cet homme de bien avait inspiré aux Indiens qui traitaient avec lui (O'Callaghan, *Documentary History of the state of New-York*, I, 156, Albany, 1849, in 8⁰.). — S'inspirant des mêmes motifs, les sauvages du Canada donnèrent à tous les gouverneurs de la colonie le nom *d'Ononthio* (Grande-Montagne) qui n'était que la traduction en leur langue de celui de *Montmagny*, que portait le successeur de Champlain. Il s'en servaient aussi pour désigner le Roi, mais en y ajoutant l'épithète de grand (Grand-Ononthio).

Chapitre XVII.

Note 1. Ce double assassinat ayant été commis dans le cours d'une seule et même année (Relat. de 1670, VI, 45, et IX, 76, 77 ; — Charlevoix I, 425, 426), il faut nécessairement changer en *quelques mois*, les *quelques années* de Perrot.

Ces crimes abominables, arrivés coup sur coup dans une colonie où ils avaient été jusqu'alors inconnus, auraient du faire comprendre, à certains gouverneurs de ce temps-là, combien était funeste cette traite de l'eau-de-vie, qu'ils s'obstinaient à protéger par fausse politique, et surtout par opposition à l'autorité ecclésiastique qui la proscrivait. En réalité, le résultat le plus net de cet infâme commerce a toujours été la démoralisation des traitans Européens, la dégradation, la ruine et la mort des sauvages. Aussi, l'honorable et protestante compagnie de la Baye d'Hudson, mieux inspirée que ces catholiques aveugles ou jaloux, l'a-t-elle, depuis plusieurs années, absolument interdite dans toute l'étendue des immenses contrées soumises à sa juridiction. Et l'on a pu, depuis lors, constater un temps d'arrêt dans le mouvement de dépopulation qui menaçait d'amener, avant peu, l'extinction complète des tribus aborigènes (10° Rapport sur les missions....de Québec, 36, 107; et 13° Rapport, 137).

J'ai parlé de démoralisation, de ruine et de mort; ce langage n'a rien d'exagéré. Qu'on en juge par l'extrait suivant d'un *Mémoire historique* et anonyme adressé en 1705 au Cte. de Pontchartrain, *sur les mauvais effets de la réunion des castors dans une même main* (ce mémoire se trouve aux archives de la marine): „Il y a plusieurs de ces coureurs de bois „qui, dans la vue de s'enrichir tout d'un coup, font „rouler presque tout leur commerce sur la traite de „l'eau-de-vie. Tout le monde sait la passion des sau- „vages pour cette liqueur et les funestes effets qu'elle „produit en eux. Une expérience, aussi ancienne „que la colonie, nous apprend qu'ils n'en boivent que „pour s'enyvrer, sans qu'on ait jamais pu comprendre „par quel charme fatal cet effet surprenant peut se „produire. Le village ou la cabane dans laquelle „les sauvages boivent de l'eau-de-vie est un image „de l'enfer: le feu vole de toutes parts; les coups „de hache et de couteau font coüler le sang de tous „côtés; tout retentit de hurlemens et de cris effroya- „bles. Ils se mangent le nez, s'arrachent les oreilles; „partout où leurs dens s'attachent, elles emportent „le morceau. Le père et la mère jettent leurs petits „enfants dans les brasiers ou dans les chaudières „bouillantes. La mère avec ses enfants, le père avec „ses filles, les frères avec leurs soeurs commettent „mille abominations. Ils se roulent sur les cendres, „le charbon, et le sang. Ils s'endorment dans cet „état affreux les uns parmi les autres; les esprits de „l'eau-de-vie se dissipent, ils s'éveillent le lendemain, „défigurés, abattus et confus du désordre où ils se „trouvent. Tout sauvages qu'ils sont, ils ne laissent „pas d'en avoir horreur: plusieurs d'entr'eux se re- „pentent et forment la résolution de ne plus boire „à l'avenir. Des François indignes de porter ce nom

„les sollicitent à recommencer. Ils trouvent des
„profits immenses dans cet infâme commerce, parce-
„que, lorsqu'ils ont une fois enyvrés les sauvages,
„ils les dépouillent même des habits, des armes et
„des autres choses qu'ils leur avoient vendues aupara-
„vant. On a vû de ces François avouer, avec dou-
„leur et des marques de repentir, qu'ils avoient fait
„plus de 15000 livres en castors, avec une seule
„barrique d'eau-de-vie qui ne leur coutoit pas 200
„livres; mais que, en revenant de leurs voyages, le
„feu ayant pris à leur cabane pendant qu'ils dor-
„moient, tous leurs castors furent consumés avec le
„reste de leurs équipages. Il y a encore cent exem-
„ples de la malédiction de Dieu sur ceux qui font
„ce commerce odieux. On n'en voit pas un seul
„dont les affaires ayent eu une heureuse fin…. Sa
„Majesté a fait, en divers temps de sages réglements
„contre ce mauvais commerce: l'avarice, la cupidité
„la jalousie de l'autorité, la fausse politique ont
„toujours trouvé le moyen de les éluder.“

Ces désordres se reproduisent encore aujourd'hui,
sous les mêmes traits, partout où peuvent pénétrer les
marchands de liqueurs fortes. Voici ce qu'écrivait,
en 1839, un missionnaire du Missouri, qu'on ne soup-
çonnera point d'avoir puisé ses inspirations dans le
mémoire précédent: „Le déplorable excès des liqueurs
„…… finira, je le crains, par entrainer la ruine totale
„de la nation; car la guerre, la peste et la famine
„en sont les inévitables suites. Des Américains sans
„conscience inondent le pays de leurs fatales boissons,
„et le gouvernement, qui seul pourrait mettre fin à
„un trafic si immoral, ne lui a opposé jusqu'ici que
„des lois sévères, mais point de mesures efficaces.
„…… Il faut avoir été témoin des orgies de ce
„peuple, pour comprendre à quels excès l'emporte
„sa brutale passion. Une fois les bornes de la tem-
„pérance passées, son sang s'enflamme, une espèce
„de rage le consume…. d'abord ce sont des chants

„de joie, mais bientôt viennent les cris et les hur-
„lemens, suivis d'altercations. Un combat s'engage
„à coups de couteaux et se termine à coups de
„massues. Très souvent le sang se mêle aux libations,
„et le meurtre assaisonne le festin. Par-dessus tout,
„les lutteurs cherchent à se couper le nez; c'est pour
„eux un exploit dont ils se glorifient" (Propag. de
la Foi, XIII, 52, 53). — Cf. J. Long, *Voyage and Tra-
vels of an Indian Interpreter and Trader*, p. 97 et 111
de la traduction Française, Paris, an II, in-8.

Les sauvages ne se font, au reste, aucune
illusion sur la véritable cause de leur dégradation et
de leurs malheurs. Un jour, je ne sais plus quel
commissaire du Président des États-Unis, réunit en
conseil les Ouinipegous ou Puans, pour leur signifier
l'ordre de quitter leurs anciennes demeures, où,
prétendait-on, ils étaient devenus une cause per-
manente de trouble et de scandale par leur mauvaise
conduite. Le grand orateur et premier chef de la
peuplade prit la parole, et, entre autres choses fort
sensées, „Pour se dispenser, dit-il, d'être justes
„envers nous, on nous accuse d'être la nation la plus
„perverse qui soit sous le ciel. Si ce reproche nous
„était fait par des Indiens, je montrerais qu'il est
„exagéré. Mais ce sont les Blancs qui nous l'adressent,
„et je me borne à répondre qu'il retombe sur eux.
„Pourquoi nous imputer des vices que vous-mêmes
„avez fomentés? Pourquoi venez-vous nous tenter
„jusqu'à la porte de nos cabanes avec votre eau-de-
„feu, si destructive de notre tribu? S'il se commet
„des crimes parmi nous, c'est par suite de l'ivresse;
„et qui nous enivre? Qui? Des hommes avides
„qui nous vendent du poison au prix de nos dé-
„pouilles" (Propag. de la Foi, XVII, 490). — Au fait,
l'eau-de-vie est pour les sauvages un véritable poison.
De la strychnine ou de l'arsenic les tuerait plus
promptement, sans doute, mais non plus sûrement.

Chapitre ~~XIII.~~ ~~XVIII~~

Note 1. La flotte Outaouaise, d'après la relation de 1679 (I, 4), n'aurait compté que quatre-vingt-dix canots, montés par quatre cents hommes. Il y a loin de là aux neuf cents Outaouais de Perrot. Mais il est facile de faire disparaître ce désaccord, plus apparent que réel, en considérant ces quatre-vingt-dix canots comme une portion de la flotte totale; ce à quoi nous autorise l'expression de *dernières bandes*, dont la relation se sert pour les désigner.

Perrot, qui se met ici en scène pour la première fois, se présente brusquement au lecteur, sans un seul mot d'introduction ou d'éclaircissement sur sa vie antérieure; bien différent en ceci de tant d'autres personnages, qui, dans leurs mémoires, n'ont guères songé qu'à parler d'eux-mêmes. Nous ne saurions donc absolument rien de la famille de notre auteur, de l'année et du lieu de sa naissance, de sa jeunesse et de ses premières expéditions chez les sauvages de l'ouest, si Charlevoix et La Potherie n'avaient, en partie du moins, suppléé à son silence. J'ai réuni, dans cette note, les renseignements peu nombreux dont nous leur sommes redevables, et dont trop souvent ils nous laissent ignorer la date précise.

Nicolas Perrot, né en 1644, se rendit, j'ignore en quelle année, à la Nouvelle-France. Il appartenait à une famille honnête, mais peu fortunée: aussi, après avoir reçu quelque teinture des lettres, se vit-il obligé d'interrompre ses études pour entrer au service des missionnaires. Les Jésuites, alors dispersés au loin parmi des nations sauvages que la guerre et la faim décimaient à l'envi, avaient bientôt compris qu'ils ne pouvaient sans témérité se mettre, pour leur entretien, à la discrétion des pauvres Indiens au milieu desquels ils vivaient. Il

leur fallut donc, comme leurs néophytes, demander
à la chasse, à la pêche et à l'agriculture leurs alimens
de tous les jours. Ces travaux, auxquels leur éducation
première les avait laissés étrangers, étaient en outre
incompatibles avec les fonctions de leur ministère.
Le peu de frères coadjuteurs Européens qu'ils comptaient parmi eux, étant presque aussi inhabiles à ces
exercices que les missionaires eux-mêmes, ceux-ci s'as-
socièrent quelques jeunes gens du pays, qui, gratuitement ou moyennant salaire, consentaient à partager leurs dangers, leurs fatigues et leurs privations,
et pourvoyaient à leurs besoins. Les Pères Mesnard (Relat. de 1663, VIII, 18—13), Allouez (Relat.
de 1667, XVI, 26), Marquette (I, 6 et 94), et bien
d'autres avant ou après eux, eurent pour compagnons de leurs courses apostoliques un certain nombre
de ces *donnés* ou *engagés*. C'est parmi ces derniers
que s'enrôla Perrot, ce qui lui fournit l'occasion de
visiter la plupart des peuplades indigènes, et d'apprendre leurs langues (Charlevoix, I, 437). Quelle
fut la durée exacte de cette sorte d'apprentissage?
Je l'ignore; mais il n'a pu se prolonger longtemps.
Nous savons, en effet, par La Potherie (II, 88, 89),
que Perrot visita le premier les Poutéouatamis, pour
y faire la traite *du fer*, c'est-à-dire des armes et
des munitions de guerre. Il avait donc, à cette époque, quitté déjà le service des missionnaires. Mais
ce voyage ne put avoir lieu qu'en 1665 au plus tard;
puisque, d'une part, Perrot, de chez les Poutéouta-
mis, se rendit chez les Outagamis, l'année même qui
suivit l'établissement de cette dernière peuplade dans
le voisinage des Sakis et de la Baie (La Potherie
II, 99); et que, de l'autre, cette migration des Outagamis était accomplie dès l'année 1665 (Relat. de
1667, X, 21). Nous sommes donc forcément conduits à n'assigner à l'engagement de Perrot qu'une
durée de quatre ou cinq ans au plus (de 1660 à
1664 ou 1665); car on ne peut guères supposer que

Perrot se soit associé aux missionnaires avant sa sei-
zième année.

Dans ce récit de La Potherie une chose encore
m'embarrasse: Perrot, y est-il dit, aurait le premier
de tous les Français pénétré jusqu'aux Poutéouatamis. Et cependant ces Indiens, établis à l'entrée de
la baie des Puans dès 1638, avaient dû être visités
par les deux jeunes voyageurs canadiens qui vinrent
à cette même baie en 1654. Mais, peut-être, ne
s'agit-il, dans La Potherie, que d'un des villages de
cette nation, le plus reculé au fond de la baie.

Quoiqu'il en soit de cette conjecture, qui n'a d'autre fondement que l'affirmation d'un seul écrivain, il
est certain que Perrot fit, avant 1670, plusieurs voyages chez les diverses nations de la baie des Puans
et du Wisconsin.

Lorsqu'il parut pour la première fois au milieu
des Poutéouatamis, ceux-ci furent tout surpris de
voir que les Français étaient des hommes faits comme
eux, et tinrent la venue d'un de ces étrangers dans
leur village pour un bienfait signalé du Grand-Esprit.
„Les vieillards allumèrent un calumet solemnel, vin-
„rent au devant de lui, et le lui présentèrent comme
„un hommage qu'ils lui rendoient. Après qu'il eut
„fumé le calumet, le chef le présenta à ceux de sa
„nation, qui se le présentèrent tous les uns et les
„autres en répandant de leur bouche la fumée de
„tabac sur lui, comme un encens. *Tu es un des pre-
„miers esprits, lui disoient-ils, puisque tu fais le fer;
„c'est toi qui dois dominer et protéger tous les hommes.
„Loué soit le soleil qui t'a éclairé et rendu sur notre
„terre.* Ils l'adoroient comme un dieu; ils prenoient de
„ses coûteaux et de ses haches, qu'ils encensoient
„avec leur bouche de la fumée de tabac.... Quand
„il sortoit, on vouloit le porter sur les épaules, on
„applanissoit les chemins par où il passoit; on
„n'osoit le regarder en face. Les femmes et les
„enfans se tenoient un peu loin pour le considérer

„.... Le sauvage qui l'avoit introduit chez cette „nation fut reçû en capitaine par reconnaissance" (La Potherie, II, 88, 89).

Perrot n'était pas un trafiquant vulgaire, uniquement préoccupé de ses intérêts et de ceux de ses commettans. Dès le commencement de sa carrière, il comprit combien il importait à la colonie et à la France, de voir toutes les nations de l'ouest unies entre elles contre l'Iroquois l'ennemi commun. Ayant donc appris, à son arrivée chez les Poutéouatamis, que des hostilités avaient déjà éclaté entre ces Indiens et les Maloumines ou Folle-Avoines leurs voisins, dont ses hôtes redoutaient une attaque, d'autant .plus à craindre, en ce. moment, que tous leurs guerriers étaient en traite à Montréal, il s'offrit d'aller lui-même négocier la paix avec leurs ennemis. Cette proposition fut accueillie avec reconnaissance par les vieillards de la tribu, et Perrot partit aussitôt pour remplir sa mission.

Les Maloumines, ou plutôt Manomines (de *Manomin*, folle-avoine) habitaient sur les bords de la rivière du même nom, qui limite, au nord, l'état actuel de Wisconsin et se jette dans la baie des Puans. Ces peuples de langue et de race Algonquine (Relat. de 1640, X, 35, col. 1, et de 1670, XII, 100, col. 2), ayant donné asile aux Outaouais fugitifs (Relat. de 1658, V, 21), avaient eu, par leur intermédiaire, quelque connaissance des Français. Aussi, lorsque Perrot, s'arrêtant à une demi-lieue de leur village, leur eut envoyé annoncer l'arrivée d'un de ces Français, la joie fut-elle universelle. Tous les jeunes gens, revêtant leurs ornements de guerre, coururent aussitôt au-devant de lui. „Ils marchaient de file „avec des contorsions et des hurlemens capables „d'effrayer. C'étoit la réception la plus honorable „qu'ils croyoient devoir lui faire." Du plus loin que Perrot les aperçut, il tira un coup de fusil en l'air. A ce bruit extraordinaire, les Manomines s'arrêtèrent tout court, „regardant le soleil avec des postures „tout-à-fait plaisantes. Après qu'il leur eut fait en-„tendre qu'il ne venoit pas pour troubler leur repos, „mais pour faire alliance avec eux, ils approchèrent „avec beaucoup de gesticulations. On lui présenta „le calumet, et, lorsqu'il fallut arriver au village, il „y en eut un qui se baissa pour le porter sur ses „épaules. Son·interprète leur témoigna qu'il avoit „refusé ces honneurs chez plusieurs nations. On le „conduisit avec ces grands empressemens. C'étoit à „qui abattroit des branches d'arbres qui avançoient „dans le chemin et qui le netoieroient.... L'on s'as-„sembla dans la cabane du premier chef de guerre, „où l'on dansa le calumet au son du tambour. Il les „fit tous assembler le lendemain" et, prenant la parole, il leur recommanda de garder la paix avec les Poutéouatamis; leur offrit deux présents pour couvrir le corps du Manomine que ces Indiens avaient tué, et les exhorta à vivre tous ensemble dans la plus parfaite union, leur promettant, s'ils y consentaient, la protection de la France. Ce discours eut un plein succès. Le père du mort se leva et prit le collier que Perrot leur avait donné. Il alluma ensuite son calumet, l'offrit d'abord au Français, puis au chef et à tout les assistans. Alors commençant à chan-ter, il sortit de la cabane, le collier d'une main et le calumet de l'autre; les présenta au soleil, et se mit en marche, tantôt reculant et tantôt avançant. Il fit ainsi le tour de la cabane du conseil, passa par une grande partie des loges du village, et, reve-nant à celle du chef, il s'écria qu'il s'attachait entièrement aux Français, qui avaient reçu des esprits la domination sur tous les autres hommes; et que sa nation, animée des mêmes sentiments, ne demandait que la protection des Français, qui pouvaient leur donner la vie et la jouissance de tous les biens néces-saires à l'homme. Cette déclaration mit fin à la céré-monie: la paix était conclue (La Potherie, II, 90—94).

Un nouveau triomphe attendait Perrot chez les Poutéouatamis. Il était rentré depuis quelques jours dans leur village, lorsqu'on signala la flotte longtemps désirée, qui ramenait de Montréal les guerriers de la nation. On accourut pour la recevoir : dès qu'elle fut en vue, elle commença à faire des salves de mousqueterie, entremêlées de cris et de hurlements, qu'elle continua jusqu'à deux ou trois cents pieds du rivage. Alors le chef de l'expédition se leva, prit la parole, et fit aux anciens un long récit du bon accueil qu'ils avaient reçu dans la colonie. Un ancien lui répondit, et, montrant Perrot, rendit grâces au soleil, qui leur avoit aussi envoyé un Français pour les protéger et les favoriser, en diverses rencontres. En apprenant ce que Perrot avait fait pour leurs compatriotes, les nouveaux venus se hâtèrent de débarquer et de lui témoigner leur joie et leur reconnaissance. Ils l'enlevèrent bon grè mal grè, et, l'ayant placé sur une couverture d'écarlate, lui firent faire le tour de leur fort. Il était précédé et suivi de tous les guerriers, qui, *matachés* à leur mode et affublés, pour faire honneur à leur hôte, des habits qu'on leur avait donnés à Montréal, marchaient deux à deux, le fusil sur l'épaule. On se rendit ainsi à la loge du chef de l'expédition, où l'on servit à Perrot et à tous les anciens un grand festin d'esturgeons. C'est là que fut définitivement scellée l'alliance conclue entre les Français et les Poutéouatamis (La Potherie 96—98).

Ces caresses, ces marques d'honneur, ces démonstrations enthousiastes n'étaient pas aussi désintéressées qu'on pourrait le croire. Perrot observe quelque part, que, dans leur trafic avec les Européens, les sauvages ne sont sauvages que de nom; et savent très habilement mettre en oeuvre les moyens les plus assurés d'arriver à leurs fins. Le but qu'ils se proposaient d'atteindre était ici de gagner la confiance de Perrot et des marchands de

la colonie, de les attirer chez eux à l'exclusion des
autres peuples, et de devenir ainsi les intermédiaires
obligés du commerce de la Nouvelle-France avec les
tous les Indiens de l'ouest. C'est dans ce dessein qu'ils
cherchaient à prévenir autant que possible l'établissement de relations directes entre Perrot et les nations
plus éloignées, tout en se hâtant d'envoyer à celles-ci
des députés chargés de leur faire connaître l'alliance
des Poutéouatamis avec les Français, le voyage des
premiers à Montréal, et leur retour avec une grande
quantité de marchandises, contre lesquelles ils les
invitaient à venir échanger leurs fourrures.

Mais s'ils avaient un but, Perrot avait aussi le
sien dont il ne se laissa pas détourner. Son patrio-
tisme et son esprit aventureux le poussaient à visiter
par lui-même les diverses tribus de la Baie et des
contrées voisines. Il voulait, en traitant personelle-
ment avec elles, se les attacher et les attacher à la
France. C'est ce qu'il fit dans le cours des années
suivantes.

Les Outagamis ou Renards, chassés de leurs anciennes demeures par la crainte des Iroquois, s'étaient
réfugiés en un lieu appelé Ouestatinong, à vingt-
cinq ou trente lieues de la baie des Puans, vers le
sud-ouest (Relat. de 1670, XII, 94, col. 2, et 98,
col. 1). L'époque précise de cette migration ne nous
est pas connue. Ce qui est certain, c'est 1º qu'elle
eut lieu après 1658; puisque les Outagamis ne
figurent pas dans le dénombrement des peuples de
la Baie et du *Méchingan* donné par la relation de
cette année (V, 21); et 2º qu'elle était déjà faite à la fin
de 1665 (cf. supr. p. 258). Cette nation, de race Algonquine, était parente et alliée des Sakis, dont elle
parlait la langue (Relat. de 1667, X, 21; de 1670,
XII, 98, col. 1; — Perrot XXIX, 154). C'est pourquoi,
dès le printemps de l'année qui suivit son nouvel
établissement, elle envoya des députés chargés
de leur annoncer son arrivée. Les Sakis, à leur

tour, résolurent de dépêcher quelques chefs en ambassade, pour feliciter les Outagamis de leur venue
en ce pays, et les conjurer de ne plus s'en éloigner.
Perrot ne laissa point échapper cette occasion de
visiter une tribu, qui jusqu'alors n'avait eu aucune
relation avec les Français (La Potherie II, 99 et 173).
Il nous sera facile de le suivre, grâce aux P. P.
Allouez et Dablon, qui, peu après, firent le même
voyage, et nous ont donné de leur itinéraire une relation curieuse et circonstanciée (Relat. de 1670, XII,
96 et suiv.; de 1671, 3º part. V, 43 et suiv.).

Partis du village des Sakis (1665?), Perrot et les
chefs de cette nation remontèrent d'abord la rivière
des Puans, par laquelle les eaux du lac Ouinipeg se
déchargent dans le fond de la Baie. Les anciens
missionnaires lui avaient donné, ainsi qu'au lac d'où
elle sort, le nom de Saint-François: c'est la Rivière-au-
Renard (*Fox river*) des géographes modernes. Cette
rivière, large de deux et parfois de trois arpens,
présente à la navigation d'assez grandes difficultés.
A une journée (huit ou dix lieues) au-dessus de son
embouchure, on rencontre des rapides qui en embar-
rassent le cours. „Ils sont beaucoup plus difficiles à
„franchir que ceux des autres rivières, parceque les
„cailloux sur lesquels il faut marcher à pieds nuds
„pour traisner les canots, sont si affilez et si coupans
„qu'on a toutes les peines du monde à s'y tenir ferme
„contre le grand courant des ces eaux." Ces rapides
s'étendent sur une longueur de trois ou quatre
lieues (Relat. de 1671, 43).

Au sortir de ces passages également rudes
et dangereux, Perrot et ses compagnons entrèrent
dans le plus beau pays qui se puisse voir. „Ce sont
„toutes prairies à perte de veüe de tous costez, coupées
„d'une rivière qui y serpente doucement, et dans
„laquelle c'est se reposer que d'y voguer en ramant.
„On a passé le païs des forests et des montagnes.
„Quand on est arrivé à celuy-cy, il n'y a que de

„petites éminences plantées de bocages d'espace en
„espace, comme pour présenter leur ombre aux
„passans, afin de s'y rafraischir contre les ardeurs
„du soleil. On n'y voit que des ormes, des chesnes
„et autres arbres de cette nature .... les vignes, les
„pruniers et les pommiers se trouvent aisément en
„chemin faisant, et semblent par leur veüe inviter
„les voyageurs à débarquer, pour gouster de leurs
„fruits, qui sont très doux et en grande quantité.
„Tous les rivages de cette rivière, qui coule paisi-
„blement au milieu de ces prairies, sont couverts de
„certaines herbes, qui portent ce qu'on appelle icy
„de la folle-avoine, de laquelle les oyseaux sont
„merveilleusement friands: aussy la quantité de toute
„sorte de gibier y est partout si grande que sans
„beaucoup s'arrester on en tüe à discrétion." On y
rencontre des troupes nombreuses d'outardes, de
canards, d'oies et de cygnes, ou plutôt „de cer-
„tains oyseaux rares et d'une espèce toute particu-
„lière, que les sauvages appellent *chêté*. On juge-
„rait à les voir que se sont des cignes, parcequ'ils
„en ont la blancheur du plumage, la longueur du
„col et des pieds, et la grosseur du corps; mais la
„différence et la rareté est dans le bec, qui est d'un
„grand pied de long et gros comme le bras. Ils
„le portent d'ordinaire couché sur le col qu'ils re-
„plient à ce dessein comme pour luy servir de lit
„bien délicat.... si ce n'est qu'ils s'en servent pour
„la pesche; car alors c'est merveille de voir comme
„au dessous de ce bec la nature a formé une espèce
„de nasse..... faite d'une peau fort délicate et très
„souple, qui estant fermée se ramasse si bien et si
„proprement.... que rien ne paroist.... mais quand il
„est temps ils sçavent.... prestement l'élargir.... et
„nageant à mesme temps contre le poisson, ou l'atten-
„dant au dessous des·courans quand il descend, y
„tenant cette nasse toute étendüe, ils le font entrer
„dedans comme dans un rets et puis la referment

„promptement de peur qu'il ne s'échappe." Dans les immenses prairies, qui, de cette rivière s'étendent jusqu'au Mississipi, erraient les bisons et vaches sauvages, par troupeaux de quatre ou cinq cents têtes, qui fournissaient „raisonnablement des vivres „aux bourgades entières, lesquelles, pour se sujet, „ne sont point obligées de se disperser par familles „pendant le temps de leur chasse, comme font les „sauvages des autres contrées" (Relat. de 1670, XII, 97, col. 1, et de 1671, V, 43—45).

Après avoir navigué pendant cinq ou six lieues sur le lac Ouinipeg, nos voyageurs le quittèrent pour entrer dant une rivière venant d'un lac de folle-avoine, qui reçoit à son extrémité deux autres cours d'eau, dont l'un conduit chez les Outagamis, et l'autre chez les Maskoutens. Ils prirent le premier et, traversant plusieurs petits lacs, arrivèrent au terme de leur voyage (Relat. de 1670, ibid.).

Le bourg des Outagamis se composait alors d'au moins six cents loges, au dire de La Potherie (II, 99); quoique la relation de 1671 (V, 49) ne lui en accorde qu'un peu plus de deux cents, dont chacune renfermait cinq ou six familles, et quelquefois dix. Ces loges, construites de grosse écorce, étaient toutes renfermées dans l'enceinte d'un fort, élevé par ces sauvages au milieu de leurs *déserts* ou défrichements (Relat. de 1670, 98, col. 1). Dans leurs chasses ou leurs voyages, les Outagamis *cabanaient* sous des nattes. Les terres qui environnaient le village étaient d'excellente qualité, et donnaient aux sauvages du blé d'Inde en abondance. Ceux-ci vivaient de leur chasse pendant l'hiver, et, rentrant chez eux au printemps s'y nourrissaient du maïs dont *ils avaient fait cache* en automne et qu'ils accommodaient avec du poisson (ibid.). Mais, au moment ou Perrot les visita, ils étaient destitués de toutes choses, et la vue de leur misère excitait la compassion. Dans de pareilles circonstances, il ne fallait pas

s'attendre à faire avec eux un commerce bien lucra-
tif. Comme d'ailleurs ces sauvages, obéissant aux
instincts quelque peu cupides de la race Indienne,
surexcités encore par leur dénûment actuel, se mon-
traient d'une exigence insupportable, et prétendaient
obtenir gratuitement tout ce qui leur faisait envie,
Perrot se retira, laissant les Sakis faire pendant
l'hiver la traite des castors avec les Outagamis leurs
alliés. Il se reservait de leur acheter, l'automne suivante, les fourrures qu'ils se seraient ainsi procu-
rées. (La Potherie II, 99, 100). Ces façons d'agir
assez brutales des Outagamis ne paraissent pas
avoir laissé de traces fâcheuses dans les souvenirs
de Perrot. On doit supposer que, formé à l'école
des missionnaires, il avait compris qu'il y avait là
un mélange de qualités et de défauts qui deman-
daient, de sa part, une certaine condescendance. Il
est même facile de s'apercevoir qu'il éprouvait un
certain faible pour ces peuples, dont les autres historiens de la Nouvelle-France nous donnent une idée
très désavantageuse (Relat. de 1670, XII, 98, col. 1,
et de 1671, V, 49, col. 2; — La Potherie, ubi supra);
car, bien des années après cette entrevue, il leur rappelait avec une juste fierté qu'il était leur père, et
que, ayant été le premier Français qui eut ouvert les
portes de leurs cabanes, c'était par son entremise
que le Grand-Esprit avait pénétré jusqu'à eux (La
Potherie II, 173). Plus tard encore, et lorsqu'il fut
question dans les conseils de la colonie de faire aux
Renards une guerre d'extermination, ce fut Perrot
qui les défendit, et présenta un mémoire en leur faveur au gouverneur, Monsieur de Vaudreuil (Perrot,
191). De leur côté, les Outagamis conservèrent pour lui
une affection et une confiance qui ne se démentirent
jamais et qui lui font honneur. Ils le sauvèrent des
flammes auxquelles les Miamis l'avaient condamné;
et, en 1701, dans l'assemblée générale des nations
sauvages, qui se tint à Montréal, sous le gouverne-

ment de Monsieur de Callières, ils se plaignirent hautement de *n'avoir plus d'esprit* depuis que Perrot les avait quittés (Charlevoix, II, 211, 276). Il est donc fort à croire que l'inutile expedition de Monsieur de Louvigny contre ces sauvages, en 1717, se serait autrement terminée, si leur vieil ami *Métami-nens* (*Petit-blé-d'Inde*, nom donné par les Indiens de la Baie à notre auteur) en eût fait partie. Son intervention, toujours favorablement accueillie par les Outagamis, les eût sans doute engagés à demander une paix aussi désirable pour eux-mêmes que nécessaire à la colonie. Cf. Perrot, 153.

Il ne faudroit pas, au reste, s'imaginer, d'après ce qui se précède, que les nations de la Baie n'aient entretenu avec les Français, récemment arrivés parmi elles, que des relations amicales. Ces Indiens, tout enfants de la nature qu'ils étaient et précisément parcequ'ils l'étaient, ne ressemblaient en rien à ces fades personnages, coiffés de plumes, doux comme des agneaux, braves comme des lions, tendres, pleurnicheurs et bavards, que, sous le nom de sauvages, des historiens, assurément très dignes d'être romanciers, ont produit dans le monde. Comme tous leurs pareils, les gens de la Baie ne manquaient ni de rudesse, ni de fausseté, ni d'envie de s'approprier le bien d'autrui. Les trafiquants ou coureurs de bois, à leur tour, s'ils ne se piquaient pas en maintes occasions d'une probité fort rigoureuse, tenaient essentiellement à n'être jamais dupes de leurs hôtes. Ils veillaient donc de très près à leurs intérets, et, en cas de conflit, laissaient de côté la patience pour en appeler à la force. Entre des hommes de cette trempe, surtout lorsque *l'eau-de-feu* se mettait de la partie, les rixes étaient presque inévitables. Quand elles éclataient, toute la prudence de Perrot et son crédit auprès des sauvages ne l'empêchaient pas de s'y trouver parfois compromis, même assez gravement. Car c'est bien lui que je soupçonne avoir, un certain jour, au moment où il s'efforçait d'arrêter, trop sommairement il est vrai, une querelle de cette espèce, reçu sur la tête un coup de tomahawk, qui l'étendit sans connaissance. et qui, mieux appliqué, nous eût à jamais privés de ses mémoires. Heureusement qu'il reprit ses sens assez à temps pour empêcher les représailles, que les Sakis et une portion des Poutéouatamis se préparaient à exercer sur la famille de son agresseur (La Potherie, II, 100 et 101).

De pareilles mésaventures, pain quotidien du missionnaire ou du voyageur chez les sauvages que la religion. n'a point encore adoucis, ne pouvaient arrêter Perrot dans l'exécution de ces desseins. Aussi, n'hésita-t-il pas à profiter de la première opportunité qui si présenta de pénétrer jusqu'aux Maskoutens et aux Miamis.

Ces deux nations n'avaient pas suivi l'exemple des tribus Illinoises, en allant chercher au delà du Mississipi un refuge contre les incursions des Iroquois. Elles avaient, comme les autres, pris la fuite devant ces redoutables adversaires, mais sans s'expatrier complétement. Les Miamis se retirèrent dans la vallée du Mississipi, à soixante lieues de la Baie; les Maskoutens ne poussèrent pas si loin, et ne dépassèrent pas l'extrême limite du bassin du Saint-Laurent. Ils y étaient établis dès 1657 (Relat. de 1658, V, 21, col. 2), et c'est là qu'on les retrouve toutes les fois qu'il en est fait mention, de 1658 à 1676. La Potherie doit donc se tromper lorsqu'il affirme (II, 102) que les Maskoutens, les Miamis, les Kikabous et cinquante loges d'Illinois vinrent *tous ensemble* se fixer en cet endroit, à une époque, qui, d'après son récit, coïnciderait avec l'une ou l'autre des années 1667 et 1668. Car, en 1669, les Kikabous n'étaient point encore réunis aux Miamis et aux Maskoutens: ils vivaient sur les bords de la même rivière, mais quatre lieues plus loin (Relat. de 1670, XII, 100, col. 1). Et, quand aux Illinois, ils étaient encore au-delà du Mississipi. Ceux d'entre eux qui se joignirent aux Miamis et aux Maskoutens, ne le firent que beaucoup plus tard, en 1672. On lit, en effet, dans la relation de cette dernière année (V, 41, col. 2), que le P. Allouez fut reçu comme un ange du ciel par les trois peuples dont se composait la bourgade des Maskoutens, „et particulièrement de ceux qui estant „arrivez de nouveau des quartiers du sud, n'avoient „jamais eu connaissance d'aucun François.“ Mais, de ces trois peuples, deux, les Miamis et les Maskoutens, avaient été alors déjà visités au moins deux fois par Perrot (avant 1669 et en 1670), et une fois par le P. Allouez lui-même (Relat. de 1671, V, 45, col. 2); cette phrase des relations n'est donc applicable qu'à la troisième peuplade, celle des Illinois Kikabous et autres (Relat. de 1673, V, 41 du ms. orig.; de 1674, XI, 73—75, id.; — voyages de P. Marquette, 19; — La Potherie, ubi supra).

Quoiqu'il en soit de tout ceci, on ne peut nier que les Maskoutens n'eussent admirablement choisi le lieu de leur demeure. De l'éminence sur laquelle leur bourgade était placée, „on découvre de toutes „parts, dit le P. Marquette (Voyages, 21) des prai„ries à perte de veüe, partagées par des bocages „et des bois de haute futaye. La terre y est très „bonne et rend beaucoup de blé-d'Inde. Les sau„vages ramassent quantité de prunes et de raisins, „dont on pourroit faire beaucoup de vin si on vouloit.“ Cette situation „belle et bien divertissante“ offrait encore, en temps de guerre, de nombreux avantages aux Maskoutens. Ils y surveillaient de très loin les approches de l'ennemi quelqu'il fut. Etaient-ils trop pressés par l'Iroquois venu de l'est? Ils pouvaient, par le bras de la Rivière-aux-Renards qui coulait dans la plaine, à une lieue de leur fort, et en suivant une route dont seuls ils connaissaient tous les détours (Relat. de 1670, V, 99, col. 1; et Marquette, 23, 24), gagner le Wisconsin et le Mississipi, où ils étaient en sureté. Avaient ils, au contraire, à redouter une invasion des Sioux, partis du nord-ouest? La même rivière leur ménageait une fuite assurée, au nord-est, vers le lac Ouinipeg et la baie des Puans. Il ne faut donc pas s'étonner que les Miamis soient promptement venus se joindre aux Maskoutens, dans une station si favorisée sous tous les rapports, et dont la beauté avait „quelque chose du paradis terrestre" (Relat. de 1671, V, 43, col. 2). Cf. Relation de 1670 (XII, 99, col. 2, et 100, col. 1) et le P. Marquette (Voyages, 23—27).

Depuis longtemps déjà ces deux tribus sauvages connaissaient les Français de réputation. Les Hurons et les Algonquins, fuyant, comme elles et avant elles, les furieuses poursuites des Iroquois, leur avaient parlé de la France et de son industrie, dont les armes à feu, les haches et autres produits leur donnèrent dès lors la plus haute idée. Aussi, désiraient-elles ardemment ouvrir avec la colonie un commerce d'échanges. Quand donc, après la première chasse au bison qui suivit leur réunion, elles invitèrent les Poutéouatamis à venir prendre leur part du festin solennel qui la termine ordinairement; elles les prièrent d'y amener les Français, si d'avanture il s'en trouvait dans leur village. Les Poutéouatamis acceptèrent l'invitation; mais, en gens avisés, se gardèrent bien de la communiquer à Perrot et à un autre Français qui étaient alors dans leur village. Ils partirent même à leur insu. Cette ruse fut promptement déjouée: un Maskoutens et un Miami s'obstinèrent, en effet, à redescendre jusqu'à la Baie avec les invités, et furent très surpris d'y voir nos deux Français. Les reproches amicaux qu'ils adressèrent à ces hôtes si vivement désirés, et inutilement attendus, amenèrent une explication, dont le résultat fut que ceux-ci remonteraient avec le Miami et son compagnon au village des Maskoutens. Les Poutéouatamis s'opposèrent à ce projet. Ils exagérèrent à Perrot les dangers de la route, la brutalité des nations qu'il se proposait de visiter, et les risques de pillage. Celui-ci, devinant le motif intéressé de cette sollicitude, n'en tint aucun compte et se mit en chemin avec son compagnon.

Au cinquième jour du voyage, le Miami prit les devants, et bientôt après tira un coup de fusil. A ce signal, un vieillard, une femme chargée de provisions et deux cents jeunes gens, armés et peints pour le combat, parurent sur le bord de la rivière que remontaient les Français. C'était l'escorte d'honneur envoyée au devant des étrangers, qu'une lieue de marche dans la prairie séparait encore du village. Dès qu'ils eurent débarqué, le vieillard s'approcha de Perrot, regardé comme le plus puissant de tous, et dansa, en son honneur, le danse du calumet. Cette première cérémonie terminée, et elle dura longtemps, un des guerriers déploya sur l'herbe une grande peau de bison; on y fit asseoir les deux voyageurs, auxquels on offrit d'abord le calumet, puis un repas composé de sagamité, ou bouillie de blé d'Inde, de viande sèche et d'épis nouveaux de maïs. On ralluma ensuite le calumet et les fumeurs vinrent, chacun à leur tour, lâcher leur bouffée de tabac au visage de Perrot. C'était le plus insigne honneur qu'on pût lui rendre; force lui fut donc de se laisser ainsi *boucaner* sans rien dire. On étendit ensuite une seconde peau pour l'autre Français, l'invitant à s'y asseoir, et l'on se préparait à les porter jusqu'au bourg; lorsque Perrot fit observer que, étant assez robustes pour pétrir le fer à leur gré, ils marchaient d'habitude seuls et sans secours. On n'insista plus, et le cortége se dirigea vers le bourg qu'on apercevait dans le lointain; mais, avant de l'atteindre, on fit halte dans la prairie et l'on recommença les danses et cérémonies qui avaient accompagné le débarquement. Au pied de la colline, dont le sommet était couronné par l'enceinte palissadée du village, on fit un troisième temps d'arrêt. Peu après, le grand chef des Miamis, suivi des chefs inférieurs et de trois mille guerriers, descendit lentement vers les étrangers. Tous les chefs étaient entièrement nus, comme l'exigeait, en pareille occurrence, la coutume Illinoise (Marquette, 38). Arrivés auprès de Perrot, ils dansèrent et chantèrent le calumet encore une fois. Cette triple répétition d'une danse solennelle qui ne s'exécute que fort rarement et pour les personnages de distinction (Voyage du P. Gravier, 22), montrait assez en quelle estime on tenait les nouveaux venus. Un chef de guerre prenant alors Perrot sur ses épaules, on gravit la colline, et l'on fit dans le bourg une entrée solennelle (La Potherie II, 102—107).

Le grand chef des Miamis, avec la politesse innée de ceux de sa nation, céda au chef des Maskoutens l'insigne honneur d'être l'hôte des Français. Ce fut donc dans la loge de ce dernier chef que Perrot et son compagnon furent conduits. A peine arrivés, on leur offrit le calumet et quelques rafraîchissements, puis on leur frotta les pieds et les jambes avec de la graisse de bison (Relation de 1670, XII, 99). Comme les chefs craignaient pour eux les importunités de la foule, on leur assigna cinquante gardes chargés de veiller sur leur personne et d'en écarter les curieux. Dans le grand festin, auquel ils furent ensuite conviés, on ne leur servit guères que des viandes assaisonnées de graisse, qui leur étaient présentées dans des espèces d'auges en bois. Ces énormes portions profitaient surtout à leurs gardes, qui, en gens de bon appétit, les faisaient renouveler souvent. Le lendemain, Perrot réunit tous les sauvages et leur exposa le but de sa visite. Il commença par leur exprimer son étonnement et son admiration à la vue de la belle et florissante jeunesse dont il était entouré. Quoique née dans les ténèbres, elle lui paraissait digne d'être comparée à celle qui nait et vit au sein de la plus pure lumière. Il n'aurait jamais cru que la terre, mère de tous les hommes, eût pu leur fournir les moyens de subsister loin de la salutaire clarté du Français, dont l'heureuse influence se faisait déjà sentir à tant de peuples. Il continua en leur déclarant que, si leur prospérité présente était grande, elle s'accroîtrait encore lorsque se lèverait sur eux le soleil, dont lui, Perrot, n'était que l'avant-coureur. Eclairés et réchauffés par les rayons de ce soleil bienfaisant, ils allaient renaître à une vie nouvelle, où rien ne leur manquerait de ce qui est nécessaire à l'homme. Perrot termina son discours par des présens. Il donna un fusil aux guerriers, comme gage de l'estime qu'il faisait de leur bravoure, et, aussi, dans l'espoir que, mieux armés, ils tueraient plus d'ennemis dans les combats, plus d'ours ou de bisons dans leurs chasses. Il offrit aux vieillards une chaudière, pour y cuire le gibier abattu, en plus grande abondance, par la jeunesse de la tribu. Aux femmes enfin et aux filles, il distribua des alènes et des couteaux, qui devaient leur rendre désormais plus facile l'accomplissement de leur tâche quotidienne.

Huit jours après, le chef des Miamis donna un grand banquet, pour remercier le soleil de lui avoir envoyé de pareils hôtes; mais, dès le début, il se présenta une difficulté qu'on n'avait point prévue. Au centre de la loge du grand chef, où le festin devait avoir lieu, et sur une espèce d'autel, était placé le *Pindüïkosan* ou *sac à médecine*, qui renfermait les manitous dont ce chef avait fait choix. Perrot, l'ayant aperçu, déclara vouloir se retirer immédiatement; le dieu qu'il servait ne lui permettant pas de manger des mets offerts aux malins esprits, et à des peaux de bêtes (apparemment une de ces peaux d'ours dont il est parlé plus haut, p. 205). Sur sa promesse de prendre part au repas dès que

les manitous auraient disparu, le chef les fit enlever.
Il alla même plus loin: il pria Perrot de le vouer
au Grand-Esprit des Français, dont il espérait recevoir plus de secours que des dieux qu'il avait adorés
jusque-là (La Potherie, II, 107—110).

Ces Indiens, n'ayant en leur possession que très
peu de fourrures, la traite se termina bientôt et sans
beaucoup de profit. Mais, en revanche, le voyage
de Perrot eut pour la colonie les plus heureux ré-
sultats. L'alliance conclue avec les Miamis, et, par
eux, avec leurs alliés de race Illinoise, ouvrait à la
France, représentée par ses missionnaires et ses marchands, les plaines du Wisconsin et de l'Illinois, et la
vallée du Mississipi. L'exploration de ces vastes contrées, et la découverte du grand fleuve qui les arrose,
n'étaient plus désormais qu'une question de temps,
et ce temps ne devait pas être bien long. Perrot
avait-il dès lors une idée nette du service qu'il venait
de rendre à son pays? Je n'oserais l'affirmer; mais
ne l'eût-il que soupçonné, c'en était assez pour faire
oublier à un homme tel que lui les fatigues de son
voyage, et le désappointement commercial qui l'avait
suivi. Au reste, à ne s'en tenir qu'au présent, sans
se préoccuper des espérances qu'un avenir prochain
devait réaliser, ce n'était pas un si mince résultat
que d'avoir gagné l'affection de deux tribus confédérées, dont la population totale s'élevait à douze ou
quinze mille âmes, si le chiffre de trois mille guerriers,
que La Potherie leur attribue, ou celui de quatre
à cinq mille donné par Perrot (p. 127) est accepté
comme exact. Le père Allouez ne comptait, il est
vrai, en 1671 et 1673, chez les Miamis et les Maskoutens
réunis, qu'un peu plus de trois mille âmes, réparties
entre cent quarante loges, dont quatre-vingt-dix pour
les premiers et cinquante pour les seconds (Relat. de
1671, V, 45, et de 1673, V, 41 du ms.). Mais
il est à présumer qu'à cette époque, et depuis la première visite de Perrot, les Miamis avaient, en grand

nombre, quitté la bourgade des Maskoutens, pour aller former de nouveaux établissements, soit à Chicago dans l'Illinois, soit à la rivière Saint-Joseph, et à la rivière Maramek dans le Michigan oriental. Au fait, la façon de vivre des sauvages ne leur permettait guères de rester longtemps groupés en agglomérations, aussi considérables que celle dont il est question dans La Potherie.

Entre tous les nouveaux alliés des Français, les Miamis se distinguaient par leurs manières nobles et polies, leur caractère doux, affable, et posé, leur respect profond et leur obéissance sans bornes pour leur chef (Relat. de 1670, XII, 99; de 1671, V, 47, col. 2; Perrot, 127). Les autres Illinois (Maskoutens et Kikabous), quoique l'emportant de beaucoup en douceur et en urbanité sur les nations Algonquines ou Huronne-Iroquoises, ne paraissaient plus que de grossiers paysans, auprès de ces gentilshommes de la prairie (Marquette, 20). Tous adoraient le soleil et le tonnerre, mais pratiquaient peu de superstitions, et n'honoraient point une foule de génies, comme les Hurons et les Outaouais (Relat. de 1670, XI, 90, col. 2; et de 1671, V, 48, col. 2). Leurs prières étaient ordinairement accompagnées d'une offrande de tabac en poudre. Rien de plus simple que cette cérémonie: le premier des chefs, élevant vers l'objet de son culte ses deux mains remplies de tabac, „Aie pitié de nous, lui disait-il, tu es notre manitou, nous te donnons à fumer. Nous sommes souvent malades, nos enfans meurent, nous avons faim: écoute-moi, manitou, je te donne à fumer. Que la terre nous fournisse du blé, et les rivières du poisson; que la maladie ne nous tue point, et que la famine ne nous maltraite plus si rudement.“ À chacune de ces demandes, les vieillards présens répondaient par un *Ooh!* vigoureusement accentué. La prière finie, le chef répandait par terre, en l'honneur de son dieu, le tabac qu'il venait de lui offrir (Relat. de 1670, XII, 99; et de 1674, XII, 76 du ms. orig.).

Les Miamis et les Maskoutens parlaient deux dialectes différens de la langue Illinoise (Relat. de 1672, V, 41). Ils avaient une même façon de vivre, sauf en ce qui touchait au gouvernement de la tribu, lequel était monarchique chez les Miamis (Perrot, 127; Relat. de 1671, V, 47, col. 2, et 49, col. 1). Le goût pour la parure leur était commun avec les autres sauvages; mais, tandisque, chez ceux-ci, les uns mettaient leur gloire à porter les cheveux longs, et les autres à les porter courts, suivant la diversité des nations, „Les Miamis et les Maskoutens sem-„bloient, dit un missionnaire, avoir ramassé l'un et „l'autre ...... Ils ont ce que les Outaoüacs pensent „avoir de beau en leurs cheveux courts et redressez, „et ce qui agrée aux autres en leurs longs cheveux; „car ceux-cy [les Miamis et leurs confédérés], se ra-„sant la pluspart de la teste comme les premiers, „conservent quatre grandes moustaches, aux deux „costez des oreilles, qu'ils agencent proprement pour „n'en estre point incommodez" (Relat. de 1671, V, „49). Ils ne voyageaient par eau que fort rarement „(ibid. 44, col. 1), mais étaient grands marcheurs, ce qui leur avait valu le nom de *Metousceptinioueks* ou *piétons* (La Potherie, II, 113). Puisqu'il est question d'un des noms donnés à ces Indiens, il ne sera pas hors de propos de faire observer que celui de *Maskoutens* ou plutôt *Machkoutens*, dont j'ai fait con-naître ailleurs (p. 237) la véritable signification, offre un tout autre sens, si l'on en change les deux pre-mières lettres (*Machkoute*, prairie, *Ichkoute*, feu). Trompés, sans doute, par la ressemblance que ces mots ont entre eux, les Iroquois, les Hurons, et, à leur exemple, les auteurs de quelques relations, ont appelé ces peuples *Assista Ectaeronnons* (on trouve aussi Assistachronnons) ou *nation du feu* (Relat. de 1671, V, 45, col. 2, et de 1670, XII, 99, col. 1, et

Observ. critiques inéd. sur l'histoire de la Nouvelle-France par Charlevoix, p. 10 du ms.). J'ai moi-même employé plusieurs fois ce dernier nom dans quelques-unes des notes précédentes.

Comme chez les Outagamis, une enceinte de palissades entourait, et protégeait, contre les surprises de l'ennemi, le village Miami-Maskoutens, dont les loges ou cabanes étaient faites de nattes de jonc (Relat. de 1671, V, 44, col. 1, et 45, col. 2), fabriquées par les femmes de la tribu (Perrot, p. 30).

Cependant les Poutéouatamis, mécontens du départ de Perrot, et voulant, dans leur propre intérêt, empêcher le succès de son entreprise, envoyèrent sous main un de leurs esclaves au bourg des Maskoutens, avec ordre de prévenir, par tous les moyens possibles, l'alliance qn'ils redoutaient. Celui-ci, dès son arrivée, se mit à parcourir les cabanes, vomissant mille injures contre les Français, et s'étonnant qu'on accueillît, avec tant d'honneurs, des hommes que ses maîtres méprisaient profondément, et traitaient comme des chiens. Malheureusement pour lui, il osa répéter ces discours outrageants en face de Perrot. A l'instant même, notre auteur administra, de ses propres mains, à cet insolent, une correction telle, que le malencontreux envoyé en perdit à la fois le pouvoir et l'envie de continuer sa mission.

Lorsque les Français quittèrent le village, les chefs, qui les avaient comblés de présents, les forcèrent d'accepter pour escorte presque tous les guerriers des deux nations, qui les accompagnèrent jusqu'à la Baie. A la première nouvelle du retour de nos voyageurs, les Poutéouatamis s'empressèrent d'accourir, et de féliciter Perrot sur l'heureuse issue de son expédition: ils en furent très mal reçus. Il leur reprocha vivement les intrigues de leur esclave, et leur propre perfidie. Les Poutéouatamis se récrièrent, protestant qu'ils étaient complétement étrangers à toutes ces manoeuvres; mais, voyant bien que

Perrot ne se payait point de leurs défaites, ils lui offrirent un sac de maïs et cinq robes de castor, pour l'aider à étouffer ses soupçons, et à rejeter la colère dont son coeur était plein (La Potherie, II, 110—112).

Il est à croire que, dans le cours de ces quelques années, Perrot fit encore d'autres voyages; mais les deux que je viens de raconter sont les seuls sur lesquels les anciens historiens du Canada m'aient fourni quelques renseignements. Je me contenterai donc d'ajouter à ce qui précède, que, lorsqu'il rentra dans la colonie, avec la flotte des Outaouais, Perrot avait déjà visité la plupart des nations sauvages de l'ouest, et s'était acquis leur confiance, au point de leur persuader tout ce qu'il voulait (Charlevoix, I, 436). Les Algonquins l'aimaient et l'estimaient (Perrot, 119), et les diverses nations de la Baie l'honoraient comme leur père (La Potherie, II, 173 et 175). En un mot, il était, de toute la Nouvelle-France, l'homme le mieux préparé à remplir la mission, dont Mr. de Courcelles devait bientôt le charger (Charlevoix, loc. cit.).

Au printemps de 1670, Perrot se joignit à une flottille de trente canots, qui partait de la Baie pour Montréal. Cette flottille se grossit en chemin d'un grand nombre d'embarcations Outaouaises, et, du Sault-Sainte-Marie où elle avait touché d'abord, se rendit à Montréal, par le lac Huron, la rivière des Français, le lac Nipissing et l'Outaouais. Je laisse maintenant la parole à Perrot, qui, dans son mémoire, commence en cet endroit le récit de ses propres aventures (La Potherie, II, 118; — Perrot, 119).

Note 2. Robert Cavelier de La Salle, né à Rouen en 1633, mort assassiné au Texas, le 16 mars 1687, a joué dans la Nouvelle-France un rôle très important. D'abord jésuite, puis voyageur, il n'était encore que peu connu, lorsque, en 1670, il fut rencontré par Perrot sur les bords de l'Outaouais. Il avait, cependant, dès l'année précédente, descendu le premier la rivière d'Ohio, jusqu'à la chute qui en interrompt la navigation (Margry, *Les Normands dans l'Ohio et le Mississipi*, Journal Général de l'Instr. Publique, supplém. du 20 Août 1862). Treize ans plus tard (1682), il termina la découverte du Mississipi, commencée par Jolliet et le P. Marquette en 1673. Le savant auteur de la dissertation que je viens de citer soutient, il est vrai, qu'avant ces deux voyageurs, et de 1669 à 1672, La Salle aurait retrouvé ce fleuve, complétement oublié et perdu depuis la première découverte que Ferdinand de Soto en fit au XVIᵉ siècle; mais cette assertion ne me parait pas admissible. Pour résoudre, en effet, une question de priorité avec quelque certitude, il ne suffit pas de produire les titres d'un des prétendans; il faut aussi les mettre en regard de ceux de son rival, et en comparer minutieusement les dates. Car celui-là seul doit être regardé comme le véritable auteur d'une découverte, auquel l'attribuent les plus anciens documents. Or, de la comparaison de toutes les pièces, publiées jusqu'ici, de part et d'autre, sur la découverte du Mississipi, comparaison qui fait l'objet de cette note, il ressort très clairement, ce me semble, que les plus anciennes sont en faveur de Jolliet. Le lecteur en jugera.

I.

1°. En 1672, Talon intendant, et Frontenac gouverneur de la Nouvelle-France regardaient la découverte du Mississipi comme une entreprise à exécuter. Frontenac, de l'avis de Talon, en chargeait Louis Jolliet, „homme, dit-il, fort entendu dans „ces sortes de découvertes et qui a été déjà jus-„qu'auprès de cette rivière", qu'on croyait alors se décharger dans la mer de la Californie (Lettre de Frontenac à Colbert, 2 Novembre 1672; — Archives de la marine); ce qui prouve qu'à cette époque on ignorait encore sa véritable direction.

Jolliet, arrivé à Michillimakinak, le 8 Décembre
1672, en repartait, le 17 Mai 1673, avec le P. Marquette et cinq autres Français ses compagnons de voyage.
Jolliet et Marquette avaient eu soin de prendre, auprès
des sauvages de ce poste, tous les renseignements nécessaires ou utiles au succès de leur expédition. „Nous
„traçâmes, dit le P. Marquette (Voyages, 7), sur leurs rap-
„ports, *une carte de tout ce nouveau païs; nous y fismes*
„*marquer les rivières sur lesquelles nous devions navi-*
„*guer,* les noms des lieux et des peuples par lesquels
„nous devions passer, le cours de la grande rivière,
„et le rund (sic) de vent que nous devions tenir
„quand nous y serions." Cette carte, revue et com-
plétée plus tard par le P. Marquette, a été publiée
pour la première fois, sur le ms. autographe, par
Mr. Gilmary Shea (Discovery and Explorat. of the
Mississipi Valley). On y voit, outre la partie du
Wisconsin, du Mississipi et de l'Illinois que descendirent et remontèrent nos voyageurs, figurer encore
le cours inférieur du Mouingouena (aujourd'hui Rivière des Moines), du Pekittanoui (Missouri), de
l'Ouabouskigou (l'Ohio au-dessous de son confluent
avec la Wabash) et de l'Akunsea (Rivière des Arkansas). Jolliet et ses compagnons pénétraient dans
le Mississipi le 17 Juin, visitaient, le 25 du même
mois, le premier village Illinois; puis descendaient
le fleuve jusqu'au bourg des Arkansas (33° 40 de lat.
Nord). Ils le quittaient, le 17 Juillet, pour revenir dans
la colonie, et, par le Mississipi, la rivière des Illinois
et le lac Michigan, rentraient, vers la fin de Septembre, à la Mission de Saint-François-Xavier du
lac des Puans (Voyage du P. Marquette, 27, 34, 38,
90 et 92). Le P. Marquette et Jolliet hivernèrent
dans ses quartiers. Au printemps de l'année 1674,
Jolliet revint à Québec (Frontenac, infra). Quant au
P. Marquette, un flux de sang, causé par les fatigues
du voyage, le retint à Saint-François-Xavier, jusqu'à
l'automne de cette même année. Pendant ce repos

forcé, il écrivit la relation de l'expédition à laquelle il avait pris part; puis, lorsque l'état de sa santé le lui permit, il quitta la Baie (25 Octobre 1674), pour aller fonder une mission chez les Kaskaskias de la rivière des Illinois (Lettre et Relation du P. Marquette, à la suite de ses voyages, p. 147 et 148).

2⁰. Dès les premiers moments de son retour, Jolliet mit au courant de ses découvertes le gouverneur de la colonie, et le P. Dablon supérieur général des jésuites du Canada. Celui-ci, à son tour, se hâta d'en informer le provincial de France, par une lettre du 1ᵉʳ Août 1674, placée en tête de la relation de l'année précédente (Relat. de 1673, ms. Romain, p. 1—5). On y lit que, deux ans auparavant, le comte de Frontenac et monsieur Talon jugeant „qu'il estoit „important de s'appliquer à la découverte de la mer „du midy ... et surtout de sçavoir dans quelle mer „s'alloit décharger la grande rivière dont les sauva-„ges font tant de récit," firent, pour remplir ce dessein, choix du Sr. Jolliet, qui, „de fait, s'en est ac-„quitté avec toute la générosité, toute l'adresse et „toute la conduite qu'on pouvoit souhaitter." Il ajoute que, parti de la Baie avec le P. Marquette, vers le commencement de Juin 1673, pour *entrer dans des païs où jamais aucun Européen n'avoit mis le pied,* „se trouvant à 42⁰ et demy de hauteur." Jolliet pénétra enfin „dans cette fameuse rivière que les sau-„vages appellent Mississipi." Le P. Dablon donne ensuite, d'après ce voyageur, une description rapide, mais très exacte, du pays parcouru, de ses productions, des moeurs de ses habitans et du parti qu'on pourrait tirer de cette découverte, pour la prospérité et l'agrandissement de la colonie (Cf. Relations inédites de la Nouvelle-France, I, 195 et suiv.).

3⁰. Le comte de Frontenac n'est pas moins explicite. Dans une lettre du 14 Novembre 1674 (Archives de la marine), il annonce, en ces termes, à Colbert l'heureux succès de l'expédition au Mississipi.

„Le sieur Jolliet que Mr. Talon m'a conseillé d'en-
„voyer à la découverte de la mer du sud .... en est
„de retour depuis trois mois, et à *découvert* des païs
„admirables, et une navigation si aisée par les bel-
„les rivières qu'il a trouvées, que, du lac Ontario et
„du fort de Frontenac, on pourrait aller en barque
„jusques dans le golphe du Mexique: n'y ayant qu'une
„seule décharge à faire dans l'endroit où le lac On-
„tario tombe dans celuy d'Erié ... où l'on pourroit
„avoir une habitation et faire une barque sur le lac
„Erié. Ce sont des projets à quoi l'on pourra tra-
„vailler lorsque la paix sera bien établie et quand
„il plaira au Roi de pousser ces découvertes. Il a
„été jusqu'à dix journées près du golphe du Mexi-
„que et croit que par les rivières qui, du côté de
„l'ouest, tombent dans la *grande rivière qu'il a trou-
„vée*, qui va du nord au sud, et qui est aussi large
„que celle du Saint-Laurent vis-à-vis de Québec, on
„trouveroit des communications d'eaux qui mène-
„roient à la mer Vermeille .... Je vous envoie par
„mon secrétaire la carte qu'il en a faite et les re-
„marques dont il s'est pu souvenir, ayant perdu tous
„ses mémoires et ses journaux dans le naufrage qu'il
„fit à la vue de Montréal, où il pensa se noyer."

4°. La carte, dont il est parlé dans cette dépêche,
et qui se trouve aujourd'hui aux archives de la marine, porte le titre suivant: „Carte de la *découverte*
„*du sieur Jolliet*, où l'on voit la communication du
„fleuve Saint-Laurent avec les lacs Frontenac, Erié,
„le lac des Hurons et Illinois..... au bout duquel
„on va joindre la rivière Divine (rivière des Illinois)
„par un portage de mille pas. Cette rivière tombe
„dans la rivière Colbert (Mississipi) qui se décharge
„dans le golphe du Mexique."

Jolliet revendique encore plus hautement la découverte du Mississipi dans l'épître dédicatoire au
comte de Frontenac, dont sa carte est accompagnée.
„Cette grande rivière, y est-il dit, qui *porte le nom*

„de rivière Colbert pour avoir esté découverte ces der-
„nières années 1673, 1674, *par les ordres que vous
„me donnastes* entrant dans vostre gouvernement de
„la Nouvelle-France, passe au delà des lacs Huron
„et Ilinois, entre la Floride et le Mexique; et, pour
„se décharger dans la mer, coupe le plus beau pays
„qui se puisse voir sur la terre.“

5°. Les mêmes affirmations se répètent au début de
la relation de 1674 (Ms. Romain, p. 2, et Relat. inéd.
II, p. 5 et 6), dans le récit du P. Marquette (Voyages du P. Marquette, passim; — Lettre et Journal
du même, ibid. p. 148), dans la relation de 1675
(Relat. inéd. II, p. 20, 22, et Ms. Rom. p. 2), et enfin
dans l'acte de concession de l'île d'Anticosti (Québec,
Mars 1680) par lequel l'intendant de la Nouvelle-
France, Mr. Duchesneau, *conjointement avec Mr. le
comte de Frontenac,* accorde cette seigneurie au sieur
Jolliet „en considération de *la découverte du païs des*
„*Illinois* dont il nous a donné le plan, sur lequel la
„carte que nous avons envoyée depuis deux ans à
„monseigneur Colbert ministre et secrétaire d'Estat
„a esté tirée“ (Pièces et documents relatifs à la tenure seigneuriale, p. 359, Québec, 1852, in-8°).

6°. Un autre témoignage, d'origine très peu suspecte,
confirme indirectement tout ce qui précède: il nous
est fourni par La Salle lui-même. Ce voyageur, dans
un mémoire adressé au comte de Frontenac, en 1677,
énumère ses entreprises et ses découvertes, depuis
son arrivée à la Nouvelle-France, et demande à les
compléter. „Le sieur de La Salle, dit-il...... passa
„en Canada en 1666, et commença la même année
„le village de la Chine, situé dans l'île de Montréal
„au-delà de toutes les habitations Françoises. L'an-
„née 1667 et les suivantes, il fit divers voyages....
„dans lesquels il découvrit le premier beaucoup de
„pays au sud des grands lacs et *entre autres* la grande
„rivière d'Ohio; *il la suivit jusqu'à un endroit où elle
„tombe de fort haut dans de vastes marais, à la hau-*

„*teur de 37 degrés, après avoir été grossie par une* „*autre rivière fort large qui vient du nord*, et toutes „ces eaux se déchargent selon toutes les appa- „rences dans le golfe du Mexique" (Margry, 2º art. p. 623). Ce passage est surtout remarquable en ce qu'il n'y est fait mention ni du Mississipi, ni de sa découverte. Le nom même de ce fleuve n'y figure pas une seule fois. Ce silence, dans l'hypothèse que nous combattons, est d'autant plus inexplicable, que, au su de La Salle, Jolliet, depuis trois ans, s'attribuait l'honneur de cette découverte, tant auprès du comte de Frontenac et des autres autorités de la colonie, qu'auprès des ministres du roi. Se taire en face de telles prétentions hautement avouées, n'était-ce pas en reconnaître la parfaite équité? Comprend-on d'ailleurs qu'un homme d'esprit comme La Salle, eût choisi, pour la signaler entre toutes, la découverte de *la grande rivière d'Ohio*, s'il avait pu revendiquer la gloire d'être arrivé le premier sur les bords du Mississipi, dont l'Ohio n'est qu'un simple affluent? Remarquons en dernier lieu, que, de Pittsburg, en Pensylvanie, au Mississipi, sur un parcours total d'à peu près mille milles, l'Ohio ne compte qu'un seul saut ou rapide, assez peu élevé (22 pieds anglais), celui de Louisville dans le Kentucky, à 38 degrés et quelques minutes de latitude nord, et que, par conséquent, c'est bien là, et non ailleurs, que La Salle s'est arrêté. D'où il suit 1. que ce voyageur s'est trompé sur l'importance de cette chute et sur sa latitude; 2. que de ce point, qu'il n'a pas dépassé, il n'a pu découvrir le Mississipi, dont 390 milles le séparaient encore; 3. qu'on se méprendrait étrangement si l'on identifiait ce fleuve avec *l'autre rivière fort large qui vient du Nord*, puisque, d'après La Salle, celle-ci se jette dans l'Ohio au-dessus du rapide mentionné plus haut, à une très grande distance du Mississipi.

II.

Venons maintenant aux arguments qu'on fait valoir en faveur de La Salle.

1°. Dans les deux cartes de Jolliet, envoyées en France à diverses reprises (1674 et 1678?), il est fait mention du voyage de La Salle sur l'Ohio. Au-dessous du tracé partiel ou total du cours de cette rivière, on lit, dans la première, la légende suivante: „Route du sieur de La Salle pour aller dans „le Mexique‟; et dans la seconde, „Rivière par où „descendit le sieur de La Salle au sortir du lac Erié „pour aller dans le Mexique‟ (Les Normands dans l'Ohio etc., 2e art. p. 625). De ce tracé et des paroles qui l'accompagnent, que peut-on conclure? Que Jolliet, n'ayant reconnu par lui-même l'Ohio dans aucune de ses parties, n'en aura dessiné le cours, jusques et y compris son débouché dans le Mississipi, que sur les indications de La Salle; et que, dès lors, celui-ci serait arrivé, par cette voie, avant 1673, au fleuve dont Jolliet se flattait d'avoir fait la découverte? Mais, 1. en ce qui concerne le cours inférieur de l'Ohio, Jolliet n'avait, pour en faire le tracé, aucun besoin de La Salle. Les renseignements, puisés chez les sauvages de Michillimakinak, lui suffisaient, comme ils suffirent au P. Marquette (V. plus haut, p. 281); 2. La Salle n'a pas poussé ses découvertes au-delà du saut de l'Ohio (supr. p. 285), il n'a donc pu apprendre aux autres ce qu'il ignorait lui-même 3. si cet essai d'un voyage au Mexique par l'Ohio eût conduit La Salle (au Mississipi, Jolliet n'aurait jamais osé, sur la même carte, où il mentionnait cette expédition, s'attribuer la première découverte de ce fleuve.

2°. En 1678, Jolliet sollicitait la concession du lac Erié, en concurrence avec Cavelier de La Salle; et c'était, apparemment, pour appuyer cette demande, que l'intendant de la Nouvelle-France, Mr. Duchesneau, envoyait au ministre de la marine un second exemplaire de la carte de Jolliet (supr. p. 284). De son côté, le comte de Frontenac n'avait garde d'oublier La Salle devenu son ami. Il écrivait donc au même ministre, et en cette même année, que ce Jolliet, „tant vanté par avance“, n'avait „voyagé qu'après le sieur de La Salle“, et que sa relation, était „fausse en beaucoup de choses“ (Margry, 3e art., 30 Août 1862). Que Jolliet n'ait voyagé qu'après La Salle, c'est ce dont on ne peut douter; puisque le premier était encore au collège ou au séminaire, lorsque le second fondait son établissement de la Chine, et commençait ses courses parmi les sauvages (1666 et 1667). Mais que La Salle ait découvert le Mississipi avant Jolliet, voilà ce dont je ne trouve pas de traces dans la phrase du comte de Frontenac. On pourrait même y voir une preuve du contraire; car, enfin, si ce gouverneur du Canada croyait, en 1678, La Salle auteur de cette découverte, la justice, l'honneur et les intérêts de son client lui faisaient une loi de manifester aussi clairement que possible sa nouvelle conviction. C'était là, en effet, pour lui, le seul moyen de dissiper l'erreur, qu'il avait accréditée, plus que personne, par sa lettre du 14 Novembre 1674, précédemment citée (p. 282), et, en même temps, de couper court à toutes les prétentions de Jolliet. Quant aux inexactitudes reprochées à celui-ci, je n'ai pas à m'en occuper; fussent-elles parfaitement constatées, elles ne lui enlèveraient pas plus la gloire d'être arrivé le premier au Mississipi, que l'exagération et l'erreur signalées plus haut (p. 285) dans deux lignes de La Salle, n'empêchent ce dernier d'avoir découvert l'Ohio.

3º. Ce n'est point par défaut de clarté et de précision que pèche le témoignage dont nous avons maintenant à nous occuper. L'auteur anonyme d'un mémoire, rédigé au plutôt en 1680, nous apprend que

La Salle, dans un des séjours qu'il fit en France (1675 ou 1678), entretint ses amis d'un voyage de découverte, entrepris vers 1671, qui, par les grands lacs et la rivière des Illinois, l'aurait conduit au Mississipi, deux ans avant Jolliet (Margry, 3º art.). Mais, en supposant que La Salle ait réellement tenu ces propos, bien des raisons ne nous permettent pas d'y ajouter foi. 1. Dans une question de priorité, la simple affirmation d'une des parties intéressées ne saurait prévaloir contre les droits acquis à la partie adverse par une possession publique, incontestée et vieille de trois ans. 2. On ne s'explique pas que La Salle ait parlé si ouvertement à ses amis de France, d'une découverte, dont, deux ans plus tard, ou deux ans auparavant, il ne laissait rien soupçonner à Frontenac, son plus chaleureux protecteur, qui, mieux que tout autre, pouvait l'aider de son crédit à la cour. 3. Ne réclamer une découverte qu'à quinze cents lieues du théâtre des événements, loin de tout contrôle sérieux, et dans le secret d'un cénacle d'amis, c'est renoncer de gaieté de coeur à se faire croire. Pour donner quelque autorité au langage qu'on lui prête, La Salle aurait dû le tenir dans la contrée même où les faits s'étaient accomplis, et confondre son rival, en produisant, comme témoins, à l'appui de son dire, les compagnons de son voyage. Puisqu'il ne l'a pas fait, son affirmation doit être regardée comme non avenue.

4º. Lorsque, en 1682, ce voyageur prit, au nom du roi, possession de la Louisiane, les naturels du pays lui déclarèrent à deux reprises, et sur deux points différents, que ses compagnons et lui étaient les *premiers Européens* qui eussent *descendu ou remonté* le Mississipi (Margry, 3º art.). Cette déclaration mérite encore moins de créance que la précédente : 1. parce qu'elle renferme une fausseté évidente : Ferdinand de Soto, Jolliet et Marquette, Européens tous trois, ayant très certainement descendu et remonté le

Mississipi avant 1682, année où ces tribus tenaient ce langage à La Salle; 2. parce que, parlant en général, il est difficile de prendre au sérieux les affirmations de sauvages, auxquels, dans leurs rapports avec les étrangers „le mensonge est aussi naturel que la parole", et qui se gardent bien de témoigner jamais rien de contraire aux sentiments d'autrui, même quand ils savent que ce qu'on leur dit n'est pas véritable (Cf. supr. p. 162, 163, et Relat. de 1669, VI, 18, col. 2). Il est d'ailleurs permis de s'étonner que ce témoignage ait trouvé place dans une dissertation, dont la première partie est consacrée à prouver qu'un Français descendit le Mississipi, jusqu'à trois journées de la mer, trente cinq ans au moins avant Jolliet et La Salle.

Le lecteur a maintenant sous les yeux toutes les pièces du procès, il peut donc voir, par lui-même, à qui, de Jolliet ou de La Salle, les plus anciens documents attribuent la découverte du Mississipi, et, par conséquent, auquel de ces deux voyageurs l'honneur doit en revenir. Cf. La Potherie, II, 130, 131; — Lafitau, II, 314, 315; — Charlevoix, I, 454; — Bancroft, II, chap. XX, 802; — Gilmary Shea, passim; — Garreau, I, 232 et suiv.; — Ferland, *Notes sur les Regîtres de Notre-Dame de Québec*, 38. Quelques-uns de ces historiens ont fait du P. Marquette le chef de l'expédition au Mississipi: c'est une erreur, et Jolliet seul a droit à ce titre, ainsi que le prouvent les témoignages contemporains de Frontenac (supr p. 283), du P. Dablon (supr. p. 282), et du P. Marquette lui-même (Voyages et découvertes, sect. 3° p. 22).

Note 3. La Potherie (II, 114—120) donne de ce voyage un récit beaucoup plus circonstancié.

Chapitre XIX.

Note 1. Mr. de La Motte ou de La Mothe, capitaine au régiment de Carignan-Sallières, vint au

Canada, en 1665, avec son régiment, construisit cette même année, ou au commencement de la suivante, le fort Sainte-Anne, dans une des îles du lac Champlain (Relat. de 1666, III, 8), et fut tué dans un combat contre les Iroquois, le 22 Septembre 1690.

Chapitre XX.

Note 1. Perrot désigne ici sous le nom d'île des Outaouais, la grande île Manitouline, résidence primitive des Outaouais proprement dits (Ondataouaouat, Cheveux-relevés). Elle est encore habitée par les restes de cette nation et par quelques centaines de Sauteurs.

Note 2 et 3. *Chez eux .... dans leur pays*, c'est-à-dire dans le pays des Sauteurs, à Sainte-Marie-du-Saut, où devait avoir lieu la prise de possession.

Note 4. *La baye des Renards et des Miamis*, ou baie des Puans, dans le voisinage de laquelle ces deux tribus avaient depuis plusieurs années fixé leur demeure. J'ignore d'après quelle autorité Charlevoix (I, 437) place, en 1670, les Miamis et leur grand chef à Chicago, au fond du lac Michigan. A cette époque, ils vivaient encore assez loin de là, sur les bords d'un des affluens de la Rivière-aux-Renards, à trois lieues de celle du Wisconsin. Cf Relat. de 1671 (V, 42, col. 1, 45, col. 2, 47); de 1673 (Relat. inéd. I, 126); de 1676 (Relat. inéd. II, 122); — Voyage du P. Marquette (sect. 3e p. 17, 19 et 23); — La Potherie (II, 125).

Note 5. La prise de possession du pays des Outaouais n'eut lieu qu'un an après le retour de Talon à la Nouvelle-France, en Juillet 1670 (Perrot, 125, 126), Perrot (ou son copiste) s'est donc trompé de deux ans, en assignant pour date à cette cérémonie l'année 1669. A la fin de l'acte même de cette prise de possession, dont les archives de la marine possèdent une copie, on lit: „Fait à Sainte-Marie-du-Sault, le 14ᵉ jour de Juin, l'an de grâce 1671." La relation de cette année (3ᵉ partie, p. 26) indique par erreur le 4ᵉ jour de Juin.

Note 6. Le P. Charlevoix (I, 437 et 438) donne comme tiré des mémoires de Perrot, un récit de la réception de ce voyageur par le grand chef des Miamis, qui ne se retrouve que dans La Potherie (II, 125 et 126). Ce même historien hésite, quelque peu, à garantir la rigoureuse exactitude des détails qu'on lit dans Perrot sur le respect et la déférence des Miamis pour leur grand chef. Il aurait été moins timide, s'il se fut rappelé, au moment où il écrivait, le passage suivant du P. Dablon témoin oculaire de ce qu'il raconte (Relat. de 1671, V, 45, col. 2, et 47, col. 2). „La nation du Feu .... s'appelant propre-„ment Maskoutench .... est jointe dans l'enceinte „d'une mesme palissade à un autre peuple nommé „Oumamis [Oumiamis, les Miamis] qui est une des „nations des Illinois, laquelle s'est comme démem-„brée des autres pour s'habituer en ces quartiers.... „On ne pourra pas aisément croire la civilité, les „caresses et les témoignages d'affection que nous ont „fait paroistre ces peuples, et surtout le chef de cette „nation des Illinois, qui est respecté dans sa cabane „comme seroit un prince dans son palais. Il y res-„toit toujours environné des plus considérables du „bourg, que nous pourrions presque appeler des cour-„tisans, tant ils estoient dans une posture honneste, „pleine de déférence, y gardant tousjours un silence „respectueux pour faire paroistre l'estime qu'ils fai-„soient de sa personne et de nous." — Ajoutons bien vite que, dans les autres tribus de race Illinoise, l'esprit d'indépendance se montrait aussi vif, aussi intraitable que partout ailleurs. Cf. Lettres Edif. VI, 321. Mais, si le pouvoir absolu des chefs et la vé-nération pour leur personne ne se rencontraient qu'à titre d'exception unique chez les sauvages de la

Nouvelle-France et du Mississipi supérieur, il n'en
était pas de même dans la partie de l'ancienne Floride que visita Soto (Floride actuelle, Géorgie, Caroline, Alabama, Mississipi, Arkansas). Les chefs
de tribus y jouissaient généralement de prérogatives
d'honneur et d'autorité, égales, sinon supérieures, à
celles du grand chef des Miamis. On en trouvera
la preuve dans ce que, sur la foi de témoins oculai-
res, Oviedo raconte des caciques de Cofitachequi,
de Coça et de Tascaluza (Hist. Gener. de Indias, I,
lib. XVII, p. 560, 561, 564 et 567).

Note 7. La relation de 1671 (3e partie, p. 26—
28) et La Potherie (II, 128—130) renferment, sur
cette prise de possession, bien des détails omis par
Perrot: j'y renvoie le lecteur et me contente de donner ici le procès-verbal inédit de cette cérémonie,
d'après la copie, passablement incorrecte, déposée aux
archives de la marine. J'ai rétabli l'orthographe
véritable ou probable de certains noms, plus ou
moins maltraités par le copiste, et l'ai placée entre
crochets à côté de l'ancienne. Les passages suppri-
més et remplacés par des points n'offrent aucun intérêt historique; ce ne sont que de simples protoco-
les ou des répétitions oiseuses.

„Simon François Daumont, écuyer, Sr. de Saint-
„Lusson, commissaire subdélégué de Monseigneur l'in-
„tendant de la Nouvelle-France . . . . Sur les
„ordres que nous avons reçues de Monseigneur l'inten-
„dant de la Nouvelle-France, le 3 Juillet dernier . . . . .
„de nous transporter incessamment au pays des sau-
„vages Outaouais, Nez-perçez, Illinois et autres na-
„tions découvertes et à découvrir en l'Amérique
„septentrionale du côté du lac Supérieur ou Mer-
„Douce, pour y faire la recherche et descouverte
„des mines de touttes façons, surtout de celles
„de cuivre, nous ordonnant au surplus de prendre
„possession au nom du Roy de tout le pays habité
„et non habité ou nous passerions . . . . . Nous, en

„vertu de notre commission, ayant fait notre premier
„débarquement au village ou bourgade de Sainte-Marie-
„du Sault, lieu où les RR. PP. Jésuites font leur
„mission, et les nations des sauvages nommés Achi-
„poès [Outchibouec], Malamechs [Maramegs], No-
„guets [Noquets] et autres font leurs actuelles rési-
„dences, nous avons fait assembler le plus des au-
„tres nations qu'il nous a été possible, lesquelles s'y
„sont trouvées au nombre de 14 nations, à sçavoir:
„Les Achipoès, les Malamechs et les Noguets.....
„et les Banabeoueks [Ouenibigonc, Ouinipégoüek,
„Puans?], les Makomiteks [Makoukoué ou Makou-
„koueks de la Relat. de 1673, Ms. Rom. p. 45?], les
„Poultéatémis [Poutéouatamis], Oumaloumines, Sassas-
„ouacottons [Rasaouakouetons de la Relat. de 1640, 35?],
„habitans dans la baye nommée des Puans et les-
„quels se sont chargez de leur [le] faire savoir à
„leurs voisins qui sont les Illinois, Mascouttins, Out-
„tagamis et autres nations; les Christinos [Kilistinons
„ou Kiristinons], Assinipoals [Assinipoualak], Au-
„monssoniks [Ou-Monssonis], Outaouoisbouscottous
„[Ataouabouskatouk, tribu des Kilistinons, Relat.
„de 1658, V, 21, col. 2], Niscaks [Kiskacoueiak, ou
„Kiskakons?], Masquikoukiaks [Mikikoueks, ou Ni-
„kikoueks?], tous habitans des terres du nord et
„proches de la mer, lesquels se sont chargés de le
„dire et faire savoir à leurs voisins, que l'on tient
„être en très grand nombre, habitans sur les bords
„de la mer mesme, auxquels en présence des RR.
„PP. de la Compagnie de Jésus et de tous les Fran-
„çois cy-après nommés, nous avons fait faire lecture
„de notre dite commission, et ycelle interprêter en
„leur langue par Nicolas Perrot, interprette pour Sa
„Majesté en cette partie, affin qu'ils n'en puissent
„ignorer, faisant ensuite dresser une croix pour y
„produire les fruits du Christianisme, et, proche d'y-
„celle, un bois de cèdre auquel nous avons arboré
„les armes de France, en disant par trois fois et à

„haute voix et cri publicq, qu'au *nom de très haut,*
„*très puissant et très redoutté monarque*
„*Louis XIVe du nom, très chrestien, roy de*
„*France et de Navarre,* nous prenons possession
„du dit lieu Sainte-Marie-du-Sault, comme aussy des
„lacs Huron et Supérieur, isle de Caientaton [Ekaen-
„toton, Manitouline] et de tous les autres pays, fleu-
„ves, lacs et rivières contigues et adjacentes iceluy,
„tant découverts qu'à découvrir, qui se borne d'un
„costé aux mers du nord et de l'ouest et de l'autre
„costé à la mer du sud, comme de toute sa longitude
„ou profondeur, levant, à chacune des dites trois fois,
„un gazon de terre, en criant Vive le roy, et le fai-
„sant crier à toutte l'assemblée tant Françoise que
„sauvage, déclarant aux dittes nations cy-dessus que
„dorénavant, comme dès à présent, ils estoient rele-
„vants de Sa Majesté, sujets à subir ses lois et sui-
„vre ses coustumes, leur promettant toute protection
„et secours de sa part contre l'incurse et invasion
„de leurs ennemis, déclarant à tous autres potentats,
„princes souverains [tant] estats que républiques, eux
„ou leurs sujets, qu'ils ne peuvent ny ne doivent
„s'emparer ny s'habituer en aucun lieu de ce dit
„pays, que sous le bon plaisir de sa dite Majesté
„très chrétienne et de celuy qui gouvernera le pays
„de sa part, à peine d'en encourir sa haine et les
„efforts de ses armes. Et affin qu'aucun n'en pré-
„tende cause d'ignorance, nous avons attaché, au
„derrière des armoiries de France, *autant* (sic) du
„présent de notre procès-verbal de prise de posses-
„sion, signé de nous et des personnes cy-après nom-
„mées lesquelles estoient touttes présentes. Fait à
„Sainte-Marie-du-Sault le 14e jour de Juin l'an de
„grâce 1671 etc. etc.
      Daumout de Saint-Lusson."

 La copie du procès-verbal placée, comme on vient
de le lire, entre la plaque aux armes de France et
le poteau auquel cette plaque était attachée, n'y

resta pas longtemps. Dès que l'assemblée fut dissoute, les sauvages enlevèrent ce papier et le jetèrent au feu, dans la crainte qu'il ne renfermât un sort destiné à les faire mourir (La Potherie, II, 130). Les anciens auraient vu là un mauvais présage, et, pour le coup, ils ne se seroient pas trompés. Un siècle ne s'était pas écoulé, et, de la domination française dans cette partie de l'Amérique, il né restait pas plus de traces que de la feuille de papier qui en avait autrefois constaté l'établissement.

Si l'on compare la liste des nations venues à Sainte-Marie-du-Sault, telle qu'on la lit dans le procès-verbal, à celle que fournit l'auteur de nos mémoires, on est surpris de ne pas y retrouver les mêmes noms. Ceci tient à la multiplicité des noms donnés par les sauvages à une même tribu, ou à la diversité des formes que revêtait parfois un seul et même nom. Ainsi, les Puans de Perrot répondent aux Banaboueks (Sanabegoueks, Ouinipegoueks: le copiste aura pris pour un B le signe 8, qui représentait la diphtongue *ou* dans l'original); les Népissings, aux Christinos (Kiristinons du Népissing); les Sauteurs, aux Outchibouek, Maramegs et Noguets, tribus incorporées à celle des Sauteurs proprement dits ou Pahoüintigouach-Irini (Relat. de 1670, X, 79, col. 2), et qu'on identifiait ordinairement avec elle; les Sakis enfin aux Sassasouakouetons.

Je signalerai en terminant une légère erreur de Perrot. Le P. Marquette ne figura point parmi les témoins de la prise de possession. Il était alors avec les Hurons et les Outaouais, qui n'arrivèrent au Saut qu'après la cérémonie. Il faut donc, dans notre texte, substituer au nom du P. Marquette, celui du P. André qu'on lit dans le procès-verbal de Mr. de Saint-Lusson, parmi ceux des autres témoins, à la suite, du nom du subdélégué.

Chapitre XXI.

Note 1. Les Andastes (Andastoëronnons, Andastogués) „sont peuples de la langue Huronne qui demeurent à la Virginie" (Relat. de 1646, VI, 76). Leur guerre contre les Iroquois, commencée vers 1659, se continua longtemps (de 1657 à 1673) avec des chances variées de succès et de revers, et se termina par leur destruction complète. Cf. Relat. de 1672, VI, 24.

Les Chaouanons, chassés des bords du lac Erié par les Iroquois se refugièrent plus au sud, dans un pays que Perrot appelle la Caroline. En 1673, ils habitaient la vallée de l'Ohio: „Cette rivière, dit le „P. Marquette (Voyages, p. 71), vient des terres du „levant où sont les peuples qu'on appelle Chaoüanons, „en si grand nombre, qu'en un quartier on compte „jusqu'à 23 villages et 15 en un aultre, assez pro- „ches les uns des aultres. Ils ne sont nullement „guerriers, et ce sont ces peuples que les Iroquois „vont chercher si loing pour leur faire la guerre sans aucun sujet." Quelques restes de cette nation résidaient, en 1835, dans le Kansas, au sud de la rivière d'où ce territoire a pris son nom (Propag. de la Foi, X, 132). A cette époque, ils se faisaient re- marquer par un état de civilisation relativement assez avancée (Ibid. IX, 91).

Note 2. Le commerce extérieur des pelleteries était affermé à une compagnie qui en avait le mo- nopole absolu. Quant à la traite avec les sauvages, elle n'était permise que dans les villes de Québec, des Trois-Rivières et de Montréal; hors de là, il fal- lait, pour s'y livrer, un congé délivré par le gouver- neur général de la colonie. Ces congés, dont le roi avait fixé le nombre à vingt-cinq, étaient accordés aux familles nobles les moins aisées, ou à ceux des colons dont on voulait récompenser les services. C'est, sans doute, à ce dernier titre, que Perrot obtint le

sien, par l'entremise de Mr. Bellinzani (et non Belgralie, comme notre ms. le porte par erreur), un des
principaux commis du ministère de la marine sous
le grand Colbert. On pouvait, à son gré, exploiter
par soi-même les congés obtenus, ou les vendre à un
tiers. Chacun d'eux conférait à son propriétaire le
droit d'envoyer ou de conduire, chez les sauvages, un
canot chargé de marchandises, en échange desquelles, ceux-ci livraient leurs pelleteries. Au retour, on
divisait le profit net en deux parts égales, dont une
revenait au propriétaire du congé, et l'autre aux
voyageurs ou coureurs de bois, qui conduisaient le
canot et traitaient avec les tribus (La Potherie, II,
142).

J'extrais d'un mémoire déjà cité (p. 254) le tableau suivant de la vie pleine de dangers, de travaux et d'aventures que menaient ces voyageurs Canadiens, dont Perrot est resté un des plus célèbres.

„Ces coureurs de bois ... sont toujours des jeu-
„nes gens dans la force de l'âge; la vieillesse n'étant
„pas capable des fatigues de ce métier. Il y en a
„qui sont de bonne famille, d'autres qui ne sont que
„de simples habitants, ou fils d'habitants; d'autres
„enfin qui n'ont aucune profession et qu'on appelle
„*volontaires:* le désir de gagner est commun à tous
„ces hommes.

„Les uns portent leurs marchandises propres
„chez les sauvages; les autres les empruntent à des
„marchands. Il y en a qui font ce commerce pour
„des particuliers qui leur donnent des gages; d'au-
„tres qui s'intéressent et qui risquent avec les mar-
„chands.

„Comme tout le Canada n'est qu'une vaste forêt,
„sans aucuns chemins, ils ne sauroient faire leur
„voyage par terre. Ils les font sur les rivières et
„sur les lacs, avec des canots dans chacun desquels
„ils sont ordinairement trois.

„Ces canots sont faits d'écorces de bouleau pro-

„prement tendues sur des varangues de bois de cèdre
„bien légères et bien minces. Leur structure est
„presque semblable à celle des gondoles de Venise.
„Ils sont partagez en six, sept et huit places par
„des barres de bois légères, qui soutiennent et qui
„lient les deux bords du canot ...... Comme une
„seule écorce ne peut pas faire un canot tout entier;
„celles qui le composent sont cousues avec des raci-
„nes de sapin, plus liantes et plus blanches que l'ozier.
„On enduit les coutures d'une gomme que les sau-
„vages tirent du sapin ..... Les sauvages, et leurs
„femmes surtout, excellent dans l'art de faire ces
„canots: peu de François y réussissent ....
„Les coureurs de bois mènent eux-mêmes leurs
„canots avec de petits avirons de bois dur, fort pro-
„pres et légers, l'homme de derrière gouverne le ca-
„not: c'est l'habileté du métier. Les deux autres
„nagent devant .... un canot bien mené peut faire
„plus de quinze lieues par jour dans une eau dor-
„mante. Il en fait davantage en descendant le cou-
„rant des rivières; il en fait peu, quand on monte
„contre le courant ..... Quand on rencontre des
„cascades ou des chutes d'eau qu'on ne peut pas
„franchir avec le canot, on gagne la terre; on dés-
„charge les ballots .... on les porte sur le dos et
„sur les épaules aussi bien que le canot ..... jus-
„qu'à ce que les sauts et les cascades soient passez
„et qu'on retrouve la rivière propre à se rembar-
„quer. C'est ce qu'on appelle faire des portages .....
„Quand on trouve un vent favorable, c'est un grand
„secours pour le canotier, qui ne manque pas de
„mettre une voile dont chaque canot est pourvue,
„pour s'en servir en cette occasion, et pour faire
„une tente à terre, où l'on descend tous les soirs
„pour manger et se reposer. Cela s'appelle *cabaner*.
„C'est dans ce canot que ces trois hommes s'embar-
„quent à Québec ou à Montréal, pour aller à 300,
„400, et jusqu'à 500 lieues de là, chercher des cas-

„tors chez des sauvages qu'ils n'ont très souvent ja-
„mais vus. Tous leurs vivres consistent en quelque
„peu de biscuit, des poix, du bled d'Inde, et quel-
„ques petits barils d'eau-de-vie. Ils sont bientôt ré-
„duits à ne vivre que de la chasse et de la pêche
„qu'ils trouvent sur leur chemin . . . . il arrive souvent
„que la chasse et la pêche ne sont pas favorables; et
„ils sont réduits à jeûner très exactement, et à ne
„manger qu'une certaine mousse . . . . qu'ils appellent
„de la *tripe de roche.* Lorsqu'ils reviennent de leurs
„voyages, ou qu'ils passent d'une nation à une autre,
„et qu'ils n'ont rien à manger, ils ont recours à leurs
„souliers sauvages et aux peaux qu'ils ont traitées,
„dont ils font de la colle pour se nourrir . . . . .

„Comme il ne faut pas beaucoup de temps pour
„faire ce trafic, la vie des coureurs de bois est une
„perpétuelle oisiveté, qui les conduit à toutes sortes
„de débauches. Ils dorment, ils fument, ils boivent
„de l'eau-de-vie quoiqu'elle coute; et souvent ils dé-
„bauchent les femmes et les filles des sauvages . . . . . .
„Le jeu, l'ivrognerie et les femmes consument sou-
„vent le capital et les profits de leurs voyages. Ils
„vivent dans une entière indépendance; ils n'ont à
„rendre compte de leurs actions à personne; ils ne
„reconnaissent ni supérieur, ni juge, ni lois, ni po-
„lice, ni subordination."

Chapitre XXII.

Note 1. Dans ce passage de notre ms. on peut
lire indifféremment *Kamalestgauda* ou *Kamalesigauda;*
mais plus loin ce même nom reparait très nettement
écrit sous la forme *Kamalastigouia,* que j'ai adoptée
pour cette raison. Une requête de du Luth (Arch. de
la Marine), par laquelle, en 1693, il sollicitait la concession de ce poste, dont la position exacte m'est in-
connue, porte *Kamanastigouian.*

Note 2. „Le casse-tête (Tomahawk) est une ma-
„nière de hache d'arme, qui est le symbole d'une
„guerre que l'on déclare. La coutume est de le pré-
„senter avec pompe au milieu d'une danse, où cha-
„cun s'anime avec tout ce que la fureur peut inspi-
„rer de plus affreux" (La Potherie, 11, 157). C'était
d'abord une espèce de massue de racine d'arbre, ou
d'un autre bois fort dur, longue de deux pieds et
demi, équarrie sur les côtés, et élargie ou arrondie à
son extrêmité. Plus tard, les sauvages lui substituè-
rent une petite hache en fer à laquelle ils donnèrent
le même nom (Lafitau, II, 196 et 197; — Charlevoix,
III, 238).

Note 3. Sakinang ou Saguinan (Saginam des
cartes anglaises), grande baie du lac Huron.

Note 4. Perrot donne ici le nom de Détroit à
la rivière formée par la décharge du lac Huron dans
le lac Erié. Cf. Charlevoix, III, 255 et 256.

Note 5. „On (Perrot) leur dit que ce n'étoit pas
„sans sujet qu'ils pleuroient leurs femmes, et que l'on
„avoit bien jugé que dès lors qu'ils auroient quitté
„leur village de vue, ils le regretteroient. On est
„même surpris ..... que vous soyez venus si loin.
„Vous êtes des lâches qui ne sçavez par la guerre,
„qui n'avez jamais tué des hommes, vous n'avez ja-
„mais mangés que ceux qu'on vous a donnés liés et
„garrotés. Ce reproche lui attira des injures bien
„atroces: *Tu verras*, lui dirent-ils, *si nous ne sommes*
„*pas des hommes, quand on donnera l'attaque* .....
„*et si tu ne fais pas ton devoir comme nous, nous te*
„*casserons la tête. Vous ne serez pas en cette peine,*
„leur répliqua-t-il, *car, à la première huée, vous lâ-*
„*cherez tous le pied.* Les chefs animèrent touts leurs
„guerriers, et voulurent être à la tête de ce petit
„corps d'armée ..... Il suffit à un sauvage de dire, *Je*
„*suis homme,* pour braver la mort" (La Potherie, II, 158).

Note 6. Perrot ne nomme point la nation de la
Baie qui vint rejoindre à la Longue-Pointe les au-

tres tribus sauvages *dégradées*, c'est-à-dire arrêtées
en cet endroit par le mauvais temps; mais La Potherie (II, 159 et 160) nous apprend que c'étaient
les Outagamis.

Dans un „mémoire de la dépense faite par le
„sieur de La Durantaye aux Outaouas pour le ser-
„vice du Roy et l'exécution des ordres de Mr. de
„La Barre, ès années 1683, 1684 (Archiv de la ma-
„rine),“ figure l'article suivant: „Donné aux Puans,
„aux Saquis, aux Outagamis et aux Malominis, le
„20 Août, de ma part, par le sieur Nicolas Perrot,
„pour les inviter à monter à Montréal, onze livres
de tabac à huit francs la livre.“

Note 7. Après cette très peu glorieuse campagne, Perrot revint, en effet, à la Rivière-Puante,
dans la seigneurie de Becancourt, où, dès 1681, ainsi
que nous l'apprend le recensement de cette année,
il possédait une habitation et une concession de dix-
huit arpents. A cette même époque, Perrot était marié
depuis dix ans au moins, puisque l'aîné de ses six enfants comptait alors neuf ans accomplis. Quoique Perrot, eût hérité, du chef de sa femme, Madeleine Raclos,
de sommes assez considérables, ses affaires n'en
étaient pas moins fort embarrassées en la présente
année 1684. Laissons le s'expliquer lui-même sur
ce sujet dans une lettre à Mr. de Saint-Martin, un
de ses créanciers et notaire royal au Cap de la Madeleine.

„De la Rivière-Puante, ce 20 Août 1684.
„Monsieur,
„J'ay reçeu la vostre par laquelle je vois que
„vous demandez ce qui est très juste. Je n'aurois
„pas tant tardé à vous aller voir et tous ceux à qui
„je doibs, si j'avois apporté les pelleteryes que j'ay
„laissées par le commandement qu'on m'a fait de
„venir en guerre .... si j'en jouissois, je serois hardy
„d'aller trouver mes créanciers plus que je ne suis.
„Mais n'ayant rien apporté pour payer mesme les mar-

„chandises, crainte d'estre puny de désobeissance; je
„suis honteux. Cela n'empesche pas que je ne des-
„cénde à Québec chercher des marchandises; si j'en
„apporte qui vous agréent, vous en disposerez, sinon
„je tascheray à vous satisfaire, si je puis, d'une autre
„manière. Je ne suis pas le seul qui soit descendu
„sans rien apporter. Je croyois passer au Cap pour
„vous tesmoigner ce que je vous escript; mais Mr.
„de Villiers m'oblige de porter quelques lettres à
„Québecq, qui me faict renoncer à vous aller voir
„jusques à mon retour..... Croyez que je suis dans
„le dessein de vous satisfaire, ou je ne le pourray.....
„Vostre très hnmble serviteur — N. Perrot.

Dans le cours des années suivantes, l'état des
choses ne fit qu'empirer pour Perrot et pour bien
d'autres. Les Iroquois fermaient tous les passages
et ne permettaient plus aux flottes des Outaonais et
aux voyageurs Canadiens de descendre dans la colonie avec leurs pelleteries, d'où gêne et misère universelle. „Les marchands ... sont encore dans un
„état plus déplorable, écrivait Mr. de Champigny,
„intendant de la Nouvelle-France, dans la dépêche
„du 9 Août 1688 (Arch. de la mar.), tout leur bien
„est dans le bois, depuis trois ou quatre ans; il ne se
„peut pas faire qu'ils ne doivent considérablement
„en France, et, en un mot, quand la pelleterie man-
„que une année, bien heureux celuy qui a du pain."
En attendant une occasion favorable de transporter
à Montréal les produits de sa traite, Perrot les avait
déposés dans les bâtimens de la mission de Saint-
François-Xavier, à la baie des Puans. Or, pendant
qu'il suivait le Marquis de Denonville dans son expédition contre les Iroquois Tsonnontouans, le feu con-
suma l'église, les bâtimens adjacents, et les quarante
mille livres de pelleteries que Perrot y avait laissées
(La Potherie, II, 209).

Note 8. Cf. La Potherie (II, 143). — En 1685,
et tandis que La Salle, à la tête d'une nouvelle expé-

dition, débarquait sur les côtes du Texas, le chevalier de Tonty, son lieutenant au pays des Illinois,
continuait à interdire aux coureurs de bois le commerce avec les sauvages de ces contrées. „On m'a
„dit, écrivait Mr. de Denonville au marquis de Sei-
„gnelay, que Mr. de Tonty ne veut pas laisser aller
„nos François en traitte du côté des Illinois. Si le
„Roy a donné à Mr. de La Salle seul ce païs-là, il
„seroit à propos que vous eussiez la bonté de me le
„faire sçavoir, afin de me conformer aux ordres de
„Sa Majesté" (Lettre du 13 Septembre 1685, Archives de la marine).

Chapitre XXIII.

Note 1. Au printemps de 1685, Perrot se rendit au poste de Saint-François Xavier, dans la baie
des Puans, y prit possession du commandement que
Mr. de La Barre venait de lui confier, et en repartit
presque aussitôt pour se rendre au pays des Sioux,
le plus éloigné de tous ceux qui étaient soumis à sa
juridiction. Le 1er Août de la même année arrivait
à Québec Mr. de Denonville, nouveau gouverneur du
Canada, chargé, entre autres choses, par le ministre,
de s'opposer à toute nouvelle et lointaine expédition,
ainsi que lui-même nous l'apprend dans une lettre
du 13 Septembre, au marquis de Seignelay (Archives
de la marine). „Il y a, lui écrit-il, de nos François
„qui sont aux Outaouas, qui disent avoir ordre de
„Mr. de La Barre d'aller au Mississipi, je sçay que
„ce n'est pas vostre intention que de laisser tant
„courir nos François, je feray de mon mieux pour
„les faire revenir." Ceci nous explique le commandement fait à Perrot de rentrer à la Baie avec tous
ceux qui l'avaient suivi au Mississipi. Les idées

du marquis de Seignelay ne tardèrent pas à changer du tout au tout; et Perrot, qu'on rappelait, en
1685, du pays des Sioux, reçut, quatre ans plus tard,
l'ordre exprès d'en prendre possession au nom du
roi, comme on le voit par l'acte suivant.

„Prise de possession, au nom de Sa Majesté, de
„la baie des Puants, lac et rivières des Outagamis
„et Maskoutins, rivière de Ouiskouche et celle de Mis-
„sissipi, pays des Nadouesioux, Rivière-Sainte-Croix
„et Saint-Pierre et autres lieux plus éloignés, du 8
„Mai 1689.

„Nicolas Perrot, commandant pour le roi au
„poste des Nadouesioux, commis par Mr. le marquis
„de Denonville, gouverneur et lieutenant général de
„toute la Nouvelle-France, pour ménager les intérêts
„du commerce parmi toutes les nations et peuples
„sauvages de la baie des Puants, Nadouesioux, Mas-
„koutins et autres, du côté de l'ouest, au haut du
„Mississipi, et pour prendre possession au nom du
„Roi de tous les lieux où il a ci-devant été et où
„il ira.

„Aujourd'hui, huitième jour de Mai, mil six cent
„quatre vingt neuf, en présence du révérend père
„Marest, missionnaire de la compagnie de Jésus chez
„les Nadouesioux, de Mr. de Bois Guillot, comman-
„dant les François aux environs de Ɵiskouche sur
„le Mississipi, Augustin Legardeur, écuyer, sieur de
„Caumont, et des sieurs Lesueur, Hébert, Lemire et
„Blein, déclarons à tous qu'il appartiendra être ve-
„nus à la baye des Puants et au lac des Outagamis,
„rivières des dits Outagamis et Maskoutins, rivière
„de l'Ouiskouche et celle de Mississipi, nous être
„transportés au pays des Nadouesioux, sur le bord
„de la rivière de Sainte-Croix, à l'entrée de la rivière
„de Saint-Pierre, sur laquelle étaient les Mantautous,
„et, plus haut dans les terres, au nord-est du Missis-
„sipi, jusqu'aux Menchokatouches, chez lesquels habi-
„tent la plus grande partie des Songeskitoux et au-

„tres Nadouesioux, qui sont au nord-est du Mississipi,
„pour, et au nom du Roy, prendre possession des
„terres et rivières où les dites nations habitent, et
„desquelles elles sont propriétaires; le présent acte
„passé en nostre présence, signé de nostre main; fait
„signer par le dit révérend père Marest, Mr. de
„Bois Guillot et Caumont, des sieurs Lesueur, Hél
„bert, Lemire, et Blein, fait au poste Saint-Antoine
„le dit jour et an que dessus .... signé, à l'original,
„Joseph J. Marest de la Compagnie de Jésus, N.
„Perrot, Legardeur de Caumont, Lesueur, J. Hébert,
„Joseph Lemire, et F. Blein" (Arch. de la marine).

Maintenir la paix et la bonne intelligence des
sauvages entre eux, et de ceux-ci avec les marchands
ou les coureurs de bois Canadiens, rétablir l'harmonie lorsqu'elle était troublée, aller à la découverte
de contrées nouvelles, et rattacher leurs habitants à
l'alliance de la France, enfin, en temps de guerre,
réunir les Français et les tribus amies, et marcher à
leur tête; telles étaient les principales attributions
du commandement confié à Perrot, comme on peut
s'en assurer par nos mémoires (p. 139, 146), par
l'acte que nous venons de transcrire, et par les lignes
suivantes d'une lettre du Marquis de Denonville à
Mr. de la Durantaye (6 Juin 1686, Arch. de la marine): „Si Nicolas Perrot nous pouvoit assembler quel-
„ques sauvages pour les joindre à Mr. du Lhude
„(Du Lhut) lors qu'il en sera temps, il faudroit y
„songer de bonne heure."

Le titre de commandant en chef de la Baie et
des pays voisins, pris ici par Perrot, excluait-il toute
dépendance d'une autorité autre que celle du gouverneur général de la Nouvelle-France? Je le crois
volontiers, sur la parole de l'auteur. Mais celui-ci
n'exerça pas longtemps, dans toute leur plénitude,
les pouvoirs que Mr. de La Barre lui avait confiés.
Perrot était parti pour la Baie au printemps de 1685
(supr. p. 138), et, dès le mois de Septembre ou

d'Octobre de cette même année, le marquis de Denonville, successeur de Mr. de La Barre, soumettait à l'autorité de Mr. de La Durantaye, commandant de Michillimakinak, tous les Français qui se trouvaient dans les pays d'en haut. „J'ai envoyé, écri-„vait-il à Seignelay (Lettre du 12 9bre 1685; Arch. „de la marine) . . . un ordre à Mr. de la Durantaye „pour rassembler tous nos François et se mettre à „leur teste." Et plus clairement encore dans une autre lettre au même ministre (12 Juin 1686, ibid.): „La Durantaye, que j'ai nommé pour commander à „tous nos François aux Outaouas."

Le comte de Frontenac ne changea rien à l'organisation administrative et judiciaire des contrées de l'ouest établie par son devancier. Sous lui, comme au temps du marquis de Denonville, les commandants des divers postes établis dans cette lointaine portion de la Nouvelle-France, étaient tous, y compris Perrot, complétement subordonnés à celui de Michillimakinak. „Je suis bien aise, disait le comte de Fron-„tenac aux chefs des nations de l'ouest, réunis à „Montréal (Août 1695), de vous avertir principale-„ment avant que vous me quittiez, que le comman-„dant de Michillimakinak est le seul à qui j'ay remis „mon autorité dans tous vos quartiers, et qui doit „vous expliquer mes pensées et mes intentions. Les „autres officiers françois comme Courtemanche [Tilly „de], Mantet [d'Ailleboust de], d'Argenteuil [d'Aille-„boust], de Lisle, Vincennes, La Découverte, et Per-„rot qui sont parmi vous, lui devant être entièrement „soumis . . . . mais comme il ne peut pas être par-„tout, il est obligé . . . . de se servir des officiers que „je viens de vous nommer pour être ses porte-paro-„les, et vous faire savoir ses intentions qui ne peu-„vent être que les miennes, et auxquelles pas un de „tous ces officiers, ny autre de tous les François qui „sont parmi vous, ne peuvent ajoûter ou diminuer sans „manquer à leur devoir" (La Potherie, IV, 67 et 68).

Au moment même où Perrot se dirigeait de Montréal vers Michillimakinak, pour de là se rendre au poste qu'on venait de lui confier, la guerre éclatait entre les Outagamis d'une part, les Sioux et les Sauteurs de l'autre. Ceux-ci avaient même été déjà complétement battus dans un premier engagement, et les Outaouais se préparaient à venger la défaite des Sauteurs leurs alliés. Perrot se hâta de communiquer ces nouvelles à Mr. de La Barre; et lui demanda ses instructions. Le gouverneur lui répondit d'accommoder ce différent, et de commencer par signifier aux Outaouais la défense de marcher contre les Outagamis. Perrot, dès son arrivée à Michillimakinak, fit donc connaître à la première de ces deux nations les volontés de Mr. de La Barre, mais, craignant avec raison de les voir méprisées, il chercha un moyen plus efficace de rétablir la paix entre ces tribus armées les unes contre les autres. Il ne tarda pas à le trouver. La fille d'un chef Sauteur était depuis un an retenue captive chez les Outagamis, et ceux-ci s'obstinaient à rejeter les présents que toutes les nations de la Baie offraient pour sa rançon. Ils la destinaient au supplice du feu, en représailles de la mort d'un de leurs principaux chefs tué par les Sauteurs. Le père de la jeune fille, partagé entre le désir de tenter un dernier effort, et la crainte d'être brulé avec elle s'il se présentait lui-même pour traiter de son rachat, se joignit à Perrot et vint avec lui jusqu'à la Baie. Le nouveau commandant, s'étant mis au fait de tout ce qui s'était passé, espéra réussir où tant d'autres avaient échoué. Se fiant donc au crédit dont il jouissait auprès des Outagamis, il se rendit seul au milieu d'eux, demanda et obtint qu'on lui remit la captive. L'ayant reçue de leurs mains, il la rendit à son père, mais à condition que celui-ci s'entremettrait pour amener ses compatriotes et leur alliés à cesser les hostilités contre les Outagamis; ce que le chef Sauteur exécuta fidèlement (La Potherie, II, 166—177).

Après avoir ainsi réconcilié, au moins pour quelque temps, ces nations ennemies, Perrot quitta la Baie avec les vingt hommes placés sous ses ordres, et remonta la Rivière-aux-Renards jusqu'au village des Maskoutens et des Miamis. Aux tribus réunies dans cette bourgade, s'étaient joints depuis peu quelques Mahingans et Sokokis, venus d'abord, à la suite de Cavalier de La Salle, dans le pays des Illinois, mais que la guerre, qui désolait alors cette contrée, avait forcés à se réfugier ici. Le grand chef des Miamis reçut Perrot avec honneur, et l'invita à un festin de cérémonie, dans lequel il déclara que, son intention et celle de toute sa tribu étant de se fixer auprès des Français, il les priait de lui indiquer en quel endroit ils se proposaient d'allumer leur feu. Perrot lui fit connaître son projet d'établissement dans le haut Mississipi, entre le pays des Sioux et celui des Miamis. Les Français, ajouta-t-il, placés ainsi entre les deux peuples, leur serviront de barrière et mettront fin aux combats qu'ils ne cessent de se livrer. Ayant ensuite recommandé aux Miamis et aux Maskoutens de ne plus se permettre aucun acte d'hostilité contre les Sioux, Perrot se rembarqua avec ses Français, auxquels se joignirent les Sokokis et quelques Ouinipegs. Il franchit le portage qui sépare la rivière des Maskoutens du Wisconsin, descendit celui-ci jusqu'au Mississipi, et, tournant au nord, remonta ce fleuve jusqu'à l'entrée du territoire occupé par les Sioux (La Potherie, II, 178—186).

Note 2. Le fort de Perrot était placé sur la rive gauche du Mississipi, à quatre-vingts ou quatre-vingt-dix lieues de l'embouchure du Wisconsin, et non loin de l'île Pelée, dont il a déjà été question. Cf. Charlevoix, III, 398.

Note 3. On peut lire sur ce petit incident le

récit de La Potherie (II, 201—204) qui complète en certains points celui de Perrot. Les craintes auxquelles donna naissance l'apparition simultanée de deux partis Anglais, dans nos possessions de l'ouest, n'étaient, parait-il, que trop bien fondées. „Il est „certain, écrivait Denonville au marquis de Seigne-„lay (Villemarie, 25 Août 1687, Arch. de la marine), „que si les deux partis Anglois n'avoient pas esté „arrêtez et pillez, et si leurs eaües-de-vie et autres „marchandises eussent entré dans Missilimakinak, tous „nos François auroient eu la gorge coupée par une „révolte de tous les Hurons et 8ta8as, qui auroit „esté suivie de toutes les autres [nations] les plus „esloignées. C'est une vérité connüe à tout ce que „nous avons de François, par les présents qui avoient „esté envoyés secrétement à tous les sauvages es-„loignez.“

Chapitre XXIV.

Note 1. Kondiaronk ou le Rat, chef des Hurons du Pétun, donna dans tout le cours de sa longue carrière, des preuves multipliées de bravoure et d'habileté politique. Ponthiac excepté, qui l'égala et le surpassa même, nul, parmi les chefs sauvages de la Nouvelle-France, ne mérita, peut-être, de lui être comparé. Sur la fin de sa vie, il parut se rattacher plus étroitement à la cause de la France, et mourut regretté et pleuré de tous. On trouvera dans les historiens du Canada des renseignements très circonstanciés sur cet illustre capitaine, qui n'avait du sauvage que le nom et l'habit.

Chapitre XXV.

Note 1. Mr. de La Porte Louvigny fut, une première fois, nommé commandant de Michillimakinak, au mois d'Avril 1690. Il y arriva vers les derniers jours de Juillet ou les premiers d'Août de la même année, et l'occupa jusqu'en 1694, où il fut rappelé par le comte de Frontenac, et remplacé par Mr. de La Mothe-Cadillac. Plus tard, en 1712, il fut chargé d'aller reprendre possession de ce poste, abandonné depuis quelques années.

Note 2. La rivière Saint-Joseph prend sa source dans l'état actuel d'Indiana, d'où elle pénètre dans celui du Michigan, et se jette dans le lac du même nom. En 1693, le comte de Frontenac, envoya Mr. de Courtemanche, pour résider, en qualité de commandant, parmi les Miamis de Saint-Joseph. „Sa „présence, écrivait-il au ministre (Lettre du 15 8bre „1693; Arch. de la marine), et son sçavoir faire „parmy ces sauvages, qui ont beaucoup de créance „en luy, ne sera pas peu utile pour empescher que „les Anglois n'y mettent le nez, comme j'ay eu ad- „vis qu'ils en avoient le dessein."

Note 3. Il s'agit ici de Mr. de La Mothe-Cadillac qui commanda successivement à Michillimakinak, au Détroit, et dans la Louisiane.

Note 4. Perrot fait, sans doute, allusion au complot tramé contre le Détroit, en 1708, par les Hurons, les Miamis et quelques Iroquois (Charlevoix, II, 322, 323). Comme Perrot, MM. de Vaudreuil et Raudot attribuent, en cette affaire, le premier rôle aux Hurons du Pétun. „Le Pesant [chef Outaouais], écrivaient-ils „au ministre (Dépêche collective du 14 9bre 1708) fut „reçu au Détroit par Mr. de La Mothe. Sa vue „irrita tellement les Hurons et les Miamis, qu'au „printemps de 1708, ces deux nations complotèrent, „avec vingt Iroquois qui revenoient de guerroyer „dans les terres plattes, d'égorger Mr. de La Mothe „et tous les François qui estoient dans le fort, ainsi „que les sauvages Outaouois y établis."

Je dois, à ce propos, faire observer que les diverses trahisons, vraies ou prétendues, dont Perrot accuse ici la nation Huronne, et dont nous aurons à nous occuper plus loin, ne doivent être imputées qu'à la tribu dont je viens de parler. Les autres Hurons, réfugiés à Lorette, près de Québec, ont servi la France jusqu'à la fin avec un dévouement et un courage à toute épreuve. Aujourd'hui encore, ils sont Français par la langue et par la religion. D'après le dernier recensement du Canada (1861) on compte, à la Nouvelle-Lôrette, 261 Hurons, tous catholiques; ce qui n'a pas empêché certaines revues d'annoncer, en 1862, la mort du dernier d'entre eux. Quant aux Hurons du Pétun, ils ont été, comme tant d'autres tribus, forcés de quitter le Michigan, et de s'exiler au-delà du Mississipi, dans ce qu'on appelle le territoire indien.

Chapitre XXVI.

Note 1. Les historiens du Canada ne disent rien, à ma connoissance, de cette conjuration des Outaouais contre les coureurs de bois de la colonie.

Note 2. Sur le massacre des chefs Miamis par les Outaouais, la défaite des Outagamis par les Français et les Illinois, et le meurtre des chefs Iroquois à Katarakouy, on peut lire Charlevoix (II, 307—309, 365—372, 292). On trouvera aussi dans le même historien quelques détails sur l'assassinat de trois Français par les Miamis de Saint-Joseph (ibid. p. 322, 323). Dès 1675, la discorde régnait entre les Miamis et les Illinois (Lettre et Journal du P. Marquette, p. 162); elle éclatait de nouveau en 1687: „Les Ou-„miamis et autres sauvages de la baie des Puans, „écrivait, vers cette époque, le marquis de Denonville, „m'ont fait tesmoigner beaucoup de joye de sçavoir „le sieur du Lhu (du Luth) passé au Destroit, mais „je suis fort fasché de la nouvelle, que Tonty à ap-„prise en chemin, que ces mesmes sauvages se sont

„broüillés avec les Illinois sur lesquels ils ont fait „des prisonniers" (Mémoire ms. sur l'estat présent du Canada; Archives de la marine). Toutefois, en 1691, ces deux nations étaient réconciliées et marchaient ensemble contre les Iroquois (Journal du sieur de Courtemanche, Avril—Juin, 1691; Archives de la marine).

Quant aux meurtres, complots et trahisons, dont Perrot accuse ici les nations de l'ouest, il est bon de s'entendre; car il y aurait injustice à prendre tous ces reproches au pied de la lettre. Les assassinats, sauf de rares exceptions, n'eurent lieu qu'à titre de représailles; et, s'il faut en croire le marquis de Denonville, ces représailles n'étaient souvent que trop légitimes. „Les désordres et les libertinages, écrivait- „il au marquis de Seignelay (Lettre du 12 Juin 1686; „Arch. de la marine) .... ont esté à une telle ex- „trémité que c'est merveille que les sauvages ne les „ayent pas tous assomés pour se garantir des vio- „lences qu'ils ont reçeu des François." C'est ainsi, par exemple, que Perrot fut pillé, et courut même risque d'être brûlé par les Miamis, parce qu'il avait plu à quelques uns de nos coureurs de bois de guer- royer avec les Sioux, contre ces Indiens, alors alliés de la colonie.

Des complots et des trahisons je n'ai rien à dire, sinon que, la plupart du temps, il ne s'agissait, pour nos sauvages, que d'une paix séparée à se ménager avec des ennemis contre lesquels nous ne pouvions ou ne savions pas les défendre. Parfois aussi, ils ne cherchaient qu'à prévenir la conclusion d'un traité entre les Français et l'Iroquois, dans la crainte que celui-ci n'en profitât pour réunir toutes ses forces con- tre eux, et les écraser plus facilement. Plus souvent encore, ils ne voulaient que nouer avec les Anglais des relations commerciales, beaucoup plus avantageu- ses que celles qu'ils entretenaient avec les marchands de la Nouvelle-France. Or, tout ceci, chez des peuples qui, remarquons-le bien, étaient des alliés et non des sujets de la France, ne constituait à vrai dire ni complot, ni trahison. Plût à Dieu que les états civilisés de notre vieille Europe n'eussent jamais eu d'autres perfidies à se reprocher mutuellement!

Perrot aurait sans doute été moins sévère pour ces tribus de l'ouest, s'il avait pu prévoir que, malgré leurs velléités plus ou moins sérieuses d'échanger notre alliance contre celle des Anglais et des Iroquois, toutes ces nations, une ou deux exceptées, nous resteraient fidèles jusqu'aux derniers jours de la domination Française en Amérique. Notre auteur n'était pas, au reste, le seul à se méfier et à faire peu de cas des sauvages. Frontenac écrivait au ministre de la marine (4 8bro 1695): „Il y a longtemps que le Huron, qui est la nation la plus intéressée de toutes, trame ce dessein [celui de s'allier aux Iroquois], par l'espérance qu'il a d'avoir des marchandises Anglaises à meilleur marché que ne le peuvent donner les François.“ Le marquis de Denonville portait de tous ces peuples sans exception un jugement encore plus défavorable. „Cette nation Hu-„ronne, écrivait-il (Lettre du 10 Août 1688), natu-„rellement infidèle et volage comme tous les sauva-„ges, et les Outaouais, quoyqu'ennemis de longue-„main des Iroquois, se rangeroient volontiers de leur „costé par la crainte de leur puissance.“ Et plus loin: „De s'attendre sur la valeur des Outaouais, „c'est se tromper, car, outre que ce sont des misé-„rables pour le coeur, ce sont encore des infidèles „et malheureux, qui ne cherchent que le moment fa-„vorable pour se donner à l'Anglois, et commercer „avec luy, n'estant leurrés que de son bon marché „qui leur occupe tout l'esprit.“ Soit, mais encore faut-il avouer que cet appât, *dont ils étaient leurrés*, servait, par sa puissance même, d'excuse fort passable à ces peuples enfants; ainsi qu'on peut s'en convaincre en jetant les yeux sur la pièce sui-

vante, tirée des archives de la marine, et écrite
en 1689.

„Différences des traittes avec les sauvages, entre
„Montréal en Canada et Orange à la Nouvelle-
Angleterre.

„On reçoit du sauvage pour	*Orange*	*Montréal*
„8 livres de poudre . . .	1 castor	4 castors
„pour un fusil.	2 „	5 „
„pour 40 livres de plomb . .	1 „	3 „
„pour une couverture de drap „rouge.	1 „	2 „
„pour un grand capot . . .	1 „	2 „
„pour 4 chemises.	1 „	2 „
„pour 6 paires de bas. . .	1 „	2 „

„Les autres menues marchandises que les Fran-
„çois traittent aux sauvsges, leur sont données par
„les Anglois sur le marché.

„Les Anglois donnent six pots d'eau-de-vie pour
„un castor: c'est du rum ou guildive ou autrement de
„l'eau-de-vie de canne de sucre qu'ils font passer des
„isles de l'Amérique.

„Les François n'ont point de règle sur la traitte
„de l'eau-de-vie: les uns en donnent plus, les autres
„moins, mais on ne va jamais jusques à un pot pour
„un castor . . . . . .

„A remarquer que les Anglois ne font point de
„différence des qualités du castor, lequels ils prennent
„tous à un mesme prix, à plus de 50 pour % plus
„haut que les François, outre qu'il y a plus de 100
„pour 100 de différence du prix de leur traitte à la
„nostre.“

Note 3. Même lorsqu'ils étaient en paix avec
la France, les Iroquois attaquaient sans scrupule les
sauvages nos alliés. C'est ainsi qu'ils en usèrent avec
les Illinois dans le cours des années 1674—1679. Ils
y étaient poussés par les colons Anglais de Boston,
de Manhatte (New-York) et d'Orange (Albany), qui

voyaient là un moyen d'agrandir leur territoire, ou tout au moins, de s'assurer le monopole des pelleteries. Le comte de Frontenac et le marquis de Denonville s'en plaignent amèrement dans leurs dépêches. Ce dernier s'étonne surtout qu'on se permette de telles pratiques, dans un moment où la plus étroite union règne entre les deux couronnes de France et d'Angleterre. Mais qu'importaient à ces marchands les traités les plus solennels? Eux qui, pour forcer les tribus de l'ouest à implorer leur médiation auprès des Iroquois, et à la mériter en leur apportant leurs précieuses fourrures, allaient jusqu'à braver les défenses réitérées de leur propre souverain. Bien plus, on les vit, toujours dans le même but, traiter leurs frères de la Virginie comme les Français du Canada. Nous savons, en effet, et c'est le marquis de Denonville qui nous l'apprend (Lettre du 10 Août 1688; Archives de la marine), que, depuis longtemps déjà, ils „entretenoient la guerre avec ceux de la Virginie, „crainte que les Iroquois ne trafiquassent avec eux. „Je sçay, poursuit ce gouverneur, que les marchands „d'Orange ont donné pour cela des présents aux Iro-„quois. Si donc ils sont infidèles à leurs compatrio-„tes, comment nous seront-ils fidèles?“

Note 4. L'évêque de Québec, le gouverneur et l'intendant avaient seuls dans la colonie, droit au titre de *Monseigneur;* c'est donc à l'un de ces trois personnages que Perrot adresse ici la parole. Mais les deux premiers doivent être mis hors de cause: l'un attendu qu'il était, par état, étranger à la plupart des questions traitées dans ces mémoires; l'autre, le marquis de Vaudreuil, parce que l'auteur en parle un peu plus loin (p. 151) à la troisième personne. Ce serait donc pour l'intendant, Mr. Bégon, que Perrot aurait composé ces relations; aussi, est-ce des mains de ce magistrat, que, trois ans plus tard (1720—1721), le P. Charlevoix reçut le manuscrit du présent mémoire (Hist. de la Nouvelle-France, II, LX, LXI).

Les autres mémoires, que Perrot avait remis à l'intendant du Canada, et auxquels il renvoie pour de plus amples détails sur les événements qu'il ne fait qu'indiquer ici, renfermaient un récit de la guerre des Iroquois contre les nations d'en haut et les Illinois, ainsi que des trahisons fréquentes, dont les sauvages, et plus spécialement les Hurons et les Outaouais, s'étaient rendus coupables (Perrot, supr. p. 129, 130, 143, 146). Je suis très porté à croire que La Potherie a inséré la plus grande partie de ces relations dans le second volume de son histoire. Il est, en effet, à remarquer que 1º La Potherie connut Perrot, au Canada, et qu'il en reçut les informations les plus exactes (La Potherie, II, 87, IV, 268); 2º son second volume n'a pu, dans sa presque totalité, être écrit que sur les renseignements fournis par Perrot, dont les voyages, les aventures et même les nombreuses harangues aux sauvages y sont rapportées fort au long; 3º sauf un très petit nombre de pages, le style dans ce même volume diffère sensiblement de celui des trois autres, et par sa contexture lâche, incorrecte et embarrassée, rappelle, le plus souvent, à s'y méprendre, le style de Perrot; ce qui ne s'expliquerait point dans l'hypothèse de communications purement verbales faites par ce dernier à La Potherie.

Chapitre XXVII.

Note 1. „Les coureurs de bois font souvent mille „bassesses auprès des sauvages pour avoir leurs cas„tors; ils les suivent jusques dans leurs chasses, ils „ne leur donnent pas même le temps de faire sécher „et de préparer leurs peaux. Ils essuient les raille„ries piquantes, les mépris et quelquefois les coups „de ces sauvages, qui ne sauroient assez s'étonner „d'une avidité si sordide, et de voir les François

„venir de si loin avec tant de fatigues et de dépen-
„ses pour ramasser des castors sales et puants, dont
„ils se sont habillés et dont ils ne font plus de cas“
(Mémoire historique sur les mauvais effets de la réunion des castors dans une même main; Arch. de la
marine). Pour bien comprendre le sens de cette dernière phrase, il faut se rappeler que les peaux de
castor les plus recherchées des Français étaient celles qu'on désignait sous le nom de *castor gras d'hiver;*
c'est-à-dire, celles des castors tués pendant l'hiver,
et dont les sauvages s'étaient fait des robes, qu'ils
avaient portées assez longtemps pour les *engraisser,*
en les pénétrant de leur sueur jusqu'à la racine du
poil (Mémoire ms. sur le bail du domaine d'occident;
Arch. de la marine. — Cf. La Potherie, I, 136).

Note 2. Il ne faut pas confondre cette mission,
dont Perrot fut chargé par Mr. de Louvigny, entre
1690 et 1694, avec celle qui lui fut directement confiée
par le comte de Frontenac au mois d'Avril 1690, et
dont nous parlerons plus loin. Celle-ci s'adressait à
toutes les tribus alors en résidence à Michillimakinak
ou dans les environs.

Note 3. Bancroft fait mention (I, chap. V), de
sauvages vendus comme esclaves par les Anglais du
Connecticut, du New-Hampshire, des Carolines et
de la Virginie.

Chapitre XXIX.

Note 1. La Rivière-Noire prend sa source dans
un lac de l'état de Wisconsin, et, après avoir traversé du nord-est au sud-ouest une partie de ce même
état, se jette dans le Mississipi entre 44° 5' et 44°
15' de latitude nord.

Note 2. Chingouabé, chef des Sauteurs établis
à Chagouamigon, figurait, en cette qualité, parmi les

députés des nations d'en haut auxquels le comte de Frontenac donna audience, les 18 et 29 Juillet 1695. On voit, par son discours en cette occasion, qu'à cette époque, les Sioux étaient en guerre avec les Outagamis et les Maskoutens; et que les Sauteurs penchaient à prendre le parti des premiers contre les seconds (Relat. de 1694, 1695; Arch. de la marine). Malheureusement, ceci ne jette pas un grand jour sur les événements auxquels Perrot fait allusion dans ce passage.

Ce qui suit est beaucoup plus clair, et trouve sa confirmation dans les monuments contemporains, ou les anciens historiens du Canada. Ils nous apprennent, 1° qu'en 1697, les Sioux avaient deux fois déjà frappé les Miamis (Relation de ce qui s'est passé au Canada en 1696, 1697; Arch. de la marine); 2° que, vers la même époque, les Outagamis guerroyaient avec les Miamis contre les Sioux (La Potherie, II, 343—352); 3° que le même fait allait encore se reproduire en 1701, lorsque Mr. de Courtemanche envoyé par Mr. de Callières, gouverneur de la Nouvelle-France, arrêta l'expédition prête à se mettre en marche (Lettre de Mr. de Callières, 1er 8bre 1701).

Note 3. Le nom est en blanc dans le manuscrit. Ce passage se rapporte, je crois, aux Maskoutens, enlevés en assez grand nombre par une maladie contagieuse à l'époque (1690) vaguement indiquée par l'auteur (La Potherie, II, 249, 250).

Note 4. Je laisse aux doctes en langue Illinoise ou Miamise le soin de chercher, parmi les noms sauvages donnés aux tribus de cette dernière nation, celui qui correspond au nom français de *Miamis de la Grue,* par lequel Perrot désigne ici l'une d'entre elles.

Note 5. Le gouvernement colonial suivit une politique toute opposée, et se déclara contre les Outagamis; mais sans pouvoir jamais ni les soumettre, ni les détruire complétement.

Note 6. Reprenons maintenant le récit des faits et gestes de l'auteur, au point où il en est resté dans son mémoire.

Tout en remplissant de son mieux le rôle de médiateur (142), Perrot complétement ruiné par la perte de ses pelleteries (301), s'occupa, dès sa rentrée dans la colonie, à réunir une nouvelle pacotille de marchandises d'Europe pour recommencer la traite avec les sauvages, dans les pays dont Mr. de La Barre lui avait confié le commandement, et où le marquis de Denonville le renvoyait avec les mêmes pouvoirs (304), sauf la restriction dont nous avons parlé plus haut. Il partit de Montréal, très vraisemblablement vers l'automne de 1687, à la tête d'une quarantaine de Français que le gouverneur de la colonie envoyait chez les Sioux. Il se rendit d'abord à la Baie, d'où, par la rivière des Outagamis, le Wisconsin et le Mississipi, il regagna le fort qu'il avait construit peu d'années auparavant, sur la rive orientale de ce fleuve et dans le pays des Sioux (La Potherie, II, 211—216).

Dès que la navigation fut ouverte, les Nadouessioux vinrent l'y trouver. „Ils l'emmenèrent à leur „village, où il fut reçû avec pompe, à leur mode. „On le porta sur une robe de castors, accompagné „d'un grand cortége de gens qui tenaient chacun un „calumet, chantant les chansons d'alliance et du ca-„lumet. On lui fit faire le tour du village et on „le mena dans la cabane du chef", où le traité d'amitié des Français avec les Sioux fut renouvelé (id. ibid. p. 216, 219). Perrot revint ensuite à son habitation, et sans négliger les intérêts de son commerce avec les sauvages, il sut si bien ménager l'esprit des Sioux, qu'ils consentirent à la prise de possession de leur pays au nom de la France (V. supr. p. 304).

Peu après, et la traite terminée, Perrot repartit pour la colonie. A son passage chez les Outagamis qui, depuis quelques mois, s'étaient établis sur les bords du Mississipi, il prit avec lui trois prisonnières Sauteuses, dont les Outagamis lui avaient accordé la liberté; il voulait les remettre lui-même entre les mains de leurs compatriotes (La Potherie, II, 219, 221). Au moment où Perrot débarquait à Michillimakinak, tout y était dans une grande confusion. Les Outaouais, ne tenant aucun compte de la trève récente conclue avec les Iroquois, avaient continué à lancer contre eux des partis de guerre. L'un de ces partis venait précisément de rentrer dans l'île, et cinq des prisonniers qu'il avait amenés étaient déjà condamnés au feu. Le commandant de Michillimakinak (Mr. de La Durantaye) et les missionnaires Jésuites avaient inutilement essayé d'arracher ces malheureux au sort qui les attendait. A toutes leurs sollicitations, les Outaouais avaient insolemment répondu qu'ils ne dépendaient de personne et voulaient agir à leur guise. Or il était fort à craindre que le supplice de ces captifs, en présence des Français et sans résistance efficace de leur part, ne fut regardé par les Iroquois comme une infraction à la trève, et ne mît obstacle à la conclusion de la paix qu'on négociait alors avec eux. Dans cet embarras, on recourut à Perrot, dont on connaissait l'ascendant sur les sauvages. Celui-ci se rendit, en compagnie du commandant et des missionnaires, à la cabane du conseil où les chefs Outaouais étaient réunis. Il alla d'abord au *Mànilion* (lieu où l'on brûle les prisonniers), et ordonna aux captifs, qui chantaient leur chanson de mort, de se taire et de s'asseoir. Leurs gardes leur ayant commandé de continuer leur chant, Perrot répliqua par un nouvel ordre de se taire qui fut exécuté. Puis, entrant au conseil, il suspendit à une perche le collier de porcelaines destiné à la rançon des Iroquois, et, s'adressant aux chefs des Outaouais. „Je viens, „leur dit-il, couper les liens aux chiens, je ne veux „pas qu'ils soient mangez; j'ai pitié d'eux, puisque

„mon père Ononthio en a pitié .... vous autres Ou-
„taouaks vous êtes comme des ours que l'on appri-
„voise: quand on leur donne un peu de liberté, ils
„ne veulent plus connoître ceux qui les ont élevez.
„Vous ne vous souvenez plus de la protection d'O-
„nonthio, sans laquelle vous n'auriez point de terre;
„je [il] vous y conserve et vous vivez paisiblement.
„Lorsqu'il vous demande quelques soumissions, vous
„voulez le maîtriser, et manger la chair de ces gens-
„là, qu'il ne veut pas vous abandonner. Prenez garde
„que vous ne les puissiez avaler et qu'Ononthio ne
„vous les arrache violemment d'entre les dents. Je
„vous parle en frère, et je croi avoir pitié de vos
„enfans en coupant les liens à vos prisonniers."

Ce discours eut un plein succès: un des chefs
prit la parole et dit: „Voilà le maître de la terre
„qui parle: son canot est toujours rempli de prison-
„niers qu'il délivre, que lui pouvons-nous refuser?"
On envoya chercher les Iroquois à l'instant même,
et on leur accorda en plein conseil la vie et la
liberté (La Potherie, ibid. p. 223—227).

Les Outaouais ne s'en tinrent pas là: voulant
donner au gouverneur de la colonie une preuve évidente de leurs intentions pacifiques, ils chargèrent
un de leurs chefs d'accompagner Perrot à Montréal,
et d'y remettre au marquis de Denonville deux des
captifs récemment délivrés. Mais, peu après leur
arrivée en cette ville, toutes les espérances de paix
s'évanouirent, au moment même où l'on croyait
toucher à leur réalisation. Le 25 Août 1688, quinze
cents Iroquois surprirent le village de la Chine, dans
l'île de Montréal, massacrèrent, avec tous les raffi-
nements ordinaires de leur cruauté, la plus grande
partie de ses habitans, firent le reste prisonnier et, se
répandant comme un torrent dans l'île entière, la
couvrirent de sang et de ruines. Ce désastre, le plus
grand peut-être dont la colonie eût été frappée depuis sa fondation, jeta les Français et les sauvages dans

le découragement et la terreur. Le chef Outaouais
compagnon de Perrot se hâta, dès que les ennemis
se furent retirés, de remonter à Michillimakinak, où
le récit des événements dont il venait d'être le témoin produisit dans l'esprit des sauvages une révo-
lution complète. Méprisant les Français qui s'étaient
ainsi laissés surprendre, et regardant leur cause
comme définitivement perdue, les Outaouais et la plupart des autres nations ne songèrent plus qu'à se
tirer d'affaire, en concluant la paix avec les Iroquois
vainqueurs et les Anglais leurs alliés. Cette défec-
tion, si elle se fut accomplie, eût consommé la ruine
de la colonie; mais, tandis que La Durantaye et les
missionnaires se consumaient en efforts presque dés-
espérés pour retenir dans l'alliance de la France les
tribus de l'ouest, le comte de Frontenac, nommé une
seconde fois gouverneur du Canada, débarquait à
Québec (12 8bre 1689), et sa seule présence changeait
la face des affaires, en ranimant tous les courages.
On saluait en lui avec enthousiasme le grand capitaine, qui, par sa prudence, son sang-froid, la rapidité et la sûreté de ses conceptions, son intrépidité
personnelle et celle qu'il savait inspirer aux autres,
pouvait seul triompher des difficultés présentes. Son
plan, presque aussitôt exécuté que formé, était fort
simple: changer en une offensive hardie une défen-
sive toujours inefficace et souvent honteuse, et donner ainsi, tant aux Anglais qu'aux Iroquois, assez
d'inquiétudes sur leur propre sureté, pour leur ôter
toute envie de troubler la nôtre; telle fut, du premier au dernier jour de son gouvernement, la pensée fixe du comte de Frontenac. Or ce plan ne
pouvait réussir qu'avec le concours de toutes les nations sauvages. Assuré déjà de celui des tribus Abé-
naquises, des Hurons de Lorette, des Algonquins et
des Iroquois chrétiens établis près de Montréal, Frontenac dut songer à rattacher plus étroitement que jamais à notre cause les peuplades de l'ouest. Il fallait

avant tout rompre les pratiques des Outaouais de Michillimakinak, et nul n'avait plus de chances d'y réussir que Perrot. Il fut donc choisi pour porter à ces sauvages les présents et les paroles que leur adressait le gouverneur (Monseignat, Relat. inéd. de 1690; Arch. de la marine).

Le 22 Mai 1690, Perrot s'embarquait à l'extrémité occidentale de l'île de Montréal, avec Mr. de Louvigny le nouveau commandant de Michillimakinak, cent quarante-trois voyageurs Canadiens, six sauvages du Nipissing, et une escorte de trente soldats qui devait accompagner le convoi jusqu'à l'île du Calumet dans la rivière d'Outaouais (Monseignat, ib.). Frontenac, dans sa lettre du 20 9bre 1690 (Arch. de la marine), rend compte en ces termes de cette expédition et de son heureuse issue: „Ayant fait partir, dans le mois de May, „le sieur de Louvigny de la Porte, capitaine réformé, „dont la valeur et la prudence m'estoient connues, „avec un détachement de 170 hommes tant Cana- „diens que sauvages, et lui ayant joint, avec des „présens considérables, le sieur Nicolas Perrot, ha- „bitant de ce pays, lequel par la longue pratique et „connaissance qu'il a de l'humeur, des manières et de „la langue de touttes ces nations d'en haut s'est ac- „quis beaucoup de crédit parmy elles; ils arrivèrent „si à propos à Missilimakinac, que, s'ils eussent tardé „huict jours, les ambassadeurs des Outaouas fussent „partis pour aller trouver l'Iroquois, lui remettre les „esclaves prisonniers qu'ils avoient, et mettre la der- „nière main à leur traité et à leur alliance.“

Le 2 Juin, M. de Louvigny rencontra sur les bords de l'Outaouais, au lieu nommé les Chats, un parti d'Iroquois qui s'y était mis en embuscade, et le défit complétement. Trente guerriers ennemis restèrent sur le champ de bataille et quatre tombèrent vivants entre les mains des vainqueurs: de ces prisonniers, trois furent envoyés au gouverneur, et le dernier, qui devait être livré aux sauvages alliés, fut conduit à Michillimakinak. Lorsqu'on approcha de ce poste, Perrot prit les devants avec deux canots. A la vue du drapeau blanc qu'il avait arboré, et aux cris de vive le roi! poussés par l'équipage des deux embarcations, tous les habitans de l'île, tant sauvages que Canadiens, se précipitèrent sur la rive. Les Outaouais, apprenant de la bouche de Perrot l'arrivée de la flotte et la victoire remportée sur les Iroquois, déclarèrent qu'ils voulaient recevoir les Français en guerriers, c'est-à-dire, suivant l'usage de ces nations, mettre le convoi au pillage. Mais Perrot leur répondit que, s'ils avaient leurs coutumes, nous avions les nôtres auxquelles nous tenions essentiellement; et qu'ainsi ils n'auraient rien que ce dont on voudrait bien leur faire présent. Il fit, en même temps, avertir Mr. de Louvigny de ce qui se passait: celui-ci prit ses mesures en conséquence. La flotte parut bientôt en vue de l'île: elle marchait en bon ordre et, sur le canot d'avant-garde, l'Iroquois prisonnier se tenait debout chantant sa chanson de mort. Après une halte de quelques instans en face du village des Outaouais, qu'on salua d'une salve de mousqueterie; le convoi coupa droit au village des Français, où cent coureurs de bois bien armés s'étaient réunis sur la grève, pour protéger le débarquement. Il s'opéra sans encombre, grâce aux précautions prises par M. de Louvigny, et les guerriers Outaouais accourus en masse n'en furent, bien contre leur gré, que les tranquilles spectateurs (Monseignat, ubi supr. — La Potherie, II, 233—236).

Le nouveau commandant remit le prisonnier aux Hurons Tionnontatés, qui seuls s'étaient, dans la crise présente, montrés à peu près fidèles. Mais, ayant appris qu'ils se disposaient à lui donner la vie, pour se ménager une chance de réconciliation avec les Iroquois, il exigea qu'on l'attachât au poteau, où, dès les premières tortures, il se montra si faible et si lâche, que les sauvages indignés lui cassèrent immédiatement la tête (La Potherie, II, 236—238).

Peu après, tous les chefs qui se trouvaient à Michillimakinak se réunirent dans la maison des Jésuites. Perrot commença par déposer devant chacun d'eux le présent de poudre, de balles et de mousquets qui lui était destiné; il prit ensuite la parole, et fit ressortir en termes énergiques l'impardonnable aveuglement où ces peuples étaient tombés, lorsqu'ils avaient songé à se séparer de la France. Ononthio cependant en avait eu pitié; et voulant faire rentrer en eux-mêmes ces enfants égarés, il avait fait monter vers eux de nombreux guerriers de sa nation, afin de leur remettre l'esprit, que la vue de quelques maisons en flammes. et de quelques cadavres de femmes et d'enfants, victimes d'une lâche trahison, leur avait fait perdre. Croyaient-ils donc la France vaincue et épuisée pour si peu? La France était un fleuve immense dont aucune digue n'arrêterait jamais la course impétueuse; tandisque les cinq nations Iroquoises n'étaient que de misérables cabanes de rats musqués, cachées dans un marais. Ononthio dessècherait le marais et brûlerait les rats musqués dans leurs cabanes. Déjà les Anglais alliés de l'Iroquois avaient été frappés, et cinq de leurs villages pillés et brûlés. Ononthio était donc assez fort pour détruire l'Anglais et l'Iroquois. Si parmi les tribus qui l'écoutaient en ce moment, il en était quelqu'une qui voulût se joindre aux ennemis d'Ononthio, libre à elle; mais à la condition de sortir à l'instant des terres de la France: sinon le fer déciderait à qui d'elles ou de nous le pays devait rester (La Potherie, II, 238—240).

A cette fière harangue, les chefs sauvages auraient pu faire plus d'une réponse; ils aimèrent mieux se donner pour convaincus, et protestèrent vouloir suivre en tout les ordres d'Ononthio leur père. Ceci ne les empêcha pas, dans un conseil secret tenu la nuit suivante, de confier à un de leurs chefs des paroles de paix pour les Iroquois. Perrot ayant découvert cette nouvelle trame, les Outaouais qui en étaient les auteurs renouvelèrent leurs promesses de marcher à l'ennemi. Mais ils attendirent avant de le faire, que la fortune se fût déclarée plus ouvertement en faveur des Français. Il y a cependant tout lieu de croire que des Outaouais et des Hurons figuraient, en plus ou moins grand nombre, parmi les huit cents guerriers des nations de l'ouest, qui, divisés en petits détachements, ne cessèrent en 1692 de harceler les Iroquois, et de les traquer jusqu'aux portes de leurs bourgades (Frontenac, lettre du 15 7bre 1692). Réduits à se défendre ainsi chez eux, les Iroquois ne purent plus intercepter les passages entre l'est et l'ouest de la colonie; la communication de l'un à l'autre par la rivière des Outaouais redevint libre, et l'on vit, ce dont on n'avait pas été témoin depuis longtemps, arriver à Montréal deux cents canots Outaouais chargés de huit cent mille livres de pelleteries (id., lettre du 25 8bre 1693).

Cependant Perrot avait quitté Michillimakinak pour se rendre dans son commandement de la baie des Puants, et remplir auprès des nations qui l'habitaient la mission dont il venait de s'acquitter auprès des Hurons et des Outaouais. Il s'adressa d'abord au chef des Miamis, qui lui promit d'abandonner ses projets de guerre contre les Maskoutens, et de se tourner contre l'Iroquois. Les effets parurent d'abord répondre aux promesses; car, dès le printemps de l'année suivante, cinq cents Miamis et Illinois se mirent en campagne, ne laissant derrière eux pour garder leurs villages que des voyageurs Canadiens, qui y étaient venus en traite (Journal du sieur de Courtemanche, Avril—Juin 1691; Arch. de la marine; — La Potherie, II, 248—251). Mais, une fois arrivé au nouveau poste qu'il s'était choisi sur les bords du Mississipi, au-dessous de l'embouchure du

Wisconsin, Perrot apprit que les Miamis venaient de se liguer avec les Maskoutens et les Outagamis contre les Sioux et les Sauteurs, dont ces trois nations confédérées devaient de concert envahir le territoire. Déjà même les Outagamis, sans attendre leurs alliés, s'étaient engagés fort avant dans le pays ennemi. Perrot, suivant l'ordre qu'il avait reçu de s'opposer à toute guerre des sauvages entre eux, arrêta par ses prières et ses présents la marche des Miamis et des Maskoutens; puis, sur l'instante prière des Outagamis, qui, se voyant sur le point d'être écrasés par les Sioux, imploraient sa médiation, il se hâta de remonter jusqu'à son ancien fort, pour s'interposer entre eux et leurs redoutables adversaires. Instruits de son arrivée, les Sioux, partis en guerre contre les trois nations de la Baie, accoururent aussitôt et campèrent près des Français. Perrot leur distribua des présents, et leur dit qu'ayant arrêté dans leur marche les tribus qui voulaient les frapper, il venait maintenant leur fermer à eux-mêmes le sentier de la guerre. Ils ne pouvaient, ajouta-t-il, l'ensanglanter en tuant les Outagamis, sans le blesser lui-même; et si les Outagamis les tuaient, leur mort serait la sienne. Il leur présenta en même temps le calumet qu'ils lui avaient chanté quelques années auparavant; mais ils le refusèrent. Perrot indigné le jeta loin de lui, en s'écriant: „Faut-il que j'ai accepté ce calumet que m'ont chanté des chiens! Ils „m'avaient alors choisi pour leur chef et juré qu'à „la vue de ce calumet ils cesseraient de frapper „leurs ennemis, et aujourd'hui c'est moi qu'ils veulent „frapper." Le chef des Sioux se leva et dit à Perrot: „Tu as raison." Ayant ensuite ramassé le calumet, il l'offrit au soleil; mais quand il voulut le rendre à Perrot, celui-ci déclara qu'il ne pouvait le reprendre si les Sioux ne consentaient à mettre bas les armes. Le chef alors suspendit le calumet à une perche dans la cour du fort et se retira dans sa tente avec ses principaux guerriers. Au bout de quelques instants, Perrot fut appelé au conseil. Lorsqu'il y eut été introduit, et qu'on eut rapporté et planté en terre le calumet de paix, le chef tira de son sac de guerre ses plus beaux mocassins, en chaussa le commandant français, et lui ayant mis par trois fois quelques grains de raisin sauvage dans la bouche, il prit le calumet et dit à Perrot: „Je n'ai „point oublié ce que les hommes [les Sioux] t'ont pro- „mis en te donnant ce calumet: nous t'écoutons main- „tenant. Tu nous ôtes la proie que l'Esprit avait mis „entre nos mains; tu sauves la vie à nos ennemis; c'est „bien. Mais fais pour nous ce que tu as fait pour „eux: ne permets pas qu'ils nous tuent quand nous „serons à la chasse du castor. Le soleil est témoin „de notre obéissance" (La Potherie, II, 265—269).

Ayant ainsi rétabli une paix précaire dans ces contrées, Perrot regagna le fort qu'il avait récemment élevé. C'est vraisemblablement alors qu'il découvrit, à vingt et une lieues au-dessus du Mouingouena, les mines de plomb dont l'existence lui avait déjà été signalée deux fois par les chefs des Miamis, et qui portaient encore son nom au temps de Charlevoix (Hist. de la Nouvelle-France, III, 397, 398; — La Potherie, II, 251 et 260).

Perrot reçut en 1692 l'ordre de se fixer parmi les Indiens du Marameg. On lit à ce sujet dans une relation contemporaine et officielle (Relation de ce qui s'est passé au Canada, 1692, 1693; Arch. de la marine): „Outre ces officiers qui ont chacun leurs „postes fixés, le nommé Perrot en doit occuper un „assez près des Miamis [de Saint-Joseph] pour exé- „cuter ce qui luy sera ordonné. Ce lieu se nomme „Malamet, et le grand nombre de sauvages qui s'y „rendent, parmy lesquels cet homme a un très grand „crédit, l'a fait choisir, par Monsieur le Comte, pour „mettre entre les Miamis et les autres nations qui „pourroient recevoir les propositions des Anglois, une

„barrière qui détruise tous leurs desseins.“ En changeant de résidence, Perrot n'en conserva pas moins son autorité sur les tribus de la Baie. C'est ce qu'il est permis de conjecturer en le voyant, trois ans plus tard, conduire avec lui, à Montréal, non-seulement les chefs Miamis du Marameg; mais aussi ceux des Sakis, des Maloumines, des Poutéouatamis et des Outagamis (Relation de ce qui s'est passé au Canada, de 1694 au départ des vaisseaux, en 1695). Le fragment suivant d'une lettre de M. de Callières, commandant de Montréal (27 8bre 1695; Arch. de la marine), nous fait connaître les motifs de ce voyage: „Le sieur Perrot, qui commande à Malamek, ayant „eu ordre de M. le comte de Frontenac de descen- „dre icy pour voir aux moyens de faire joindre les „Miamys de ces cartiers (sic) à ceux de la rivière „Saint-Joseph, par l'importance qu'il y a de soutenir „ce poste contre les nouvelles entreprises que les „Iroquois pourroient y faire, arriva le 18e [le 14e] „d'Aoust avec douze canots de plusieurs nations „esloignées.“ Les Iroquois avaient, en effet, cette même année essayé de surprendre les Miamis de Saint-Joseph, mais ceux-ci, soutenus par de Courtemanche commandant du poste et par les coureurs de bois qui y faisaient alors la traite, les repoussèrent avec perte (Callières, ibid.).

Dans l'audience de congé donnée par Frontenac aux chefs amenés par Perrot, ce gouverneur après les avoir remerciés de leurs promesses de fidélité, les exhorta énergiquement à la guerre contre l'Iroquois, ajoutant que Perrot et le commandant de Michillimakinak étaient chargés de lui rendre compte de leur conduite. S'adressant ensuite aux Miamis du Marameg, il leur déclara qu'il ne croirait point à leur obéissance, s'ils refusaient de se réunir ·autour du même feu avec leurs frères les Miamis de Saint-Joseph. Seuls ils pouvaient détruire les Iroquois et assurer ainsi le repos de ses enfants; mais à la condition de ne plus vivre ainsi séparés les uns des autres. Il espérait donc qu'ils exécuteraient fidèlement les ordres que Perrot leur donnerait à ce sujet (La Potherie, IV, 56—59). Les sauvages ne se prêtent pas volontiers à ces migrations commandées par un intérêt politique presque toujours opposé à leur propre intérêt. Celle-ci cependant, grâce sans doute au respect de ces peuples pour Frontenac et au crédit dont Perrot jouissait parmi eux, paraît s'être accomplie sans trop de difficultés. Aussi le Marameg ne figure-t-il point sur l'itinéraire suivi par M. de Courtemanche et le P. Enjelran (1700, 1701), lorsqu'ils visitèrent toutes les nations de l'ouest pour les inviter au congrès de Montréal, où fut enfin conclue la paix entre la France et ses alliés d'une part, et les Iroquois de l'autre (Lettre de M. de Callières, 1er 8bre 1701; Arch. de la marine).

Un récit complet des aventures de Perrot parmi les nations de l'ouest, et des divers incidents auxquels il se trouva mêlé dans le cours des quatre ou cinq années suivantes (1695—1699), m'entraînerait beaucoup trop loin et me forcerait à de fatigantes redites. Il me suffira donc de rappeler qu'alors, comme précédemment, l'occupation principale de notre auteur fut de maintenir l'union et la paix entre ces tribus toujours prêtes à s'entre-déchirer, et de les pousser à la guerre contre l'Iroquois. C'était là une œuvre aussi ingrate que difficile; parce que, à peine accomplie, il fallait la recommencer sur nouveaux frais, tant est inconstante et mobile la volonté de ces peuples, dont la „folle jeunesse, qui „sont des braves sans discipline et sans aucune ap- „parence de subordination, au premier coup d'oeil et „à la première débauche d'eau de vie, renversent „toutes les délibérations des vieillards qui ne sont „plus obéis" (Lettre de Denonville, 8 Mai 1686).

Perrot n'éprouva que trop souvent les effets de cette inconstance, et si, grâce à ses efforts persévérants, il parvint à sauvegarder les intérêts de la France chez les peuples dont le commandement lui était confié, ce ne fut pas sans péril pour sa vie et sans d'irréparables dommages pour sa fortune. Déjà, vers 1692 ou 1693, les Maskoutens, voulant venger quelques-uns de leurs guerriers dont ils attribuaient la mort à Perrot, l'avaient attiré dans leur village, dépouillé de toutes ses marchandises et condamné au feu, lui et un chef Poutéouatami qui l'accompagnait. On les conduisait au lieu du supplice, lorsque, par une espèce de miracle, ils réussirent à s'échapper des mains de leurs bourreaux et à regagner la Baie (La Potherie, II, 284—286). Nouvelle et semblable mésaventure lui advint en 1696: „Les „affaires estoient alors fort brouillées dans tous ces „pays, et les différentes nations qui nous sont alliées „sembloient se vouloir faire la guerre .... Les Sioux „avoient fait deux coups sur les Miamis. Les mêmes „Miamis avoient esté attaquez par les Sauteurs, et „il sembloient que les quatre nations Outaouaises „vouloient prendre le party de ces derniers" (Lettre et relation du comte de Frontenac, 15 8bre 1697). Perrot essaya de se poser une seconde fois en médiateur; mais les Miamis, comme les Maskoutens, avaient à réclamer des Français une dette de sang et, à défaut des coupables, ce fut encore Perrot qui la paya bien malgré lui. „Le nommé Nicolas „Perrot, lisons-nous dans la dépêche de Frontenac „précédemment citée, voyageur fort connu de toutes „les nations, a été pillé par les Miamis, et en auroit „été brûlé, si les Outagamis ne s'y étoient opposés." J'ai fait connaître ailleurs (312) les griefs des Miamis, et ce que j'en ai dit, d'après Charlevoix, est confirmé par la relation officielle de Mr. de Champigny intendant du Canada (Lettre du 13 8bre 1697; Arch. de la marine).

Les mauvais traitements dont le commandant français venait d'être la victime, furent hautement blâmés par les autres nations de l'ouest. Les Outaouais, les Poutéouatamis, les Sakis et les Hurons étant sur ces entrefaites descendus à Montréal, le chef des Outaouais Kiskakons s'offrit au comte de Frontenac pour venger cette injure: „Mon père, lui dit-il, „le Miamis a pillé Perrot et vous a méprisé: j'entre „dans les ressentiments que vous pourriez avoir à ce „sujet, et puisque le Miamis fait l'insolent, notre village pourra brouiller sa terre." Le gouverneur ne jugea pas à propos d'accepter cette offre, dont le véritable motif était la haine des Outaouais contre les Miamis. Il déclara donc à l'orateur qu'il n'ignorait point les désordres causés par cette nation et l'outrage fait à Perrot; mais qu'il les priait lui et les siens, de ne pas se mêler d'une affaire qu'il entendait se réserver (Lettre de Frontenac, 15 8bre 1697; Arch. de la marine).

S'il lui eût été donné de la terminer, nul doute que, à défaut d'une réparation à laquelle on ne pouvait se flatter de contraindre les Miamis, le comte de Frontenac n'eût trouvé quelque autre moyen d'indemniser Perrot des pertes éprouvées au service de la France; mais il en fut empêché par la mort qui l'enleva peu après (28 9bre 1698). Au moment même où Perrot était ainsi privé d'un protecteur généreux, juste appréciateur de ses mérites, il vit encore s'évanouir le dernier espoir de rétablir sa fortune. La carrière qu'il avait jusqu'alors parcourue lui était fermée sans retour: la cour de France supprimait absolument les *congés* et ordonnait l'évacuation immédiate des postes établis tant à Michillimakinak, que chez les Miamis, avec injonction rigoureuse de faire rentrer dans la colonie les soldats et les coureurs de bois (Lettre de Mr. de Champigny, 15 8bre 1698; Arch. de la marine).

Complétement ruiné et harcelé par de nombreux créanciers, Perrot eut la malheureuse idée d'intenter un procès à l'ex-secrétaire du comte de

Frontenac et à des marchands de Montréal; il le perdit avec dépens (Arrêt rendu par Mr. de Champigny, Québec, 22 Mai 1702). Il réclamait en même temps de l'intendant lui-même des sommes qu'il prétendait lui être dues par le gouvernement de la colonie: sa requête fut rejetée. Sans se décourager, Perrot en appela au ministre de la marine. Celui-ci ayant demandé aux successeurs du comte de Frontenac et de Mr. de Champigny des explications sur cette affaire, en reçut la réponse suivante (Lettre commune de MM. de Callières et de* Beauharnais, 1702; Arch. de la marine): „Le sieur de Callières „a communiqué au sieur de Champigny la requête „qui vous a esté envoyée par le nommé Nicolas Per- „rot; lequel lui a dit que tout ce qui est allégué dans „la dite requête contre le sieur de Monseignat, cy- „devant secrétaire de feu Mr. le comte de Fronte- „nac, a esté réglé et jugé par le dit sieur de „Champigny, dès le 22 Mai de 1702, comme vous „le verrez, Monseigneur, par l'ordonnance qu'il a „rendüe ..... et à l'égard des sommes qu'il [Perrot] „dit que le sieur de Champigny lui a retenues, „le sieur de Callières sçait qu'on lui a fait beau- „coup de présents et mêmement depuis deux ans „pour tascher de le faire subsister, estant absolu- „ment ruiné et accablé de dettes par les dé- „penses extraordinaires qu'il a faites mal à propos „avec les sauvages dans les lieux éloignez. Il est „vrai qu'il a beaucoup perdu dans une incendie ar- „rivée à [le nom est en blanc. V. supr. p. 302]; qu'il „a esté pillé par les Renards [lisez: les Maskoutens „et les Miamis]; qu'il devroit avoir des sommes très „considérables par les avantages qu'il a eus de MM. „les gouverneurs; et comme il est très pauvre et „très misérable, si sa majesté vouloit lui faire quel- „que petite pension en considération de ses longs „services, cela l'aideroit à subsister."

Dans la correspondance officielle des années sui-

vantes, j'ai n'ai pas trouvé de réponse à cette demande d'un secours pour le vieux serviteur ruiné.
Il ne resta donc à Perrot qu'un parti à prendre, celui de se résigner à la pauvreté. Il eut sans doute
d'autant moins de peine à le faire, qu'il voyait autour
de lui des hommes dont les services ne le cédaient
certes pas aux siens, les La Durantaye, par exemple, et les Jolliet, réduits à la même extrémité (Liste
des intéressés en la compagnie du Canada dressée
par Mr. Raudot, intendant de la Nouvelle-France,
Québec, 1708; Arch. de la marine). Mais avant de
rentrer dans la vie privée, Perrot reçut des sauvages qu'il avait longtemps commandés, un témoignage
de confiance et d'affection qui dut le toucher profondément. Appelé à Montréal pour y servir d'interprête aux Illinois et aux Miamis, pendant le congrès
général de toutes les nations sauvages qui se tint en
cette ville, aux mois de Juillet et d'Août de 1701,
Perrot put se convaincre par lui-même du désir sincère que ses vieux et fidèles amis de l'ouest avaient
de le revoir encore une fois au milieu d'eux. Ounanguissé chef des Poutéouatamis, s'étant rendu à l'audience du gouverneur, prit la parole au nom de sa
tribu, et jetant aux pieds de Mr. de Callières un paquet de castors. „Mon père, lui dit-il, je suis venu
„seulement pour écouter ta parole: je suis cause que
„toutes les nations du lac Huron sont descendues....
„Je te demande une grâce pour recompense de mon
„obéissance: Perrot est mon corps, je te prie de me
„l'accorder .... il m'aidera chez toutes les nations
„quand je voudrai autoriser ta parole. C'est le plus
„considéré de tous les François qui nous aient été
„envoyés“ (La Potherie, IV, 212, 213).

Noro, chef des Outagamis, tint en leur nom le
même langage. Ils n'avaient, dit-il, étouffé leurs ressentiments contre les Sauteurs et répondu à l'appel
de Mr. de Callières, que dans l'espoir bien fondé
d'obtenir le retour de Perrot leur père, qui le pre-

mier les avait découverts et leur avait donné de
l'esprit. Sa présence leur rendrait cet esprit qu'ils
avaient complétement perdu à son départ (La Potherie, ibid. p. 214). L'orateur des Outaouais et de leurs
alliés demanda lui aussi que Perrot leur fut rendu
(id. ibid. p. 257). Ce voeu presqu'unanime des nations de l'ouest ne pouvait être exaucé; on y répondit donc par de vagues promesses qui n'engageaient
à rien. Mais si, comme je me plais à le croire, celui
qui en était l'objet attachait quelque prix à l'amitié
et à la reconnaissance des sauvages, il dut alors re-
gretter moins que jamais ces liberalités auxquelles
il en était redevable, et laisser à d'autres le soin de
les condamner comme inopportunes ou maladroites
(voy. supr. p. 333).

Le marquis de Vaudreuil, successeur de Mr. de
Callières dans le gouvernement du Canada, se montra toujours plein de bienveillance et d'affection pour
les Perrot (Lettre de Raudot, intendant de la Nouvelle-France, 20 7bre 1709; Arch. de la marine). Aussi
retrouvons-nous, en 1710, le chef de la famille devenu
capitaine de côte, et chargé de poursuivre l'exécution d'une sentence rendue en faveur de son fils contre le seigneur de Bétancourt (Ordonnances et arrêts
relatifs à la tenure seigneuriale, p. 38, Québec, 1852).
Les capitaines de côte commandaient la milice des
seigneuries, auxquelles on avait donné le nom de côtes
parce qu'elles étaient échelonnées le long des rives ou
côtes du Saint-Laurent. Il est fait mention de ces officiers dans un document conservé aux archives de la
marine, qui contient un état détaillé de la petite armée conduite par Mr. de La Barre contre les Iroquois
Tsonnontouans (Août 1684). On y voit figurer les
capitaines des côtes de Sorel, de Beaupré, de Ba-
tiscan, du Cap Rouge et de Lauzon. En 1707, l'intendant Raudot proposait au ministre (Lettre du 10
9bre; Arch. de la marine), de donner aux capitaines
de milice établis dans toutes les côtes du Canada

une *espèce de caractère* qui les distinguât des autres habitans et les revêtit de plus d'autorité, „en „les faisant sergents dans les troupes et les détachant dans les côtes pour y commander la milice „et y faire exécuter les ordres des gouverneurs et „intendants, avec cent livres d'appointement." Cette mesure remise à des temps plus heureux par le ministre auquel on la proposait, avait-elle, trois ans plus tard, reçu son exécution? Je l'ignore, mais, le supposât-on, il faudrait bien reconnaître que, même dans ces conditions, l'emploi donné à Perrot n'était pas en disproportion choquante avec les mérites qu'on voulait récompenser en lui.

Mettant à profit les loisirs fort nombreux sans doute que lui laissait sa charge, Perrot composa, ou du moins revit et compléta ses divers mémoires. Il vivait encore en 1718, et à cette époque sa verte vieillesse n'eût pas mieux demandé que d'affronter, encore une fois, les fatigues et les dangers d'une mission chez les Outagamis (supr. p. 153). Là se bornent les renseignements que j'ai pu recueillir sur notre auteur. Plus d'un lecteur s'en félicitera peutêtre, trouvant que je ne me suis déjà que trop étendu sur le compte d'un personnage dont, après tout, le rôle ne fut jamais que secondaire. A qui cependant m'adresserait formellement ce reproche, je répondrais que le récit de cette vie si agitée a l'avantage de mettre en action ces mêmes sauvages, dont Perrot a décrit les mœurs et les coutumes, et de compléter ainsi le tableau qu'il en a tracé. J'ai cru, d'ailleurs, n'être que juste, en accordant ici une assez large place à l'homme, qui, dans son humble sphère, se montra toujours brave, loyal et dévoué, et à l'écrivain, rude et inhabile sans doute, mais honnête, qui, dans ses mémoires, a su parler de soi sans forfanterie et sans complaisanse d'autrui, sans jalousie et sans dénigrement.

Voici la liste des écrits de Perrot:

1°. Mémoire sur les Outagamis, adressé au marquis de Vaudreuil (supr. p. 151).

2°. Plusieurs mémoires tant sur les guerres des Iroquois contre les Illinois et les nations d'en haut (p. 130), que sur les trahisons des sauvages, et, en particulier, des Outaouais et des Hurons (p. 143 et 146).

3°. Le mémoire que nous publions aujourd'hui, et qui seul de tous les écrits de Perrot est parvenu jusqu'à nous. Cadwallader Colden en a traduit et publié une partie dans l'ouvrage intitulé: *History of the five Indian nations of Canada*. Cf. Ferland, I, 134, note 2.

Additions.

P. 138, ligne 3 et 4. Il est impossible que l'armée de Mr. de La Barre, forte de onze cents hommes (Charlevoix, I, 489, 490), en ait perdu dix-huit cents par les maladies. Le copiste aura vraisemblablement ajouté ici un zéro au chiffre porté dans l'original.

P. 170, ligne 4. Toute réflexion faite, et vu l'importance de la question, je crois devoir ajouter aux textes cités dans ma note, les deux suivants empruntés l'un au P. Lozano, l'autre au P. François-Xavier Eder. Le premier (Historia de la Compañia de Jesus de la provincia del Paraguay, t. II, lib. VI, p. 68, Madrid, 1755, in-fol.) parle en ces termes des naturels du Cuyo: „Carecieron siempre totalmente del conoci-„miento de nuestro Criador, y vivian como atheis-„tas, mejor diré, como salvages, sin otras atenciones, „ò cuidados que los de comer à guisa de bestias, y „de holgarse en sus bayles y passatiempos, ni tenian „rito alguno, ò ceremonia con que adorar à Dios ver-„dadero, ò idolo alguno.“ — Le second, chargé pendant quinze ans de la mission des Moxes du Pérou, dit de ces peuples (Descriptio provinciae Moxitarum in regno Peruano, lib. IV, c. II, p. 229, Budae, 1781, in-8⁰.): „De Deo, rerumque origine, nulla apud eos cura,

„vel cognitio, ut qui de his ne cogitent quidem. Si
„quaeras cur sol certa lege·oriatur et occidat, quis
„pisces in aquis condiderit, reponent solemne suum
„*ratirabaino,* quasi dicas: rei cujusvis natura hoc ita
„fert." — Cf. Missions du diocèse de Québec, 6° rapport, p. 18 et 24, Québec, 1845.

P. 177, ligne 2. Le Michipissy des Outaouais
est, sous le nom de Miskena, connu et vénéré des sauvages du grand lac Winipeg dans le nord-ouest de
l'Amérique anglaise. Ces pauvres gens croient que
ce roi des poissons tient sa cour au plus profond des eaux du lac et que, l'hiver, les esturgeons
dont le Winipeg abonde, se réunissent tous autour
de leur souverain. Cf. H. Y. Hind, *Rapport sur l'expédition d'exploration de l'Assiniboine et de la Saskat-
chevan,* p. 94, Toronto, 1859, in-4.

P. 178, ligne 3. Les Cris, les Ojibwais, les sauvages des marais et les Sioux sont persuadés que le
sacrifice de cinq chiens est l'offrande expiatoire la
plus agréable aux divinités offensées (id. ibid. p. 117).

P. 181, ligne dernière. Les autres nations du bas
Mississipi suivaient en ce point les mêmes usages:
„L'oisiveté qui règne [en ces contrées] parmi les per-
„sonnes du sexe, donne lieu aux plus affreux déré-
„glements" (Lettre édif. VI, 330). — Chez les naturels du Nicaragua, comme chez les Tounikas, les plus
durs labeurs étaient le partage des hommes: „Tienen
„cargo los hombres de proveer la casa propria de
„la labor del campo é agricultura, é de la caça é
„pesqueria, y ellas del tracto é mercaderias. Pero,
„antes que el marido salga de casa, la ha de dexar
„barrida, y encendido el fuego." Oviedo, IV, lib.
XLII, c. 1, p. 39.

P. 187, note 1, ligne 11. Le *palican* des naturels du Chili (Molina, *Saggio sulla storia civile del
Chili,* p. 115, Bologne, 1787, in-8°) ressemblait beaucoup à ce jeu des sauvages Canadiens, qui, lui-
même, offre les plus grandes analogies avec notre

jeu de crosse. Notons en passant que la balle et même la boxe étaient·fort en honneur chez certains peuples d'Amérique. Les *Laches* de la Nouvelle-Grenade faisaient du second de ces jeux leur passe-temps favori: „Su juego mas celebrado, dit „Piedrahita (Conquista del Nuevo-Reyno, lib. I, c. „11, p. 13), era salirse à los campos por parcialida-„des ò capitaneas·, à pelear unos con otros .... sin „mas armas que las manos, con que à pugno cerrado „y sin llegar à luchar, batallaban hasta caer, ò can-„sarse despues de bien lastimados; y estas fiestas „llaman *momas*.“ — Sur le jeu de balle ou *batey*, cf. Oviedo, I, lib. VI, c. 11, p. 166.

P. 238, ligne 10. L'un de ces deux voyageurs s'appelait Des Groseillers, et séjourna plusieurs mois chez les Sioux. C'est ce que nous apprend le passage suivant du Journal ms. des Jésuites de Québec (Août, 1660): „Le 17 partit monseigneur de Pétrée „pour sa visite .... il arriva à Montréal le 21 .... „où les 8ta8as estoient arrivés le 19 ..... Ils estoient „au nombre de trois cents. Des Groseillers estoit „en leur compagnie, qui y estoit allé l'année d'aupa-„ravant. Ils estoient partis du lac Supérieur cent „canots: quarante rebroussèrent chemin, et soixante „arrivèrent icy chargés de pelleteries pour 200,000 „livres ..... Des Groseillers a hyverné à la nation „du boeuf, qu'il fait de 4000 hommes. Ce sont les „Nad8esscronons sédentaires.“

P. 252, note 3, ligne 3. Le cousin de Mr. de Tracy est appelé de Lérole par l'auteur contemporain du Journal ms. des Jésuites de Québec. „Le „20, y est-il dit (Juillet, 1665), nouvelle arrive ..... „de la bastisse du fort Sainte-Anne (fort de La Motte „de Perrot, p. 289) dans le lac Champlain, dans „une île, à 4 lieües de l'embouchure; et, en mesme „temps, de la mort de Mr. de Chasy tué par les An-„niés avec deux autres; 4 prisonniers entre autres „Mr. de Lérole, cousin de Mr. de Tracy.“ A cette époque (1665, 1666), Perrot était en traite dans le Wisconsin, à quatre ou cinq cents lieues du théâtre des événements, dont, quarante deux ans après leur accomplissement, il donnait un récit abrégé dans ce chapitre de son mémoire; il ne faut donc pas s'étonner qu'il soit tombé dans quelques erreurs. Ainsi, outre celle que je viens de relever, 1° Mr. de Tracy, débarqué à Québec le 30 Juin 1665, n'a pu être encore attendu dans la colonie, lorsque déjà Mr. de Courcelles y était installé; puisque ce dernier n'arriva de France que le 12 Septembre de la même année (Relat. de 1665, I, 4; Journal des Jésuites, Juin et Septembre 1665). 2° Mr. de Courcelles et l'ambassade ou plutôt la flotte Outaouaise (elle comptait cent canots et quatre cents guerriers) ne se sont rencontrés ni à Montréal ni ailleurs; car celle-ci, entrée à Montréal le 20 Juillet, repartait pour son pays le 8 Août, et était de retour au lac Supérieur dès le second jour de Septembre, c'est-à-dire, dix jours avant le débarquement de Mr. de Courcelles à Québec (Relat. de 1665, III, 8, col. 1; de 1667, II, 4, col. 2; 8, col. 1; — Journal des Jésuites, Août, 1665).

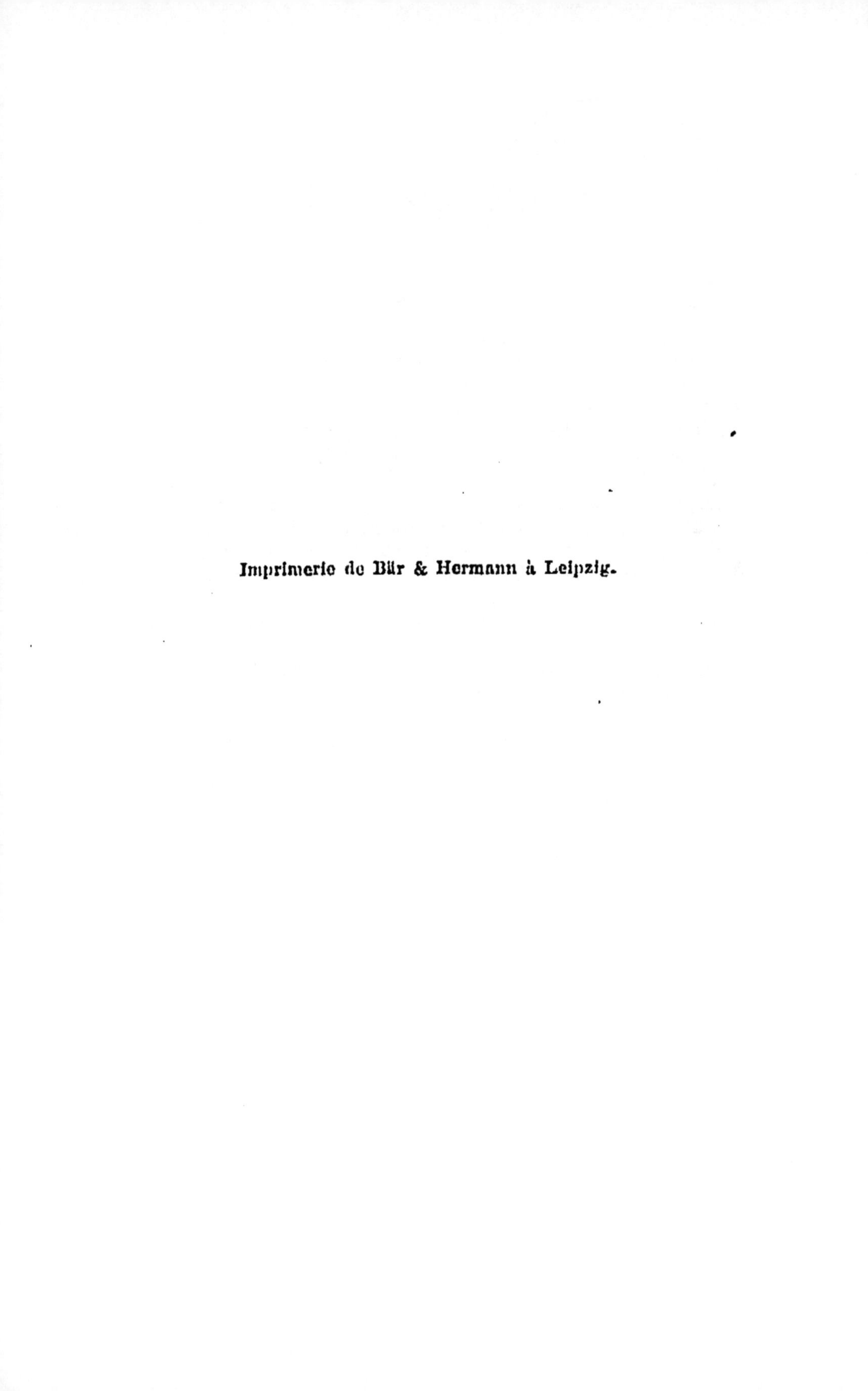

Imprimerie de Bär & Hermann à Leipzig.

Index alphabétique.

A.

Abipons, sauvages du Tucuman, ignoraient l'existence de Dieu 169; réponse d'un de leurs chefs à un missionnaire 170; bonté des Abipons pour leurs esclaves 243, 244.

Adoption, V. Relever le nom.

Adultère: son châtiment chez les sauvages 22; et en particulier chez les Miamis, les Illinois et les Sioux 178.

Agniers, (Agnichronons, Aniez) tribu Iroquoise 166; terreur qu'elle inspire 79, 212, 213; première expédition des Français contre ces sauvages 111; les Agniers renvoient dans la colonie les prisonniers Français, avec un ambassadeur pour traiter de la paix 112; rupture des négociations 113; seconde expédition des Français contre les Agniers 113; leurs villages sont brûlés et leur pays ravagé 113, 114; les Agniers demandent et obtiennent la paix 79, 114: défaite d'un parti d'Agniers et d'Onneiouths par les Outaouais 96—99, 245, 246;

Algonquins, nation de la Nouvelle-France: Algonquins supérieurs appelés Outaouais par les Français 160; leur territoire 9, 80: Algonquins inférieurs ou Montagnais 199; origine de la guerre des Algonquins et des Iroquois 9—11; ses vicissitudes 78—81, 212; après la ruine des Hurons, les Iroquois se tournent de nouveau contre les Algonquins 104, qui sont soutenus par les débris des tribus Huronnes et par les Français 104; les Algonquins sont victimes de trahisons répétées de la part de leurs ennemis 104, 105; deux partis d'Algonquins surpris et massacrés par les Iroquois en pleine paix 109; affaiblissement et impuissance des Algonquins 109; ils s'allient avec d'autres nations contre les Iroquois 109; causes de leur insuccès 110. V. Iroquois, Mariage, Montagnais, Outaouais.

Aliments des sauvages 51, 52.

Aliminégon, lac situé entre le lac supérieur et la baie d'Hudson 177; les Népissings s'y réfugient 81; ils y sont rejoints par les Amikoués 93;

Allumettes (île des) dans l'Outaouais, appelée aussi île du Borgne 95, 245. V. Borgne (le).

Ame. Croyance universelle des sauvages à son immortalité 40, 186, 189; preuves à l'appui 184, 185; exception unique à cette règle 185;

B.

C.

l'offensé ou à sa famille une compensation pour le crime commis 205, 206; à défaut de cette compensation, la partie lésée se fait justice elle-même 73, 204; les parents et toute la nation de l'offensé prennent toujours son parti contre l'offenseur, sa famille et sa tribu 72, 205; jamais ou presque jamais le coupable n'était puni par ceux de sa nation 205, 211; tout ce qu'on pouvait faire en ce genre était de ne pas le défendre 211; efficacité de la justice sauvage pour prévenir les crimes 205. V. **Adultère, Empoisonneurs, Jongleurs, Meurtre, Vol.**

K.

Kamalastigouia (Kominstiguia de la carte de Bouchette, et Camanestigouian de Charlevoix) poste de traite au fond et au nord-ouest du lac Supérieur 132, 133, 299; Mr. Du Lhut y résidait 132, 133; il en demande la concession 299.

Kaokia, tribu Illinoise 221.

Kaskaskia, id. ibid.; établie sur les bords de la rivière des Illinois 225; refuse en 1765 de se soumettre aux Anglais 227.

Katarakouy sur la rive septentrionale du lac Ontario: Mr. de Courcelles y réunit les Iroquois et les fait consentir à la construction d'un fort en cet endroit 129; le comte de Frontenac le bâtit et lui donne son nom 129. V. **Frontenac (fort)**.

Kelnouché: une des tribus dont se composait la nation des Outaouais proprement dits 241.

Kikabous ou **Kikapous:** tribu Illinoise 221; alliée des Sioux 91, des Miamis et des Maskoutens auprès desquels elle s'établit 269, 270; toujours en rapport de bonne amitié avec ces deux dernières nations et les Illinois 154; se fond en un seul village avec les Miamis de la Grue 154; d'accord avec les Outagamis, elle fait échouer le complot formé par les Miamis contre les Outaouais 153.

Kilatika, tribu Miamise 222.

Kionkonan ou **Kiouconan** (Kioüchounaning de la carte placée en tête de la relat. de 1670, 1671, Kioucounan de Charlevoix, Kewenaw des cartes américaines, et probablement Kioukonan du Ms. autographe) pointe ou promontoire sur la côte méridionale du lac Supérieur à l'est de Chagouamigon; des Sauteurs et des Mississakis s'y réfugient par crainte des Iroquois et l'habitent pendant quelques années 85, 99; un parti d'Outaouais et des Français s'y rendent de Chagouamigon 92; y trouvent plusieurs nations réunies et abondance de castors 92, 93; tous les Outaouais y vont faire la traite 92, 93.

Kiristinons ou **Killistinons**, nations sauvages établies au nord du lac Supérieur 54, 177; leur façon de chasser l'élan 54; adorent le soleil 177; sacrifices qu'elles lui offrent 177; leurs guerres avec les Sioux 91; les Kiristinons des Népissings présents au Saut-Ste.-Marie, lors de la prise de possession du pays des Outaouais par les Français 128, 293, 295.

Kiskakous ou **Kiskakons** (Kiskakouets, Kiskakoueiaks), une des trois nations Outaouaises qui s'enfuirent au Mississipi avec les Hurons

fois 272—275; Perrot, se rendant au pays des Sioux, passe par leur village 308; le chef des Miamis lui communique son dessein de s'établir auprès des Français 308; Miamis de Saint-Joseph 146, 310; le Comte de Frontenac y établit un commandant Français 310; une moitié des Hurons Tionnontatés établis d'abord à Michillimakinak, va se fixer près de ces Miamis 146; les Miamis en guerre avec les Illinois 147, 311, 312; ces deux nations se réconcilient et marchent ensemble contre les Iroquois 312; Miamis assassinés par les Outaouais 147; meurtre de quelques Français par les Miamis de Saint-Joseph 312; les Miamis aident les Iroquois à détruire les Hurons Tionnontatés 152; guerres presque continuelles entre les Miamis et les Sioux 154, 308, 318; quelques Français prennent parti pour ces derniers 312; les Miamis par représailles veulent brûler Perrot 312, 331; les Outagamis leurs alliés les en empêchent et le délivrent 312, 331; les Miamis veulent détruire les Sauteurs: les Outagamis s'y opposent 153, 154; politesse et urbanité des Miamis 276; leurs superstitions 168, moins grossières que celles des Outaouais 276; les Miamis adoraient le soleil, le tonnerre 276, et la dépouille des ours tués à la chasse 201; forme de leur culte 276; les Miamis parlaient un dialecte de la langue Illinoise 277, différent de celui des Maskoutens 277; leur goût pour la parure 277; façon dont ils portaient leurs cheveux 277; supplice de la femme adultère chez les Miamis 178; les Miamis étaient grands marcheurs 277; matériaux dont leurs loges étaient construites 278; fortifications de leur bourgade 278. V. **Maskoutens, Perrot, Sioux** etc.

Miamis de la Grue, alliés des Maskoutens 154, 318; ne formaient qu'un village avec les Kikabous 153; sauvés par les Outagamis 153.

Michabou, nom Algonquin du Grand-Lièvre 160.

Michigan (lac) ou **Mitchiganons,** appelé aussi lac des Illinois 222. V. **Illinois** (lac des).

Michillimakinak (île de), dans le lac Huron 214; lieu de naissance du Grand-Lièvre 160; les Hurons Tionnontatés et les Outaouais y cherchent un refuge contre les Iroquois 80, 238, 239; la quittent pour l'île Huronne 80; les Tionnontatés s'y établissent de nouveau 239; les commandants Français de tous les pays de l'ouest y fixent leur résidence 306; elle est abandonnée puis réoccupée par les Français 309, 310. V. **Ouest** (Pays de l').

Michipissy (Michibissy, Missibizi), ou le Grand-Tigre, divinité des eaux chez les Outaouais 19, 176; sa demeure 20; invocations qu'on lui adresse 20; connu des sauvages du lac Winipeg sous le nom de Miskena 339.

Mikikoués ou Gens de la Loutre 83, peuplade Algonquine résidant sur la rive septentrionale du lac Huron 219; réunie à d'autres tribus Outaouaises, elle bat un parti d'Iroquois 83.

Mikmaks, tribu Acadienne, promet son concours aux Algonquins dans leur projet de guerre contre les Iroquois 109.

Mississakis ou **Mississagués,** nation Algonquine du lac Huron 219; s'enfuit à Kionkonan après la défaite des Hurons par les Iroquois

O.

P.

Montréal veut punir un soldat Français comme premier auteur de
ce tumulte 123, 124; Perrot prend sa défense et le justifie 124;
il descend à Québec avec le chef des Outaouais; le commandant de
Montréal le recommande à Mr. de Courcelles 125; il est chargé
d'accompagner Mr. de Saint-Lusson au pays des Outaouais, en
qualité de guide et d'interprète 126; ils partent ensemble de Québec
et hivernent chez les Amikoués 126; Perrot, par lui-même ou par
ses émissaires, convoque au Saut-Sainte-Marie toutes les nations
sauvages de l'ouest 127; va en personne à la Baie, son entrevue
avec le chef des Miamis 127, 291; se rend au Saut avec Mr. de
Saint-Lusson: prise de possession du pays des Outaouais 127, 128,
290, 292—295; V. Saint-Lusson, Saut-Sainte-Marie; Perrot obtient
un congé de traite 130, 296, 297; décide les Outaouais à marcher
contre les Onontagués 133, 134; est chargé de les commander 134;
soutient leur courage pendant la marche et apaise leurs murmures
134—138, 300; après cette expédition, Perrot rentre dans la colonie
138, 301, ses embarras financiers et leurs causes 301, 302; repart
pour la Baie et les pays plus à l'ouest avec le titre et les pouvoirs
de commandant en chef 138, 303; nature et étendue de ces pouvoirs 305;
ils sont restreints par le Mis Denonville 305, 306; Perrot arrivé à
Michillimakinak, arrête les Outaouais prêts à marcher contre les Outagamis 307; descend à la Baie et retire des mains des Outagamis la
fille d'un chef Sauteur qu'ils retenaient captive 307; la rend à son
père et ménage ainsi la paix entre les Outagamis et les Sauteurs
308; il visite les Miamis et les exhorte à ne plus guerroyer contre
les Sioux 308; il monte chez cette dernière nation et construit un
fort sur la limite de leur territoire 308; à peine arrivé, il reçoit du
Mis de Denonville l'ordre de rentrer à la Baie, et de réunir sur sa
route tous les sauvages alliés et les Français, pour marcher contre
les Tsonontouans 138, 139, 303, 305; il se rend à cet effet chez
les Miamis, mais sans succès 139; pendant son absence, des sauvages de la Baie veulent surprendre et piller le fort construit par
lui 239; Perrot y accourt et parvient à déjouer leur dessein 139—
141; Perrot redescend à la Baie, s'abouche avec les tribus qui l'habitent, et décide soixante de leurs guerriers à le suivre contre les
Iroquois 141, 146; il arrive à Michillimakinak, où les Outaouais
qui avaient refusé d'accompagner Mr. de la Durantaye, se déclarent
prêts à marcher avec Perrot 141; Perrot et sa troupe rejoignent
les Français de Mr. de La Durantaye au Détroit 141, 142; les
suivent à Niagara et chez les Tsonontouans 141, 142; V. Outaouais;
pendant cette expédition, Perrot est ruiné par un incendie 302, 333;
il rentre dans la colonie comme médiateur entre les Iroquois et les
Français 142, 143, 319; quitte Montréal pour aller reprendre
son poste à la Baie et chez les Sioux; honneurs que ceux-ci lui
rendent à son arrivée parmi eux 319; il prend possession de leur
pays au nom de la France 319, 304; acte de cette prise de possession
304, 305; Perrot repart pour la colonie 320; il délivre sur sa route
trois Sauteuses captives des Outagamis 320, et cinq prisonniers Iro-

quois, que les Outaouais de Michillimakinak avaient refusés au commandant et aux missionnaires 320, 321; est chargé par le comte
de Frontenac de rattacher les Outaouais à l'alliance de la France
322, 323; part de Montréal avec Mr. de Louvigny nouveau commandant de Michillimakinak et un nombreux convoi 323; empêche
les Outaouais de piller la flotte Française 324; son discours à tous
les chefs réunis en conseil 325; heureux succès de sa négociation
323, 325, 326; Perrot se rend à la Baie pour y reprendre son
commandement 326; détermine les Miamis et les Illinois à se mettre
en campagne contre les Iroquois 326; s'établit sur les bords du
Mississipi, au-dessous du Wisconsin 326; arrête par ses présents
et ses prières les Miamis et les Maskoutens en marche contre les
Sioux 327; se porte médiateur entre ceux-ci et les Outagamis 327;
refus qu'opposent d'abord les Sioux à ses propositions 327; indignation de Perrot 327; les Sioux accordent la paix aux Outagamis
327, 328; Perrot découvre les mines de plomb du Mississipi 328;
il est nommé commandant des Miamis du Marameg 328, 329, et
conduit à Montréal les chefs des nations de l'ouest 329; sur l'ordre
de Frontenac, il opère la réunion des Miamis du Marameg à ceux
de Saint-Joseph 329, 330; il découvre et fait avorter le complot du
Rat et des Iroquois contre les Outaouais 143, 144, et celui des
Outaouais contre les coureurs de bois 146, 147, 311; il dissuade
sept nations Outaouaises de se donner aux Iroquois 152, 317; et
met un terme à leurs discordes intestines 152; dangers qu'il court
parmi les sauvages de la Baie 267, 268, 331; il est pris, dépouillé
et condamné au feu par les Maskoutens 331; il s'échappe de leurs
mains 331; les Miamis pillent ses marchandises et veulent le mettre
à mort 267, 312, 331; il est sauvé par les Outagamis 267, 312,
331; les Outaouais s'offrent à le venger, refus du comte de Frontenac
332; suppression des congés et de presque tous les postes de l'ouest
332; ruine de Perrot, ses procès et ses réclamations 332, 333; le
gouverneur et l'intendant demandent au roi une pension pour Perrot
333; Perrot figure au congrès de Montréal comme interprète des
Miamis et des Illinois 334; la plupart des nations de l'ouest demandent son retour au milieu d'elles 334, 335; bienveillance de Mr. de
Vaudreuil pour Perrot et sa famille 335; il est nommé capitaine
de côte 336; liste des mémoires qu'il a composés 316, 336, 337;
personnages auxquels ils sont adressés 315, 316. V. La Potherie.
Pesant (le), chef Outaouais 310; les Hurons et les Miamis furieux de
sa présence au Détroit complotent le massacre des Outaouais et des
Français 310.
Piankaskouas, tribu Miamise 222.
Pindikossan ou Pindilkosan, V. Médecine (Sac à).
Pirimou, chef Poutéouatami retiré chez les Sakis 154.
Piskaret, le plus illustre des chefs Algonquins et la terreur des Iro-
quois 107, 108; ses exploits et ses aventures 107, 108; est assassiné
par trahison 108, 109.
Plat (Jeu du), V. Dés (Jeu de).

de possession des pays de l'ouest 197, 293; Perrot conduit à Montréal les chefs des Poutéouatamis 329; un chef de cette nation accompagne Perrot chez les Maskoutens et n'échappe à la mort que par miracle 331; nouvelle députation des Poutéouatamis au comte de Frontenac 331, 332; au congrès de Montréal, Ounanguissé leur chef demande le retour de Perrot dans l'ouest 334; caractère et mœurs des Poutéouatamis 215; leurs établissements au 17e siècle 215; leur position présente 215, 216.

Poutéouatamie (île), ou Huronne, à l'entrée de la baie des Puans 214; les Tionnontatés et les Hurons s'y réfugient 80, 214; ils la quittent et pénètrent plus avant dans le Méchingan 81, 214; V. **Outaouais** et **Poutéouatamis.**

Prairies (les) de l'ouest abondent en gibier, fruits et racines alimentaires 56—60, 194—196; les nations des prairies sont actives et laborieuses 56.

Prisonniers de guerre: tortures qui leur étaient infligées chez les nations sauvages 208, 209; les Sioux et les autres peuples de la vallée du Mississipi faisaient primitivement exception à cette règle 90, 243; humanité de quelques peuplades américaines pour leurs captifs 243, 244; les prisonniers de guerre sont chez les Sioux livrés aux flèches des enfans 90, 91; coutume analogue chez les Aréagues de l'Orénoque 244, 245.

Puans (Ouinipegouck, Ouinipegous, Ouinipegs), tribu Siouse 237; donne son nom à la Grande-Baie, au fond de laquelle elle est établie 215; presque entièrement détruite par les Illinois 237; les Puans paraissent avoir assisté à la prise de possession des pays de l'ouest 293, 295; quelques Puans suivent Perrot chez les Sioux 308; discours du chef des Puans au délégué des Etats-Unis 256.

Puans (Baie des) 215; noms divers qu'elle a reçus 127, 216, 290; son étendue 216; ses marées 216—218.

Puans (lac des), ou lac Ouinipeg, lac Saint-François des missionnaires, au sud-ouest de la Baie 264; il y décharge ses eaux par la rivière des Puans 264.

R.

Racine de l'ours, V. **Ours** (racine de l').

Racines alimentaires des prairies 57—59, 194, 195.

Raclos (Madeleine), femme de Perrot 301.

Ragueneau, Jésuite et missionnaire, conduit à Québec les débris des missions Huronnes 245.

Rat (le), ou Kondiaronk, le plus illustre chef des Hurons Tionnontatés 309; complote avec les Iroquois la destruction des Outaouais de Michillimakinak 143, 144; ce complot est découvert et déjoué 144; le Rat se rattache étroitement à la cause de la France 309; il meurt regretté de tous 309.

Rat musqué (le) s'offre aux autres animaux pour plonger au fond des eaux et en rapporter un peu de terre 4; sa proposition est acceptée 4; il plonge et reparait avec un grain de sable entre ses griffes 5.

S.

mise à mort, et l'autre en liberté 90, 91; cet échec dégoute pendant quelques années les Tionnontatés de guerroyer contre les Sioux 91; un parti de Tionnontatés ramène à Chagouamigon quelques Sioux auxquels les Outaouais sauvent la vie 99; un chef Sioux rend à son tour la liberté à des Tionnontatés captifs et les reconduit lui-même à Chagouamigon 101, 251; trahison de ces captifs envers leur libérateur 101, 102; les Outaouais le livrent aux Tionnontatés qui le mettent à mort 101, 102; et abandonnent Chagouamigon pour se réfugier à Michillimakinak 102, 239; ils vont en traite à Montréal et s'y pourvoient d'armes et de munitions 102; envahissent de nouveau le pays des Sioux, avec les Outaouais, les Poutéouatamis, les Sakis et les Renards 102; premiers succès des confédérés suivis d'une déroute complète 102, 103; les Tionnontatés se battent vaillamment et protégent la retraite 103; ils ratifient la prise de possession des pays de l'ouest faite en leur absence 128: ils acceptent le casse-tête que Mr. de La Barre leur envoie par Mr. de La Durantaye, et marchent avec les Français contre les Onontagués 133; dans la campagne contre les Tsonnontouans, ils rejoignent à Niagara le corps de Mr. de La Durantaye 142; envoient secrètement avertir ces Iroquois du coup qui les menace 145; persuadent aux nations de La Baie de cesser cette guerre 142; reproches que Perrot leur adresse à ce sujet 142; réponse ironique des Tsonnontouans aux députés Tionnontatés 145; complot de Koudiaronk leur chef contre les nations Outaouaises 143, 144; après le massacre de la Chine, les Tionnontatés de Michillimakinak seuls à peu près fidèles 324; Mr. de Louvigny leur fait présent d'un Iroquois prisonnier qu'ils veulent sauver 324; Mr. de Louvigny exige sa mort 324, 325; ils font des courses sur les Iroquois 326; la moitié d'entre eux quitte Michillimakinak, malgré le commandant Français, et va s'établir chez les Miamis de Saint-Joseph 146; les Tionnontatés sont les plus rusés et le plus traîtres de tous les sauvages 143, 148; n'ont jamais cherché que la ruine des nations d'en haut 145; étaient alliés secrets des Iroquois 145; et peu attachés aux Français 145; allaient en traite chez les Anglais 148; leur complot contre les Outaouais et les Français de Détroit 146; ce qu'il faut penser des perfidies et des trahisons qu'on leur reproche 312, 313.

Toilette: soins excessifs que les sauvages donnent à leur toilette 76, 206; dernière toilette des mourans 32, 33.

Tombe: meubles, armes et vivres déposés sur les tombes 35, 40, 184, 185.

Tonnerre (le) est vénéré des sauvages comme une divinité 13, 276; offrandes qu'on lui fait 177.

Tonti (le chevalier), lieutenant de La Salle dans l'Illinois 303; s'oppose à la traite des Français dans ce pays 303; troubles causés par cette mesure 138; le Mis de Denonville écrit à ce sujet au ministre 303; Tonti et Du Lhut arrêtent trente coureurs de bois Anglais au Détroit 141.

Tounikas, sauvages du bas Mississipi 181; leurs femmes n'étaient chargées que des travaux ordinaires du ménage 181.

V.

Corrections.

p. 56, ligne 5: costume — Coustume.
p. 146, ligne 10: (1695) — (1694).
p. 147, ligne 12: [n'] eussent — eussent.
p. 152, ligne 10: (1690 ou 1694) — (de 1690 à 1694).
p. 153 et 317: chapitre XXIX — chapitre XXVIII.
p. 164, ligne 23: enlevé — enlevée.
p. 184, ligne 3 et 12 et p. 185, ligne 18: Quartier — Cartier.
p. 186, ligne 26: ne sont gémir — ne font que gémir.
p. 210, ligne 28: principes — principe.
p. 224, ligne 25: incoursions — incursions.
p. 224, ligne avant dern.: (1665) — (1666).
p. 257, ligne 1: chapitre XIII — chapitre XVIII.
p. 273, ligne 9: s'xécute — s'exécute.
p. 281, ligne 34: ses quartiers — ces quartiers.
p. 289, ligne 24: Garreau — Garneau.
p. 299 et 311: du Luth — du Lhut.
p. 319, ligne 6: (301) — (302).

Table
des matières contenues dans ce volume.